山西沿黄县的

破局之道

BREAKTHROUGH

雷豪 / 著

山西出版传媒集团　山西经济出版社

图书在版编目（CIP）数据

山西沿黄县的破局之道 / 雷豪著. —— 太原：山西
经济出版社，2023.1

ISBN 978-7-5577-1027-9

Ⅰ.①山… Ⅱ.①雷… Ⅲ.①区域经济发展—研究—
山西 Ⅳ.①F127.25

中国版本图书馆CIP数据核字（2022）第150904号

山西沿黄县的破局之道

SHANXI YANHUANGXIAN DE POJUZHIDAO

著　　者：	雷　豪
出 版 人：	张宝东
责任编辑：	侯轶民
装帧设计：	华胜文化
出 版 者：	山西出版传媒集团·山西经济出版社
地　　址：	太原市建设南路21号
邮　　编：	030012
电　　话：	0351—4922133（市场部）
	0351—4922085（总编室）
E-mail：	scb@sxjjcb.com（市场部）
	zbs@sxjjcb.com（总编室）
经 销 者：	山西出版传媒集团·山西经济出版社
承 印 者：	山西人民印刷有限责任公司
开　　本：	787mm×1092mm　　1/16
印　　张：	16.5
字　　数：	210千字
版　　次：	2023年1月　第1版
印　　次：	2023年1月　第1次印刷
书　　号：	ISBN 978-7-5577-1027-9
定　　价：	68.00元

前　言

　　世事如棋局局新。面对实现中华民族伟大复兴的战略全局和世界百年未有之大变局，如何在变局中开新局，保持经济社会稳定健康发展，这不仅是一个国家应当谋划的重要课题，更是一个区域（山西沿黄地区）需要深入思考的问题。

　　山西沿黄县"守着"母亲河——黄河，拥有生产生活所需的重要资源——水，却没有像孕育中华文明时取得明显的经济效益。整体来讲，山西沿黄县对黄河水的利用效益不高。在河津、永济等的黄河滩地，可以种植白薯、草皮等作物，给当地带来经济收益。但是在晋陕大峡谷，由于崖高坡陡，无法利用黄河水，当地经济大多以煤炭产业为主，经济转型和生态保护任务依然艰巨。

　　补齐山西沿黄地区发展短板，促进山西整体均衡发展。首先，思想上要主动求变。虽说"穷则思变"，但也得先有改变现状的想法和决心，继而采取有效措施将想法变为现实。如今，我们已经到了人到半山路更陡的时刻，容不得有丝毫懈怠，否则很难抓住山西转型的宝贵窗口期。其次，行动上要坚决果断。山西沿黄县要抱着不反复、不折腾的态度，认真实施各自制定的"十四五"规划和各类专项规划，驰而不息、久久为功，直到实现规划目标。最后，措施上要精准高效。如何夯实实体经济基础是山西沿黄县面临的难点。要基于当地发展的现状，充分借鉴原先欠发达地区超常发展的经验，制定相应措施，并根据实际执行情况进行微调，推动山西沿黄县高质量发展。

破解山西沿黄县发展相对滞后的局面，要因势利导、顺势而为，这个势便是黄河流域生态保护和高质量发展国家战略的实施，我们要结合沿黄县实际情况，认真贯彻国家战略的主要任务，实现经济高质量发展和生态高标准保护。要认识规律、尊重规律，这里的规律不仅指经济发展规律，而且指生态保护、社会治理等领域的规律，既不能拔苗助长，也不能坐失良机，创造性运用规律，促进山西沿黄县稳步健康发展。要稳字当头、稳中求进，由于山西19个沿黄县中有15个县"摘帽"不久，需要花大力气巩固脱贫成果，夯实实体经济发展基础，实现经济社会稳步发展。

本书从背景介绍、理论借鉴、对比分析等方面，来研究山西沿黄县的破局之道。首先，介绍山西沿黄县高质量发展的背景，分析山西沿黄县面临的机遇和挑战，梳理全国及山西的区域发展实践探索，借鉴县域发展标杆——百强县的发展经验。其次，阐述区域经济发展的主要理论，并根据理论提出对山西沿黄县发展的借鉴意义。再次，从人口特征、自然条件、产业特征、生态特征等四个方面分析沿黄县的基本情况，为制定针对性措施提供依据。然后，以数学模型来测度山西沿黄县经济发展、生态状况。继而，对比分析山西沿黄县与对岸县，借鉴对岸县的发展经验。最后，提出山西沿黄县高质量发展的总体思路和对策建议。

前途是光明的，道路是曲折的！发展已相对滞后的山西沿黄县唯有以坚韧不拔的毅力、水滴石穿的韧劲、抓铁有痕的作风，才能在竞争日益激烈的时代中拥有自己的一席之地。

2022年1月于喜雨亭

目　录

县域强，则区域强。本书研究的重点是黄河干流流经山西境内的19个沿黄县（市），分别为偏关、河曲、保德、兴县、临县、柳林、石楼、永和、大宁、吉县、乡宁、河津、万荣、临猗、永济、芮城、平陆、夏县、垣曲。这些县分别属于忻州、吕梁、临汾、运城4市。黄河干流从偏关县流入，从垣曲县流出，总长965公里。

为了保护好我们的母亲河——黄河，促进沿黄地区的高质量发展，山西制定了《山西省黄河流域生态保护和高质量发展规划》。规划中，围绕水土保持和污染治理，推进19县的经济发展和生态保护，着力打造黄河生态文化带。

一、研究山西沿黄县破局之道的背景

发展是第一要务。对于欠发达的山西沿黄县而言，要紧抓黄河流域生态保护和高质量发展、促进中部地区崛起等国家战略实施的机遇，借鉴全国百强县的发展经验，撸起袖子加油干，推动经济、社会、生态等领域高质量发展。

（一）加快山西沿黄县发展的意义

黄河孕育了中华文明。黄河流域曾是人类主要生存区域，是我国重要的能源、原材料和基础工业基地。随着时代的发展，在经济、生态等方面落后于东部发达地区。为促进区域协调发展，我国于2021年出台《黄河流域生态保护和高质量发展规划纲要》。山西要紧抓黄河流域生态保护和高质量发展成为国家战略的契机，找准发展定位，扎实推进举措，坚定踏实、久久为功，全方位推进山西黄河流域高水平发展。

沿黄县是山西加强生态建设的主战场。山西沿黄县是《山西省黄河流域生态保护和高质量发展规划》中重点打造的"沿黄生态文化带"。通过实施三北防护林建设、国土绿化行动、小流域治理等措施，生态环境大有改善。吕梁山曾是生态脆弱地区，通过实施植树种草、三大攻坚战等，生态环境明显改善。在推进两山七河一流域治理的基础上，加强对偏关县的偏关河、河曲县的县川河、保德县的朱家川河、兴县的蔚汾河、临县的湫水河、柳林县的三川河、石楼县的屈产河、大宁县的昕水河、万荣县的入黄口、临猗县的涑水河、永济市的伍姓湖等污染治理，持续改善河流湖泊的生态环境。山西向黄河的年输沙量由20世纪末的1.2亿吨减少到目前的1700万吨，森林覆盖率达23.57%，空气质量明显改善，人民的获得感、幸福感显著提升。

沿黄县是山西实现共同富裕的"短板"。虽然沿黄19县中的15县通过艰苦奋斗摘掉了贫困县的帽子，但巩固脱贫成果，促进经济高质量发展仍是摆在15县面前的重要课题。各县资源禀赋、发展基础各不相同，加快经济发展的首要任务也有所侧重。河曲、保德等县的传统产业转型升级步伐较为落后，石楼第二产业尤其是工业的发展严重滞后，河津、永济等市亟须培育新材料、新能源等战略性新兴产业。要持续加大对山西黄河流域内革命老区等特殊类型地区的政策支持，补齐协调发展的短板，积极融入国内大循环，进而融入国内国际双循环。

（二）山西沿黄县面临的机遇与挑战

在新一轮科技革命和产业变革推进的关键期，山西沿黄县要深入理解技术变革对产业链供应链的影响，运用辩证思维看待机遇和挑战，夯实发展基础，持续增强经济发展实力，从而能够及时把握机遇和妥善应对挑战。

1.面临的机遇

山西沿黄县主要面临两方面机遇：

一是国家及山西重视黄河流域发展。黄河是中华民族的母亲河，我们有责任有义务治理好。国家高度重视黄河流域的发展，中共中央 国务院于2021年10月印发《黄河流域生态保护和高质量发展规划纲要》。纲要明确了战略定位和发展目标，提出加强水资源节约集约利用、强化环境污染系统治理、建设特色优势现代产业体系等任务，并且针对黄河上游、中游、下游提出相应措施。山西深入贯彻国家规划，制定了《山西省黄河流域生态保护和高质量发展规划》。规划重点围绕水土保持，推进晋西太德塬固沟保塬项目，加强黄土高原塬面保护，实施小流域系统治理，积极开展黄河干流、汾河等污染治理，大力开展国土绿化行动等。

二是国家重视推动中部地区崛起。为推动中部地区高质量发展，2021年4月发布《中共中央 国务院关于新时代推动中部地区高质量发展的意见》。意见指出要坚持创新发展、协调发展、绿色发展、开放发展、共享发展，提出构建以先进制造业为支撑的现代产业体系、增强城乡区域发展协同性、打造人与自然和谐共生的美丽中部、形成内陆高水平开放新体制、提升公共服务保障水平等任务，从而推动中部地区在经济、社会、生态等领域实现新的突破。

2.面临的挑战

新一轮科技革命将会进一步拉大地区间的差距。山西沿黄县能否深刻理解第四次工业革命的内涵，能否尊重经济发展规律，循序渐进有序稳步推进本地区的经济发展，能否有相当的工业实力来抓住本次科技革命所带来的效率变革，能否充分应用人工智能、大数据等科技高效配置劳动力、数据、资本等生产要素，这些都是需要勇于面对，采取措施应对的挑战。

外部环境不确定不稳定导致世界经济稳步复苏不容乐观。发达国家先进制造业回流，减缓我国经济结构优化步伐。自2018年以来，世界经济总量前两位的美国和中国贸易摩擦不断。美国不择手段遏制中国高科技企业发展，为世界经济稳步发展增添了些许不确定因素。自2020年以来，新冠肺炎疫情仍未有效遏制，从原始病毒变异为德尔塔，再变异为奥密克戎。不管承认与否，病毒将在一段时间内与人类共存。毫无疑问，这将会减缓经济复苏。

（三）中国及山西的区域发展实践

区域发展速度与我国所实行的经济制度有息息相关的关系。新中国成立后，我国实行计划经济，当时区域间的发展较为均衡。1984年召开的党的十二届三中全会提出实施有计划的商品经济，建立有中国特色的社会主义经济体制。之后，区域间的发展逐渐拉开差距，但差距不大。1992年召开的党的十四大会议，明确提出要建立社会主义市场经济体制。在随后的发展中，东部与中部、西部的差距逐渐拉大。

在社会主义市场经济条件下，区域发展产生差距是客观事实。优胜劣汰是市场经济的基本法则。自主经营、自负盈亏的企业在激烈市场竞争中，必然研发制造适合市场需求的产品或服务，才能生存发展下去。竞争力强的企业占据的市场空间越来越大，在所处行业可能形成寡头垄断或垄断态势。区域内聚集大量创新性企业，必然促进本区域经济飞速发展，拉大与其他地区的距离。在这种态势下，便产生了"马太效应"。从另一个角度考虑，区域间发展差距过大不利于整体经济的持续健康发展，这便需要采取协同、合作措施缩小差距。

1.中国区域发展实践

区域经济发展有其自身规律，但也受到不同时代地缘政治、国家能源安全、经济空间和地理空间的高度异质性等多种因素的影响，产生东中西部地区、南北地区、欠发达地区与发达地区之间的差距。我国实施西部大开发、东北老工业基地振兴、中部地区崛起、东部率先发展等国家战略，推进国家整体发展。当区域发展差距较大时，国家积极调整措施、制定政策，促进区域协同发展，从而实现建设社会主义现代化强国的目标。

新中国成立以来，尤其是1953年第一个五年计划的实施，将156项工业项目布局在城市，构建起我国工业的雏形。1956年，《论十大关系》中提出要平衡沿海工业和内地工业，形成区域经济均衡发展态势。这一时期，我国实行计划经济。与此同时，也发现了只用计划这一个手段来促进经济发展的弊端，从而认真思考五个方面的关系：中央和地方、政府和生产单位、生产单位和生产者、公有制经济和非公有制经济、计划和市场，受制于当时历史条件的限制，未能持续探索下去。

1978年，邓小平同志进行解放思想、推进改革开放，采取设立经济特区、兴办开发区等措施，"让一部分人和一部分地区先富裕起来"。1980年，设立深圳、珠海、汕头、厦门4个经济特区。1986年，邓小平同志为天津开发区题词，鼓励其探索发展。改革开放以来，我国将经济增长效率放在首位，把梯度转移理论与生产力布局结合起来，实现了东部沿海地区快速发展，与此同时，东部与中西部的地区经济差距不断扩大。

1999年，为解决东部与西部、中部的发展差距过大的问题，从国家层面出台重要政策。1999年的中央经济工作会议提出实施西部大开发战略，2000年的《中共中央关于制定国民经济和社会发展第十个五年计划的建议》中明确提出"实施西部大开发战略、加快中西部地区发展"。2004年8月，在振兴东北老工业最高规格会议上提出支持东北地区等老工业基地加快调整、改造。2012年3月，国务院批复《东北振兴"十二五"规划》。2009年发布的《促进中部地区崛起规划》提出要增强中部地区的发展活力，提高可持续发展的能力，提升经济发展水平。2021年发布的《中共中央 国务院关于新时代推动中部地区高质量发展的意见》提出构建现代产业体系、推动内陆高水平开放、提升公共服务保障水平等任务。

2.山西区域发展实践

在我国实行社会主义市场经济初期，城市是经济增长的主要空间组织形式。随着新型城镇化的推进，城市规模不断扩大、功能不断完善，促进了本地区经济社会的持续发展。对山西而言，作为省会城市的太原是带动山西经济发展的主要增长极。但由于人口、土地等要素的限制，需要通过拓展发展空间来整合各类生产要素，提升发展新动能。

随着市场经济的实践和市场体制的完善，城市群逐步成为区域发展主要空间组织形式。从20世纪90年代，山西便提出太榆同城化的设想。2005年，在《山西省城镇化发展纲要》中，提出核心层、外圈层、区域次中心等为格局的大太原都市圈。2009年，在《太原经济圈规划纲要草案》中，提出核心圈、基本圈、拓展圈的太原经济圈。接着，在太原经济圈的基础上，山西出台《太原大都市区规划》，构建一主、一副、两带、一心的空间布局，推进工业新型化、农业现代化、城镇一体化、城乡生态化。2016年，编制了《太原都市区规划（2016—2035年）》，指导太原未来20年的发展。

2019年，山西制定出台《山西中部盆地城市群一体化规划纲要（2019—2030年）》。这些城市对于各类生产要素有明显的集聚效应，人口、产业、教育、医疗等相关领域的指标均排在山西前列。纲要明确了产业布局、基础设施、生态保护、治理体系等方面的重点任务，构建要素合理流动机制、协调发展机制、一体化推进机制等，从而以城市群的高质量发展推进山西转型发展。

2021年，中共山西第十二次代表大会提出"一群两区三圈"的城乡区域发展新布局。其中,一群指中部城市群,包括太原、晋中、忻州、阳泉、吕梁5市。两区是指太忻经济区和山西转型综改示范区,分别是城市群的北引擎和南引擎。三圈是晋北、晋南、晋东南城镇圈,要加强与中部城市群的互动,形成分工明确、协作共赢的局面。

太榆同城化,到大太原都市圈,再到太原经济圈、太原都市区、然后是中部盆地城市群、中部城市群,是山西在实践过程中对区域经济发展规律不断认识、作出相应调整的结果。无论是城市群、都市圈,还是经济圈、都市区,都需要尊重经济规律,以系统性、创新性的思维分析圈层结构的演化规律,科学优化产业布局,激发各类生产要素活力,推进本区域城市协同高效发展。

直到2021年,太榆同城化的设想仍未实现,主要是我们仅仅从经济维度来思考区域发展,未能全面考虑行政区划、区域文化、社会治理等因素。都市圈、经济圈等要重点协调核心圈、基本圈、拓展圈的相对关系,尤其是核心圈即省会太原的发展,关系到整个经济系统的有序高效运转。对照城市群的一般标准,以1个以上特大城市为核心,3个以上大城市构成城市群体,且城市之间有紧密的经济联系和紧凑的空间组织,构建山西中部城市群缺少相应的要件。从人口角度看:根据第七次全国人口普查数据,太原城区人口达452.9万人,距离特大城市的门槛500万人仍有47.1万人的差距。晋中(榆次区)90.5万人、忻州(忻府区)57.7万人、阳泉(城区)22.5万人、吕梁(离石区)45.6万人,这些城市城区人口数均未达到大城市的门槛100万人。从经济联系和空间组织看:除山西转型综改示范区使得太原与晋中产生较为紧密的联系外,城市经济发展未能与相邻区域发生紧密联系。显然,山西打造中部城市群需要在规划的引导下,落实重大任务或重大工程,不断强化太原作为增长极的作用,提升晋中、忻州等城市的配套合作水平,才能实现城市群的整体发展。

妥善处理区域内城市群之间、城市之间的关系。中部城市群是山西加快转型发展重点打造的增长极。充分发挥城市群先进生产力的辐射带动作用，支持山西沿黄县转型发展，在山西范围内形成良性互动的产品或服务循环，保障产业链供应链稳定，进而融入国内大循环中。根据产业发展规律，合理分配城市群内各城市的职能，提升城市群分工协作能力，增强城市群的区域竞争力。科学利用梯度发展理论，推进不同层级的城市持续增强核心竞争力，争取在产业链的关键环节拥有一定的话语权。鼓励山西沿黄县基于资源禀赋、经济发展基础等，加强创新平台、孵化器等产业配套设施建设，高质量承接来自东部的劳动密集型产业或特色产业。

加强与周边地区的经济合作。鼓励大同、临汾和运城深度参与蒙晋冀长城金三角、晋陕豫黄河金三角的经济合作，推动区域内生产要素自由流动、资源配置统筹规划、产业链条自主可控，探索区域特色发展方式，提升区域的整体竞争力。蒙晋冀长城金三角合作区首届联席会议于2014年8月召开，并签署了共建协议和五个专项合作协议。晋陕豫黄河金三角承接产业转移示范区于2012年5月正式成立，整合区域生产要素，创新黄河流域生态保护和高质量发展合作交流机制，加快推进区域一体化发展。

加快沿黄县发展要做到"知己知彼"。"知己知彼，百战不殆"不仅适用于军事领域，而且也适用于经济领域。"知己"的含义是：详细了解本地区的基本情况，包括：人才、资金等资源，产业发展状况，生态治理状况，社会治理现状，发展中重点难点等。"知彼"的含义是：深入了解周边县（市）、与本地区的主导产业相同的县（市）、全国百强县的发展情况等。与此同时，要把握世界、中国、山西的发展形势，战略性新兴产业的发展趋势等。

准确分析所处的环境。毛泽东同志认真分析1945年1月解放区经济工作时，指出："我们所处的环境是一个建立在个体经济基础上的、被敌人分割的、因而又是游击战争的农村根据地。"①根据特定的环境，主张自力更生，将发展的立足点放在自身上，并且积极争取外援。生产上采取统一领导、分散经营的方针，不仅组织农民进行生产，而且组织部队和机关共同生产，推广军民生产运动。沿黄县应当深入了解全国乃至全球经济发展大势，准确定位自身经济发展阶段，找准"切入点"，锲而不舍、久久为功，尽快实现资源型经济转型。

科学确定经济建设规模。土地、水、矿石等资源的有限性，决定了经济发展规模。"有多少汤泡多少馍。"在经济发展不稳定不确定的形势下，山西沿黄县基于自身发展状况，深入把握经济发展的共性和特性，合理配置土地、劳动力、技术、数据等生产要素，要尽力而为，也要量力而行，将本县发展融入全国经济大循环中。

合理确定经济结构。统筹考虑农业、工业（轻工业和重工业）、服务业（交通物流、现代金融等）的协调发展和综合平衡。根据本地区的实际情况，确定优先发展的行业，即主导产业，然后，要积极培育新兴产业，多元推进，改变某些县严重依赖能源的现状，推动一二三产业协调发展，保障当地全方位发展。尤其要关注轻工业和重工业的比例，从某种意义上讲，就是民生与国防的关系，既不能饿着肚子搞建设，又不能忽视国家安全，将资源全部投入食品加工、家用电器等轻工业。

选择适合本地发展的生产方式。数字化、智能化是制造业发展的趋势。智能工厂是将来生产组织方式，能够有效满足多元化市场需求。但是，对于脱贫不久的永和、大宁等县，工业基础薄弱，不可能马上修建高水平的智能工厂。这些县可以从夯实工业基础做起，引进基础性的工业行业，加强基础材料、基础工艺、基础软件等研究。要认真吸取1956年全国私营工商业社会主义改造时的教训，一些地方过度追求企业合并、

---

① 毛泽东：《必须学会做经济工作》，载《毛泽东选集》（第三卷）。

集中生产，违背了经济发展规律，导致企业效益下降，甚至亏损。

统筹城乡协调发展。加快推进以县城为重要载体的城镇化建设，构建新型城乡关系。积极建设一批产业基础好、承载能力强的特色小镇，因地制宜打造科技创新类、先进制造类、文化旅游类、三产融合类等特色小镇。实施城乡基础设施的一体化规划，高标准建设，高水平维护。分级分类推进基础设施一体化建设，农村的公路等基础设施功能明显提升，但是新型基础设施等仍滞后于城市。有序推进宅基地、农村集体经营土地等改革，提升土地的利用效率。完善农业转移人口市民化成本分担机制，深化户籍制度改革。

主动融入区域发展中。一滴水只有融入大海，才会永不干涸。在经济全球化的时代，山西沿黄的一个县便是"一滴水"，要以时不我待的紧迫性积极融入山西中部城市群、关中平原城市群、沿黄生态经济带的发展中，进而融入以国内大循环为主的新发展格局中。沿黄县要找准定位、加强创新、顺势而为，在产业链的关键环节上争得一席之地。要积极加强与京津冀、雄安新区在产业发展领域的对接，以飞地经济、引进创新团队等方式，主动嵌入产业链重要环节，提升协作水平。

（四）中国县域发展现状

县是一种行政区划，是我国国家结构的基本单位。同时，县也是一个基本完整的社会，是经济、社会、文化、生态等发展的综合体。截至2020年底，中国共有县级行政区划单位2844个①，其中，县1312个，市辖区973个，县级市388个，自治县117个，旗及自治旗52个，林区及特区各1个。

县域强，则国家强。正如经济学家张五常所言"县际竞争是中国

① 来源于民政部《2020年民政事业发展统计公报》。

经济迅速发展的根本性制度原因，也是中国改革最成功之处"。各县想方设法引进、灵活运用、有效配置资金、人才等资源，激发人才的积极主动性，进一步解放和发展生产力，促进了县域经济持续健康发展。与此同时，汇聚成磅礴的发展态势，促进国家经济增长。

许多省份高度重视县域经济。河南全面重构、深度转型，加快链式集聚发展，释放资源潜力，推动县域经济高质量发展。陕西出台关于推动县域经济高质量发展的若干政策措施，鼓励县域加强研发投入力度，积极发展战略性新兴产业，持续优化营商环境，开展县域经济社会发展监测评价，推进县域经济持续健康发展。湖南实施县域经济强县工程，鼓励县域做优做强主导产业、创新政策环境等，并于2020年出台《关于推动县域经济高质量发展的政策措施》。

他山之石：陕西省关于推动县域经济高质量发展的若干政策措施①

陕西着力建设一批工业强县、农业强县、旅游名县，推动县域经济高质量发展，着力采取以下措施：

一是培育壮大主导产业。依据各县资源禀赋和产业基础，宜农则农、宜工则工、宜商则商、宜游则游，共同推进具有发展前景的1—2个主导产业，以产促城、以城兴产，推动产城融合，制定"一县一策"实施方案。

二是推动产业园区提档升级。扎实推进产业园区整合升级，原则上每个县（市）只保留一个产业园区。围绕县域主导产业培育发展，打造一批重点特色专业园区。

三是提升县城承载功能。分类指导编制县城国土空间详细规划，统筹处理好生产、生活、生态功能布局。

四是激发县域发展活力。加大扩权强县力度，持续深化"放管服"改革，开展民营企业"扶小创优"培育行动，实施制造业"单项冠军""专精特新"企业培育工程，实施县域商业建设行动，开展创新示范县建设。

五是加大精准招商力度。围绕确定的特色主导产业，认真谋划产业链，绘出产业链地图，明确拟招商的龙头企业、配套企业和相关服务性企业。探索建立招商引资项目跨地区流转机制。建立全程服务机制。

六是加强要素保障。强化资金要素支持，加强土地要素保障，加大人才要素支持。

---

① 来源于《陕西日报》2021年8月5日。

1.县域发展主要类型

各县都千方百计将本地区建设成为经济富强、生态优美、人民向往的宜业宜居之地。但是由于资源禀赋、区位优势、发展历史、产业现状等不同，县域发展进展不尽相同。通过分析各县经济社会发展，将县域发展分为工业引领型、农业引领型、生态引领型、优化环境型、党建引领型等模式。

（1）工业引领型

合肥长丰县积极发展电气机械和器材制造业，以及计算机、通信和其他电子设备制造业等新型工业，引进投资超10亿元以上的青岛少海汇、中车城市交通等项目，带动农业、服务业联动发展，县域经济实力稳步提升，实现了从国家扶贫开发重点县（1994年）向百强县的转变。

黄冈武穴坚持工业立市战略，积极发展电子信息、医药化工、机械船舶等新兴产业，加快建设湖北武穴电子信息园，打造电子信息产业集群，着力培育"芯屏端网"千亿产业。与此同时，加快传统产业转型升级，构建现代化产业体系。

沈阳市法库县以智能化、品牌化、绿色化为目标，加快产业转型，发展通用航空、陶瓷建材、农产品精深加工等产业，稳步升级研发能力、产品结构、产业链等，推动重点产业由规模型、速度型向效益型、质量型转变，促进县域经济高质量发展。

作为百强县的泉州晋江市重视创新发展，加快推动工业、农业、服务业等领域的数字化转型，着力打造福建省县域数字化应用第一城。截至目前，晋江市推进卡尔美"智造供应链一体化"等数字化标杆项目，现有60%以上的规上工业企业使用"数控一代"装备技术，生产效率明显提升。华宇织造第五经编车间在开展数字化改造行动后，产品研制周期缩短一半，产品不良率从25%减少至5%。

陕西富平县以重点项目为引擎，加快县域经济发展。围绕本县主导产业，通过招商引资引进牵引性、标志性项目，落实领导包联、部门包抓等机制，强化土地、资金等要素保障，加快推进重点项目建成投产。扎实开展"项目建设突破年"行动，推进陕西圣唐乳业二期、富昌路南延等项目。

河北丰宁依托丰富的水、风等资源，积极发展清洁能源产业，并将其作为主导产业来发展。截至2021年底，风电、水电、太阳能发电等装机已达600多万千瓦。丰宁于2021年12月30日建成了世界上最大的抽水蓄能电站，并接入柔性直流换流站顺利发电。

发展飞地经济，推进县域经济发展。辽宁出台支持飞地经济发展的实施意见，围绕土地、资金、人才等要素制定相应的政策措施，明确合作分享机制，科学考评并进行奖励。99.7%被山地覆盖的四川宝兴县在着力建设大熊猫国家公园的同时，大力发展飞地经济，加快推进"西部最大的有色金属循环产业基地"建设。

（2）农业引领型

济宁市梁山县按照"一县一特"的发展思路，以园区化、标准化、品牌化、科技化的思路，加快建设鲁西黄牛种养加销一体化产业园，推进鲁西黄牛标准化、绿色化建设，构建"黄河农耕·梁山良品"品牌运营中心，与中国农科院、中国农业大学等科研院所深化合作，打造以地理标志产品鲁西黄牛为代表的肉牛产业。

潍坊市临朐县以其独特的自然条件和积累的农业科技，积极开发市场所需的大樱桃品种，推广标准化种植技术，提升种植园的管理水平，以大数据等科学技术完善集数据采集、技术服务、市场信息、质量追溯等为一体的中国（临朐）大樱桃产业互联网平台，积极推广"临朐大樱桃·首朐一指"樱桃区域公用品牌，打造以大樱桃为主的百亿果品产业。

甘肃靖远大力发展特色农产品，充分利用"靖远枸杞""靖远黑瓜籽""靖远羊羔肉""靖远文冠果油""靖远旱砂西瓜"等国家地标产品，开展特色化、品牌化种植、营销，并将产品出口至南亚，扩大靖远地标农产品的影响力。

（3）生态引领型

定西市渭源县积极发展生态文化旅游产业，将其作为本县新的经济增长点。利用冰雪、温泉等资源，开展"西部雪谷·康养定西"冬春季冰雪温泉旅游活动，打造以冰雪观光体验为主，康养休闲、滑雪度假为特色的冰雪旅游发展模式，做优渭河源等景区，推进旅游基础设施提档升级，构建全域旅游发展格局。

广西实施特色立县、工业强县、农业稳县、服务业兴县、城乡融合惠县、生态美县六大行动，出台支持县域经济高质量发展的政策措施。甘肃岷县积极推动标志性、牵引性项目，推进冰桥湾水电站建设项目，建成后，发电量可达7500万度。

（4）优化环境型

安徽省六安市金寨县重视创新驱动，鼓励企业申请国家级高新技术企业。积极培育龙头企业、"专精特新"企业等，打造产业集群，优化产业结构。健全工业互联网等平台，加速为各类工业企业赋能，推进数字化和工业化深度融合。

南阳镇平县重视人才队伍建设，将人才作为创新之源、强县之基。搭建人才发展各类平台，完善省级研发中心、重点实验室等创新平台，完善"聚石智仓"宝玉石产业链数字化集合平台，打造高标准乡镇（街道）返乡创业园区。出台产业扶持政策，从创业服务、担保贷款等方面提供保障，设立返乡创业人才基金，加大大众创业万众创新的金融创新。

黑龙江克东县重视人才培育，创新引才政策，搭建干事平台，持续营造良好的创新环境。克东县主动为宝泉镇龙泉草莓基地建设解决土地，并为基地提供高效精准服务。

（5）党建引领型

洛阳伊川县强化党建引领，助推区域高质量发展。坚持党建与业务相融合，以强有力的基层堡垒推进本单位本部门业务。供电公司推进党建+安全生产，提升供电服务能力。构建与现代物流发展相适应的党组织设置模式，积极承接洛阳国家物流枢纽功能。依托农民合作社、农业基地，设置"协会型""基地型"党组织。

2.县域发展趋势

加速向绿色化发展。县域未来必然是朝着节能低碳、循环利用的方向发展。不仅要发展清洁化生产，加快节水农业、低碳工业等发展，而且提倡践行绿色化生活，使用节能设备，建设绿色社区、绿色学校等。

加速向区域一体化发展。既要加快推进区域内基础设施互联互通，又要加快信息、知识等软件资源的共享利用。县域与所在城市群（城市圈）在经济发展、生态保护、社会治理等方面要进行更深入的互动交流。从某种意义上讲，数据、知识等资源将会发挥引领、统筹等重要作用。大数据、人工智能的广泛应用，为开展精细化、个性化生产提供软件支撑，也为更精确预测经济提供指导。

加速向工业经济的主阵地发展。坚定不移发展工业，尤其是技术含量高、带动性强的环境友好型制造业。加强国家级、省级创新平台建设，赋能传统产业，培育壮大新兴产业。加快构建或充分运用行业互联网，整合生产设备、资金等资源，开展专业化、个性化、智能化生产。

全面推进乡村振兴。加快培育家庭农场、农民合作社、农业社会化服务组织等新型农业经营主体，发挥农业科技力量，提升农业生产力。持续执行"四个不摘"①政策，巩固拓展脱贫攻坚成果。深化农村

---

① 即摘帽不摘责任、摘帽不摘政策、摘帽不摘帮扶和摘帽不摘监管。

土地制度改革，用好用活农村宅基地，推进农村集体经营性建设用地入市，健全城乡统一的建设用地市场。

3.百强县发展状况及带给我们的启示

加快发展县域经济，是山西实现转型发展的有效途径。沿黄县应当认真分析作为县域发展标杆——百强县的发展经验，并结合自身实际，在国内国际双循环中找准区域定位，持续用力、久久为功，赢得一席之地。

（1）对标百强县

赛迪发布的《2021中国县域经济百强研究》对2020年全国1870个县从经济实力、增长潜力、富裕程度、绿色发展4个维度24个指标进行评价，筛选出百强县。其中，昆山是第一名，简阳是第100名。由于制度、资源等因素，县域经济发展存在不平衡的问题。东部地区的县域经济发展较快，而中部、西部、东北地区的县域则相对落后。2020年的百强县中，东部占68席，中部21席，而西部、东北地区总共才11席。

我们选取2020年山西沿黄县中经济体量最大的河津与简阳作比较。

从经济实力看，河津与简阳的总体实力相差较大。2020年，河津的地区生产总值是259.9亿元，仅为简阳的47.1%。河津的一般公共预算收入是14.3亿元，仅为简阳的42.4%。

从增长潜力看，河津工业仍以煤炭开采和洗选业、黑色金属冶炼、有色金属冶炼等高耗能、高污染的产业为主，新兴产业培育不足。而简阳工业则以智能制造装备、航天装备等新兴产业为主，未来发展后劲足。

从富裕程度看，主要选取人均可支配收入这一指标来对比。2020年，河津城乡人均可支配收入为24704元，仅为简阳的87.3%。河津城镇居民、农村居民的可支配收入分别为32584元、16147元，分别为简阳的82.0%、82.2%。

从绿色发展看，两市都重视生态保护修复，开展污染综合治理，推进河流的系统治理，大气、水、土壤等质量明显改善。2020年，河津的优良天数是227天，比简阳少了96天。河津的PM2.5平均浓度下降15.5%，而简阳治理力度较强，PM2.5平均浓度下降18.1%。

（2）百强县之首昆山的典型案例

自2017年，昆山连续五年排全国百强县之首。昆山发展新产业，布局新赛道，促进经济社会持续健康发展。2021年，实现地区生产总值4748亿元，同比增长7.8%，其中，第二产业增加值为2462亿元，占地区生产总值的51.8%。昆山重视工业发展，尤其是战略性新兴产业，2021年，规上工业总产值首次突破万亿元，战略性新兴产业产值比重达53.4%。

昆山之所以能取得如此成效，主要采取了以下措施：

坚持创新驱动。以企业为创新主体，主动加强与科研院所、高校在关键核心技术领域的合作，推动基础研究和应用研究相结合。打造一批创新载体，推进高端医疗装备产业创新中心、深时数字地球研究中心等产业科创平台建设。围绕科技成果孵化，打造省级以上科技企业孵化载体，推进中乌先进技术产业创新中心等创新载体建设。营造良好的创新生态，拓宽科技成果转化渠道，加强知识产权保护利用，健全科技服务体系。

打造具有全国影响力的产业集群。加强产业链中关键领域核心技术的自主研发力度，不断提升产业链现代化水平。培育或引进龙头企业，从而以企招商，引进配套企业，形成良性互动、协同共赢的产业集群。截至目前，昆山拥有计算机、通信和其他电子设备制造业1个千亿级产业集群和通用设备制造业、专用设备制造业、汽车制造业等12个百亿级产业集群。

积极培育引进市场主体。实施年轻一代民营企业家培育计划，培育民营企业，发展民营经济。深入开展招商护商服务，推广全链代办服务。完善综合金融服务平台功能，为企业发展提供全周期服务。2021年，市场主体突破百万户，是江苏省第一个市场主体突破百万户的县级市。

（3）百强县带给我们的启示

百强县是县域经济社会发展的标杆，是县域经济高质量发展的排头兵，是区域协同发展的积极参与者，是社会治理水平提升的探路者。山西沿黄县应当结合自身发展状况，借鉴它们的经验做法，深入思考，从要素供给、产业谋划、制度创新等领域分析深层次原因，尽快探索出转型发展道路。百强县之所以强的原因在于：

夯实产业发展基础。在基础材料、基础工艺等方面，已有一定的积累，推动产业基础高级化。拥有竞争力较强的工业园区，昆山经济技术开发区、太仓港经济技术开发区在国家级开发区综合评价中排前列。重视产业集群的培育，积极培育引进新兴产业的龙头企业，多措并举完善创新平台，形成上中下游企业良好互动、产业链顺畅循环的发展态势。

加快产业结构调整。根据经济发展的"雁形理论"，科学谋划不同时期的主导产业。深入研究重点培育产业的发展状况、演进趋势，确定自身发展定位。要善于"借势"，充分利用黄河流域生态保护和高质量发展等国家战略实施契机，深度参与到区域发展中，在谋大势中实现区域的高质量发展。昆山的计算机通信新兴产业已成为主导产业，下一步，昆山积极融入长三角经济一体化，推动产业结构优化，增强工业的核心竞争力。

积极融入城市群发展中。百强县大多分布在经济实力较强的城市群当中。2020年，长三角城市群是百强县最为密集的区域，拥有44个百强县[①]，还包揽25个"千亿县"，占到全国的七成左右。其次是长江中

---

① 数据来自赛迪顾问县域经济研究中心编制的《2021中国县域经济百强研究》。

游城市群和山东半岛城市群，均拥有12个。位于中部的中原城市群有7个，大多分布于郑州附近。城市群内的基础设施互联互通、教育医疗资源共建共享、科技创新平台合作共建为县域经济社会发展提供良好环境。

追求更有质量的增长。不单把经济领域的主要指标作为百强县的评判标准，而是将生态保护修复、教育、医疗卫生、社会保障等加入评价体系中。为推动县域高质量发展，持续完善评价指标体系，更加客观、完整、准确地评价县域经济。曾经有些县的经济体量较大，但是人均收入并不高，生态环境也不优。由于指标体系的指挥棒效应，这些县着力补短板，其他关键指标值也有亮丽表现。

持续优化营商环境。加快推进放管服改革，积极打造市场化法治化国际化的营商环境。以市场需求为导向，推进商事制度改革，进一步废除影响统一有序市场构建的规定，提升企业办事的便利化程度。坚持"法治是最好营商环境"理念，以法治政府建设为引领，加快"一件事改革"，推进减税降费，加强知识产权保护，提供完备的法治服务，营造公平公正的营商环境。借鉴国际先进的规则、标准等制度，加强与RCEP（区域全面经济伙伴关系协定）等的制度对接，以制度创新不断提升县域开放水平。

二、区域经济发展理论概述及启示

在全球化的时代，一区一市无法单独依靠自身力量满足自身需求，需要与相邻区域共同协作，获取所需产品或服务，同时应对各类风险。不论愿意与否，各个国家或地区必须树立数字思维，尊重经济规律，运用数字化工具，结合本区域的资源禀赋，确定好自身定位，在战略性新兴产业的产业链中赢得一席之地。

（一）韦伯的工业区位论及启示

1809年，韦伯在《工业区位论》中，主要分析了工业为何集聚在此地的原因，并将影响因素分为区域性因素（生产费用、劳动费用等）和集聚因素（劳动力组织变化、技术等），通过成本-收益分析法，提出从运输、劳动力、集聚等三方面来优化生产力布局。对山西沿黄县发展的启示是：加强交通设施的通达性，随着沿黄旅游公路的建成，运输状况进一步改善，但是仍需推进传统交通设施与新型基础设施的融合。吸引高素质劳动力，必须健全各类人才施展才华的平台，营造鼓励创新、宽容失败的环境等。营造良好的产业生态，以产业生态化、生态产业化的理念，推动经济发展与生态保护协调发展。

（二）俄林的一般区位理论及启示

一般区位理论的主要观点有：一是在劳动力和资本不能自由流动的情况下，工业区位主要取决于人口增长率、工资收入水平、储蓄率、价格比率等因素。二是各地区应当根据生产商品所包含要素密集程度不同，而选择相应的国际国内分工。一般来讲，劳动力丰裕的地区应当生产劳动密集型产品，资本丰裕的地区应当生产资本密集型产品。对山西沿黄地区发展的启示是：时代发生了改变，劳动力和资本可以自由流动，从而促进地区之间经济、社会、文化的交流。要通过改善营商环境，提供高质量的教育、医疗等公共服务，吸引本地区所需的高素质人才。高附加值的商品大多是资本-技术密集型的，企业需要扎实的基础理论、全面的技术体系、雄厚的资本积累等，才能设计制造这些商品。这便需要沿黄县慎重选择发展的产业，积极融入国内乃至国际的产业链当中，提供具有市场竞争力的商品或服务。

（三）克里斯塔勒的中心地理论及启示

德国地理学家克里斯塔勒在地域面积具有同质性和所有方向上交通体系相同这两个假设前提下，提出一般均衡状态下的中心地空间分布模式。主要观点是：当一个区域只有一个服务点时，服务最佳范围是圆形的。如果一个区域存在多个同级中心时，服务范围便由圆形转变为六边形结构，六边形的一个顶点是每个次一级的中心地。由此可以得出三种模式，一是以市场最优为原则，中心地为出发点的服务模式；二是以交通通达为最优原则，各级中心地应分布在六边形的中点处；三是以行政职能为原则，每一个次一级中心地在高一级中心地的管辖范围内。对山西沿黄县发展的启示是：最应借鉴的是以交通通达为最优原则的模式，深入了解沿黄县及周边的经济需求，构建起类似"世界城市-国家中心城市-区域中心城市"的城市层级。可以考虑以河津等发展相对发达地区作为沿黄地区发展的一级城市，万荣、临猗等县作为二级城市，围绕生物医药等战略性新兴产业，集聚本地区的各类生产要素，形成良好发展态势。

（四）其他区域经济理论及启示

以克鲁格曼为代表的新经济地理学派，在分析收益递增、不完全竞争、运输成本等因素的基础上，构建不完全竞争模型，提出了中心-外围模型。

以弗里德曼为代表的新制度学派在区域经济分析中，引入制度要素，主要优化区域间生产要素的分配，从而促进区域协调发展。

克鲁格曼、巴罗、沙拉马丁等主要从报酬递增和区域成长的角度来分析区域空间集聚。报酬递增通过技术溢出、劳动力市场、中间商品的供求关系等因素在区域经济集聚的过程中形成。由于一个国家内部的地区之间在文化、制度、技术等方面具有相似性，所以这些区域之间比国家之间更容易实现各类要素的集聚。在经济全球化的今天，随着交通越发便捷、技术交流频繁，将会在更大的区域实现要素集聚，促进区域持续健康发展。

对山西沿黄县发展的启示是：要加强区域中心的建设，只有充分集聚、科学分配资本、技术等要素，形成具有自主可控的核心竞争力，才能有效带动区域其他城市的发展。要对标高水平的制度型开放，积极与RCEP等自由贸易区对接，以制度创新改善生产关系，从而适应生产力的发展。要树立效益导向，更加科学配置数据、资本等生产要素，提升全要素生产率，力争形成绿色低碳、循环发展的态势。要坚定不移地促进更大范围的要素集聚，重视数据在现代生产、生活中的应用，紧抓第四次工业革命的契机，加快山西沿黄县发展步伐，力争赶上全国发展的平均水平。

多种方式研究区域经济。区域经济学是一门从空间上分析如何整合土地、资金、劳动力、制度等资源的学问。在研究过程中，不能仅靠定性分析，要充分运用投入产出、线性规划、一般均衡等数学模型定量分析企业的创新行为、厂商的选址等。通过定量与定性相结合、宏观与微观相结合的方式，更客观地认识区域发展的内在规律，科学运用这些规律，促进本区域高质量发展。为了更加客观地了解沿黄19县的经济发展水平和生态保护状况，本书将19县作为一个整体，采用熵权法等数学模型研究经济发展、生态保护等水平，得出相应的结论。

关注"区域短板"的经济发展。在山西黄河干流流域，由于自然资源禀赋、交通条件、发展基础等不同，经济发展必然有快有慢，形成了不平衡发展的态势。但发展差距过大，会影响整个区域的协调发展。区域中，最发达的县与最落后的县经济发展差距较大，2020年，河曲县的人均生产总值（92346元）是石楼县（17910元）的5.2倍。这些落后的县便是区域经济发展的短板，而短板是决定一只水桶容量的关键因素，我们必须关注"补短板"，提升欠发达地区的经济水平。

构建真正的区域竞争优势。沿黄县有丰富的煤炭资源，但是受多种因素的影响，这一比较优势并未带来电价上的优势。区域之间的核心竞争优势逐渐由物质方面，转变为精神层面，比如人员素质、制度环境、技术创新、管理水平等。沿黄县教育相对落后，影响了人员素质，进而影响劳动生产率。

抓住区域经济发展的核心。经济增长主要是由知识积累、专业化人力资本、资本投资等推动的。但并不是拥有知识或高素质的人力资本，就必然推动区域经济增长。因为经济增长还受到行业的市场结构特征、消费者需求变化、区域公共政策等因素的影响。对于山西沿黄县而言，加快经济增长需要加强基础教育、职业教育等，加速各类知识的积累；围绕本地所要打造的战略性新兴产业，培育或引进专业人才团队，营造良好的创新环境；围绕主导产业，开展适度超前的基础设施建设，尤其是新型信息基础设施全覆盖；深入研究市场需求，结合转型发展目标，有计划有步骤地在新材料、新能源等新兴产业合理配置资源，使得投资产出既能满足当下需求，又能为将来发展奠定基础。

三、山西沿黄县特征分析

山西沿黄县要实现经济、社会、生态等领域高质量发展，就必须摸清人口、工业、农业等领域的发展情况，把握内在特征，找准发展过程中的难点，推行切实可行的措施，从而加快本地区转型发展，缩小与全国平均水平的差距。

（一）人口特征分析

从某种意义上讲，人口流动可以反映出经济的发展趋势。一般来说，经济越发达的地区可以提供施展才华的平台，具有一定的吸引力，人们便用脚"投票"，流动到这些更有发展空间的地方，反之，经济欠发达，便可能造成人口减少，并且流出人口一般是各领域的高素质人才。

1.山西2010—2020年人口变化特征

2010—2020年，山西人口呈现总量减少、结构持续优化的趋势。人口特征发生如下变化。

从人口总量上看：由2010年的3571.2万人减少至2020年的3491.6万人，共减少79.6万人，年均减少0.23%。

从人口结构上（6个方面）看：家庭户平均人口由2010年的3.24人减少至2020年的2.52人，减少0.72人，这与住房条件的改善、居住理念、人口流动等因素有关。总人口性别比例（以女性为100，男性对女性的比例）由2010年的105.56降低为2020年的104.06，下降1.5，表明人口性别结构持续优化。2020年劳动年龄（15—59岁）人口较2010年下降了6.65个百分点，而60岁及以上人口比重却上升了7.39个百分点，表明亟须采取有效措施增加劳动年龄人口，妥善应对老龄化社会。2020年的平均受教育年限较2010年提高了0.93年，达到10.45年，表明山西人口受教育程度改善明显，人口素质稳步提高。2020年城镇人口持续增加，城镇人口比例比2010年提高14.48个百分点，表明城镇化正有效推进。2020年的流动人口、人户分离人口较2010年分别增长了75.25%、90.57%，表明流动人口规模进一步扩大。

2.山西沿黄县人口变化特征

2020年，山西沿黄县人口为435.8万人，较2011年减少了15.8%。总人口性别比例、平均受教育年限等指标持续优化。

由图3-1可知：2011—2020年，山西沿黄县总人口呈逐年下降趋势，说明人口呈向外流出态势，山西沿黄县的综合吸引力不够。从城镇和乡村看，乡村人口下降的趋势与总人口变化趋势一致，2020年降至24.3万人，比2011年减少30.2%，降幅高于总人口，而城镇人口呈缓慢增长态势，2020年达19.3万人，比2011年增长14.2%。说明乡村人口流失较为严重，一部分人流入当地城镇，促进城镇人口的增长。

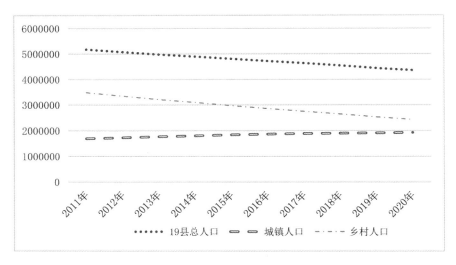

图3-1 山西沿黄19县（市）总人口十年变化图（单位：人）

由图3-2可知：2011—2020年，山西沿黄19县人口都不同程度地呈现下降趋势。从人口总数看，大于10万人的县从2011年的17个减少至2020年的14个，其中，临猗县人口始终是最多的，但是由2011年的56.3万人减少至2020年的48.2万人，减少14.4%。永和县人口始终是最少的，由2011年的6.2万人减少至2020年的4.8万人，减少22.6%。从人口增减绝对数看，减少最多的是临县，减少16.7万人，其次是兴县、临猗，分别减少8.7万人、8.1万人。从人口增减的相对数看，2020年与2011年相比，总人口降幅小于10%的县，只有河津、保德、柳林3县，降幅最大的是偏关，达33.0%，降幅最小的是河津，为0.8%。

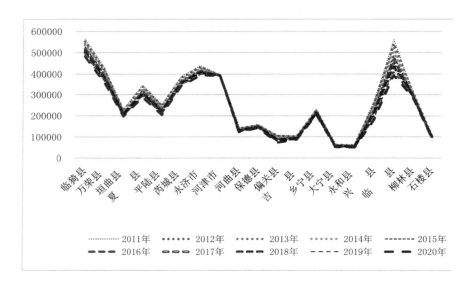

图3-2 山西沿黄各县（市）人口十年变化图（单位：人）

山西沿黄地区的总人口呈减少趋势，是由多种因素造成的，主要因素有：一是自然地理条件不佳，尤其是处于大北干流的县大都是沟壑纵横、雨量较少，当地农业产出无法支撑当地经济持续发展。二是缺乏具有区域竞争力的产业，尤其是具有竞争力的制造业，煤炭、电力等传统产业低碳绿色化步伐不快，新材料、新能源等新兴产业培育不够，无法为经济持续发展提供新动能。三是人口综合素质不高，受教育程度未达全省平均水平，体育、医疗等基础设施配套不足。四是没有西部的优惠条件，比如与保德县隔河相邻的府谷县，可以享受不少西部特有政策，工业增长带动经济迅猛发展，曾于2018年入选全国的综合实力百强县。

（二）自然条件分析

山西沿黄县年降水量在500毫升左右，海拔在1000米左右，河流以黄河为主，另外有汾河、涑水河、蔚汾河等河流。

由表3-1可知：在山西19个沿黄县中，年平均温度在3—13.8℃，年平均降水量在350—624.4毫米。总体来讲，水资源不算丰裕，农业经营环境不甚理想。其中，垣曲县是年平均温度最高（13.8℃）、年平均降水量最多（624.4毫米）的地区，而河曲县是年平均温度较低（6.6—8.8℃）、年平均降水量最少（350毫米）的地区。

表3-1 山西沿黄县相关自然条件

城市	年平均温度（℃）	年平均降水量（毫米）	主要河流
临猗县	13.5	508.7	黄河、涑水河等
万荣县	11.9	500	黄河、汾河等，汾河入黄口位于此地
垣曲县	13.8	624.4	主要有五福涧河、亳清河、板涧河、允西河、西阳河
夏 县	12.8	—	有黄河支流水系、姚暹渠水系和涑水河水系三大水系
平陆县	13.8		黄河、涧河等
芮城县	14	600	有安家涧、葡巳河、孙家涧、恭水涧，此地是黄河北干流与东干流的转折点
永济市	13.5	550	黄河、涑水河、伍姓湖（内陆湖）
河津市	—	—	黄河
河曲县	6.6—8.8	350	县川河、南曲沟、朱家川河、邬家沟等支流
保德县	8.8	493.6	朱家川河

续表

城市	年平均温度（℃）	年平均降水量（毫米）	主要河流
偏关县	3—8	425.3	属黄河水系，主要有关河、杨家川河、县川河
吉县	10.5	496.2	有昕水河、清水河、鄂河等
乡宁县	10	570	鄂河、豁都峪、罗河等
大宁县	10.7	536.9	昕水河、岔口河、义亭河
永和县	9.5	554.3	黄河、芝河、桑壁河
兴县	—	—	岚漪河、蔚汾河、湫水河等
临县	6.5—11.3	518.8	湫水河
柳林县	10.5	472.3	三川河
石楼县	9.2	550	屈产河

注："—"未找到相关数据。

从水资源看，在水资源总量、亩均水资源量等指标上，山西沿黄县均低于黄河流域平均水平。黄河水的利用率较低。在现有经济条件下，山西未能充分利用黄河水利委员会分配给山西的水资源指标。一部分原因是在大北干流，沟壑纵深，利用黄河水的成本较高。还有部分原因是农业灌溉效率不高，灌溉系数低于陕西和河南，亟须改造提升灌溉基础设施，加快发展有机旱作农业。

山西沿黄县拥有煤炭资源、金属资源、非金属资源、自然保护区等。

（1）煤炭资源。偏关、河曲、保德等沿黄县处于河东煤田，积极实施创新驱动战略，打造智能化矿山，促进煤炭的低碳绿色发展和煤矸石、粉煤灰、煤层气等共伴资源的综合利用，不断提升能源利用率。

（2）金属资源和非金属资源。偏关、河津、平陆、夏县等沿黄县拥有适合冶镁的白云岩资源，主要有偏关—平鲁下奥陶统、河津—新绛凤山组、运城—三门峡凤山组等白云岩成矿区。垣曲拥有铜（金）矿集中区。保德拥有铁矾土资源，临县拥有含钾砂页岩，柳林拥有耐火黏土，芮城拥有磷矿，平陆拥有重晶石，垣曲拥有建筑用灰岩、玻璃用砂岩、玻璃用脉石英等，河津拥有建筑用灰岩、水泥配料用黏土、硫铁矿等资源。

（3）自然保护区。河曲、石楼、大宁等沿黄县大力植树造林，推进水土治理，构建起类型比较齐全、功能较完备的自然保护区网络。沿黄县拥有黑茶山、太宽河等国家级自然保护区和贺家山、团圆山、人祖山、管头山等省级自然保护区。

（三）产业特征分析

山西沿黄县整体发展存在不充分不平衡的现象。2020年，19县平均地区生产总值为95.1亿元，低于全国平均水平。地区生产总值200亿元以上的县仅有河津、柳林2个，100亿元至200亿元之间的有6个，不足100亿元的有11个，其中，不足20亿元的有永和、石楼、大宁3县。19县中，地区生产总值最多县河津是最少县大宁的23.7倍，差距较大。可见：加快落后县经济发展的任务依然艰巨。

从产业发展的绝对值看，沿黄县第二产业的发展差距较大。2020年，第一产业增加值最多县临猗是最少县大宁的26.7倍，第二产业增加值最多县河津是最少县石楼的96.5倍，第三产业增加值最多县河津是最少县大宁的15.8倍。

从产业发展的结构看，一二三产业的发展并不均衡。2020年，第一产业、第二产业、第三产业所占比重最多的县分别是夏县、乡宁、石楼，比值分别为35.0%、74.2%、63.6%。夏县第一产业发展态势较好，农业产值增长4.8%，小麦、秋粮、油料等主要农产品产量均呈现增长趋势。乡宁第二产业比重大，并不意味着其工业发达，而是过度依赖煤炭产业，规上工业企业中，94.6%的企业属于煤炭开采与洗选业、焦化行业。乡宁应当加快培育新材料、高端装备制造等新兴产业，培育发展转型新动能。石楼第三产业比重高，也不意味着其服务业发达，而是第二产业发展基础非常薄弱，第二产业仅占本地区生产总值的9.5%，因而凸显了服务业。石楼应当树立制造强县的理念，积极发展制造业，增强内生发展动力。

1.沿黄县农业发展状况

农业是国民经济的基础。山西沿黄县高度重视农业发展，加强农业科技培训与推广，发展有机旱作农业，积极培育新型农业经营主体，加快建设雁门关农牧交错带示范区、运城水果出口平台，壮大农产品精深加工十大产业，推进农业现代化。

（1）沿黄县农业总体发展状况

通过多年发展，沿黄县农业生产条件显著改善，农业生产效率明显提升，农业取得积极进展。2020年，农业总产值为3546364.9万元，比2011年增长76.8%。

农业生产效率明显改善。2020年，山西沿黄县农业机械总动力达3018523千瓦，仅为2011年的53.4%，农业生产总值却增长76.8%。沿黄县拥有大中型拖拉机17696台、小型拖拉机63673台，分别为2011年的1.2倍、91.8%。农村用电量达190158万千瓦小时，是2011年的1.3倍。农用化肥施用量218492吨，是2011年的94.7%。

农产品产量呈增长趋势。2020年，山西沿黄县粮食总产量达2437710吨，比2011年增长8.2%。其中，谷物、薯类分别增长8.2%、31.7%。谷物中的玉米、谷子、高粱、荞麦4种作物产量比2011年分别增长6.5%、49.1%、443.6%、142.7%，而小麦、燕麦2种作物产量比2011年分别下降0.4%、43.6%。薯类中的马铃薯产量比2011年增长58.3%。

（2）沿黄各县农业发展特征

——偏关

偏关积极推进农业供给侧结构性改革，优化种植结构，深化农产品加工，加快高标准农田建设，推动农业现代化建设。2020年，农业总产值为45361万元，同比增长35.8%。从农作物种植面积看：粮食、蔬菜、药材等种植面积同比增长0.9%、5.0%、80.2%，而油料种植面积同比下降57.2%，果园面积同比下降6.9%。从主要农产品产量看：粮食、水果、蔬菜、药材等产量同比增长1.1%、49.7%、64.8%、288.5%，油料产量同比下降38.2%。

坚持保粮稳供。稳定粮油作物播种面积，推进高标准农田建设。建设"偏关小米"绿色标准化示范田，打造有机旱作杂粮良种繁育示范基地。完善农田水利设施，有序以有机肥替代化肥，提升农田质量。

推动农业高质量发展。借鉴"一村一沟一片区"有机旱作试点经验，有序推广典型做法，提升农业生产力。积极发展特色农业，重点种植有机旱作谷子、渗水地膜高粱、优质莜麦、鲜食马铃薯等。以龙头企业为主，建设基地、带动农户，实施肉羊、牛良种繁育及技术推广，完善标准化养殖场，推进以猪牛羊为主的标准化养殖业。

加强农产品品牌建设。充分运用"谷蕴偏关"县域公共品牌影响力，打造具有康养功能的小米、小杂粮、羊肉等农业品牌。统筹设计品牌形象，申请注册集体商标。鼓励农业企业开展"三品一标"（无公害农产品、绿色食品、有机农产品和农产品地理标志）认证。

——河曲

河曲重视农业建设，调整优化农业结构，推广农业生产托管模式，推进农产品精深加工，加快农业现代化。2020年，农业总产值为48004万元，同比增长50.3%。从农作物种植面积看：粮食、蔬菜等种植面积同比增长0.2%、28.2%，而油料种植面积同比下降38.5%，果园面积同比下降1.7%。从主要农产品产量看：粮食、水果、蔬菜等产量同比增长4.9%、33.3%、27.7%，油料产量同比下降14.2%。

加强农业基础设施建设。开展增减挂钩复垦、土地开发等项目，推进高标准农田建设。将25度以下坡地改造为坡改梯。加快实施引黄高效节水灌溉工程、水源节水工程、提水工程、露天煤矿复垦区灌溉工程等。

大力发展有机旱作农业。推进渗水地膜谷子等杂粮、马铃薯、红辣椒等基地建设，打造蓖麻养蚕示范片。推进标准化养殖。依托新大象集团，打造种猪养殖基地。加快猪牛羊标准化养殖车间建设，规模化养殖均在85%以上，提升智能化水平。推进优质苜蓿种植，发展蓖麻养蚕基地。

深化农业农村改革。落实第二轮土地承包到期后再延长30年的政策。深化农村宅基地改革和农村集体产权制度改革，盘活农村土地、资金等资源。推进农业水价水权改革，实现水资源的真实市场价。

——保德

保德大力发展有机旱作农业，推进农产品精深加工，打造一批具有全国影响力的农产品品牌，推动农业高质量发展。2020年，农业总产值为49185万元，同比增长12.9%。从农作物种植面积看：粮食、药材等种植面积同比增长0.1%、127.8%，而蔬菜、油料等种植面积同比下降17.4%、58.0%，果园面积同比下降6.0%。从主要农产品产量看：粮食、水果、蔬菜、药材等产量同比增长0.4%、13.6%、13.6%、91.3%，油料产量同比下降48.8%。

推广晋谷21号和晋谷29号，推进25万亩有机旱作小杂粮示范基地建设。实施山楂嫁接换种、红枣高接换种工程，推进经济林提质增效。加快中药材标准化生产基地建设，推进中药材产业发展。积极发展畜牧业，推进蛋鸡、生猪、黄河鱼等标准化养殖基地建设。

扩大农产品品牌影响力。进一步推广"谷香保德"区域公共品牌。推进红枣、海棠等深加工，提升"保德油枣""贡枣液""可宝堂"等品牌的影响力。

——兴县

兴县持续提升农业生产条件，培育新型农业经营主体，深化农业农村改革，加快推进乡村振兴。2020年，农业总产值为38769万元，同比下降19.6%。从农作物种植面积看：药材种植面积同比增长119.4%，而粮食、蔬菜、油料等种植面积同比下降10.5%、2.0%、19.9%，果园面积同比增长6.7%。从主要农产品产量看：水果、蔬菜、药材等产量同比增长71.7%、60.6%、97.8%，粮食、油料等产量同比下降17.5%、15.4%。

推进农业基础设施建设。加强水土保持治理，实施阁老湾水库、淤地坝除险加固工程。引进特色农机具，开展农机"示范社场户"创建活动。

建设有机旱作谷子基地、绿色杂粮基地、绿色优质马铃薯基地等。实施经济林提质增效工程，发展特色水果经济林。推进中药材示范基地，发展大田中药材。新建养菌棚，改建旧菌棚，积极发展菌类产业。

培育农业新型经营主体。积极培育省级、市级、县级龙头企业，发挥龙头企业的带动作用。加大对农业龙头企业的奖励，财政补贴涉农产业保险的保费，阶梯奖补红枣、小杂粮等加工企业。

加强宣传推广。持续办好兴县特色农产品展销暨文旅推介会，积极参与山西农产品博览会、国家农产品博览会等，提升农产品的知名度。

深化农业农村改革。推进宅基地改革，有效发挥土地要素生产率。引导土地承包经营权向专业大户、农民合作社流转。有序推广农业生产托管模式，提高农业生产力。深化农村集体产权制度改革，壮大农村经济。

——临县

临县巩固拓展脱贫攻坚成果，积极发展现代特色农业，加强农村环境整治，完善乡村治理，推进乡村振兴。2020年，农业总产值为105559万元，同比增长25.1%。从农作物种植面积看：粮食、药材等种植面积同比增长0.8%、228.6%，而蔬菜、油料等种植面积同比下降5.3%、14.4%，果园面积同比增长2.4%。从主要农产品产量看：水果、蔬菜、药材等产量同比增长107.1%、9.9%、314.2%，粮食、油料等产量同比下降2.9%、1.4%。

发展特色优质农业。推进红枣、核桃经济林提质增效，提升其品质，扩大其影响力。大力发展谷子、大豆、马铃薯、高粱、食用菌等特色产品，在大禹等乡镇建设绿色谷子种植基地，在刘家会等乡镇建设有机肾型大豆种植示范基地，在玉坪等乡镇建立绿色马铃薯示范基地，在雷家碛等乡镇建设绿色高粱种植示范基地，在白文等乡镇发展食用菌等。

打造著名农业品牌。鼓励农业企业争取"三品一标"，增强"枣木香菇""临县红枣"等公共品牌的影响力。以标准化生产，增强品牌的内在质量。办好红枣产业发展论坛等推广活动，支持企业参加各类推介会。

多措支持农业发展。完善农产品品牌建设奖补制度，给予成功申请国家级、省级品牌的企业相应的一次性奖励。引导金融机构开发多样贷款贴息、农产品保险等产品，为农产品稳步生产经营提供支撑。围绕红枣、小杂粮等，完善政银企项目对接平台。

——柳林

柳林大力发展特色农业，深化农业农村改革，激发土地、劳动力等要素的生产力，扎实推进乡村振兴。2020年，农业总产值为33515万元，同比增长13.8%。从农作物种植面积看：蔬菜、药材等种植面积同比增长0.2%、866.7%，而粮食、油料等种植面积同比下降9.0%、10%，果园面积同比下降7.5%。从主要农产品产量看：粮食、水果、蔬菜、药材等产量同比增长3.2%、117.3%、3.8%、6454.3%，油料产量同比下降23.0%。

稳粮增产保供。守住耕地红线，扎实推进高标准农田建设。推行节水灌溉模式，发展有机旱作农业。聚焦大豆、玉米、谷子等主要农作物，扩大种植面积，提升亩均产量。发展设施木耳、中药材等大棚。推进年产千吨白酒项目，建设留誉白酒小镇。

发展特色农业。改良核桃品种，打造红枣示范园，推进核桃林、红枣林提质增效，积极发展朝天椒、黑木耳等。推进农产品深加工，如枣酒枣醋饮品、"枣芽茶"系列产品、核桃饮料、核桃果冻等。稳步发展畜牧业，重点养殖生猪、湖羊、肉鸡、肉牛等。重点发展年产2.5万吨的腐竹加工厂。

深化农业农村改革。有序推进宅基地改革，释放土地生产潜力。加快农村集体经济产权制度改革，盘活用好集体资产。2020年，集体经济收入达10万元以上的行政村达84.3%。推进农技、农经、农机三支队伍建设，增强农业从业人员素质。

——石楼

石楼发展有机旱作农业，推进林果产业提质增效，加快养殖产业标准化发展，拓展"塬谷石楼"区域公共品牌影响力，推动农业高质量发展。2020年，农业总产值为36790万元，同比增长85.5%。从农作物种植面积看：粮食、药材等种植面积同比增长1.7%、132.3%，而蔬菜、油料等种植面积同比下降16.6%、53.6%，果园面积同比下降23.0%。从主要农产品产量看：粮食、水果、药材等产量同比增长47.3%、204.0%、286.8%，蔬菜、油料等产量同比下降13.1%、66.7%。

积极发展有机旱作农业。围绕精选谷子、辣椒、西红柿等，重点打造绿色旱作杂粮基地和有机农业基地，提升杂粮等农产品品质。重视农业先进技术的引进、示范、推广，推进农产品向特优转变。改良干果经济林，稳步发展林下经济。大力发展养殖产业，实施"金鸡计划""银狐计划""善农计划"，规模化发展蛋鸡、生猪、蜜蜂等产业。"金鸡计划"一期80万只蛋鸡养殖效益处于全国领先水平。

探索农业生产经营模式。有序推广农业生产托管模式，鼓励社会化专业服务组织提供部分或全产业链的生产性服务，提升农业的规模化、专业化水平。依托乡镇物流配送站、村级电子商务服务站，推广石楼特色农产品。组织开展特色农产品品牌论坛系列活动，参加国家、省市的农产品展销活动，提升石楼小米等特色农产品的知名度。

深化农业农村改革。完善农村土地承包制度，释放土地潜力。慎重推进农村宅基地制度改革，盘活土地资源。推进农村集体产权制度改革，壮大集体经济实力。市场化重塑"三支队伍"（农技、农经、农机），提升人员素质，从而提高农业生产效益。

——永和

永和坚持"农业稳县"，夯实农业发展基础，加快发展有机旱作农业，探索农业社会化经营模式，推动农业由单一向多元、粗放式向产业化转变。2020年，农业总产值为37376万元，同比增长20.3%。从农作物种植面积看：粮食、蔬菜、药材等种植面积同比增长1.6%、13.6%、132.3%，而油料种植面积同比下降15.3%，果园面积同比下降4.8%。从主要农产品产量看：粮食、水果、蔬菜、药材、油料等产量同比增长29.7%、9.4%、4.3%、97.0%、249.9%。

着力打造三个特色产业园区。一是建设林果发展示范园区。实施科技管护、转产调优工程，发展红枣产业。建设有机旱作苹果示范基地，扩大苹果产业。实施高接换优、科技管护，稳步推进核桃产业。适度发展花椒、连翘、中药材等产业。二是建设优质高粱种植园区。积极打造10万亩酿酒糯高粱基地，瞄准市场需求，推进高粱全产业发展。三是建设畜牧养殖产业园区。加快帮扶欧李专业合作社万头种猪、南庄乡肉鸡等养殖项目，推动养殖标准化、规模化发展。

加快有机旱作农业示范区建设。通过深松整地、蓄水保墒等方式，建设高标准农田。逐步推广有机肥替代化肥，建设苹果、杂粮、玉米沃土示范基地。积极发展谷子、高粱等抗旱节水示范基地。提升农业科技推广，提升病虫害绿色防控覆盖率和秸秆综合利用率。

积极培育农业市场主体。培育引进农业龙头企业，鼓励家庭农场、农民合作社等组织提升生产经营水平，积极培育省市级示范合作社、示范家庭农场等。推进农业生产"三品一标"提升行动，大力推广"永和乾坤湾""喜和合"等县域公共品牌，积极创建"大美乾坤""芝川"等品牌。加快创建国家级电商农场综合示范县，大力推广永和特色农产品。

——大宁

大宁聚焦特色农业，拓展发展规模，丰富产品品种，提升农业效益，推动农业多元化发展。2020年，农业总产值为25622万元，同比增长40.6%。从农作物种植面积看：粮食、蔬菜、药材等种植面积同比增长0.3%、2.1%、40.8%，而油料种植面积同比下降10.7%，果园面积同比下降7.8%。从主要农产品产量看：粮食、水果、蔬菜、药材、油料等产量同比增长11.6%、71.9%、3.1%、17.1%、10.6%。

着力打造农业"三大基地"。一是打造有机农产品基地。以玉露香梨、有机苹果为主，建设高质量生产基地。与此同时，建设有机谷子、红薯、高粱等特色农产品生产基地。二是打造生猪养殖基地。以新大象集团为龙头企业，推进种猪场建设项目，不断提升养殖规模。三是打造花卉尚品基地。以隆泰公司为龙头企业，建设具有全国影响力花卉园区。

夯实农业基础设施。推进耕地质量提升工程，建设高标准农田。实施果园节水灌溉工程、小型集雨蓄水设施工程等，与此同时，实施"四好农村路"建设。

深化农业农村改革。通过转包、互换、代耕代种等方式，加快土地经营权有序流转。开展农民持有集体资产股份继承和有偿退出试点示范，推进农村集体产权制度改革。规范农村供水工程管理，深化农村水价改革。整治违规建房、违法占地等问题，深化农村宅基地改革。

——吉县

吉县加强农业基础设施建设，实施红色苹果战略，规模化、科技化推进苹果产业发展，努力建设全国优质苹果高质量发展示范区。2020年，农业总产值为133176万元，同比增长25.3%。从农作物种植面积看：粮食、蔬菜等种植面积同比增长0.3%、4.1%，而油料种植面积同比下降26.3%，果园面积同比增长0.6%。从主要农产品产量看：粮食、水果、蔬菜、油料等产量同比增长10.4%、11.4%、3.2%、9.6%，药材产量同比下降45.2%。

推进苹果产业提质升级。实施减密间伐，改造旧果园。高标准建设新果园。推进苹果园区的基础设施建设，尤其要推进新型基础设施与传统基础设施深度融合。有序探索"5G+智慧农业"模式，推进苹果种植、营销等标准化市场化，打造一批生产孵化园、高新科技园等。积极推广全产业链"家政式"果园托管模式，提升果园经营效率。积极组建专家团队，加快建设院士工作站、果树研究所、苹果试验站。开展栽培管理、病虫害防治等方面的技术培训，推进科技兴农。充分利用各类涉农资金，落实政策性农业保险费补贴政策，为苹果全产业链发展提供资金保障。

加强特色农产品宣传。积极推广"吉祥吉县、吉地吉品"农产品区域公共品牌，扩大品牌影响力。参加各类农博会，组织举办吉县苹果品牌发展高峰论坛，推动吉县农产品走出去。鼓励农业企业在各大城市建立形象体验店和特许营销中心。加强与隰县的战略合作，共享营销渠道，推广吉县苹果和隰县玉露香梨。

——乡宁

乡宁积极发展有机旱作农业，推进林果业提质增效，加快创建现代农业产业园，稳步推进乡村振兴。2020年，农业总产值为45523万元，同比增长17.0%。从农作物种植面积看：粮食、蔬菜、药材、油料等种植面积同比增长0.2%、17.7%、202.5%、111.5%，果园面积同比下降2.4%。从主要农产品产量看：粮食、水果、蔬菜、药材、油料等产量同比增长5.1%、15.5%、27.3%、115.5%、140.5%。

实施稳粮保供。持续推进高标准农田建设，加快建设"山旱地有机小麦种植关键技术"示范区。推进淤地坝除险加固、蓄水池维护等，完善农业基础设施。培育引进农业龙头企业、农业产业化联合体等新兴经营主体。发展现代畜牧业，推动生猪标准化养殖。

加快农业产业集群发展。以戎子酒庄、琪尔康、欣隆养牛等龙头企业为主，延长产业链，提升农产品附加值，培育食品、酿品、高端果品、饮品等精深加工产业集群。以福特有机小麦、昱德新农业、枣园红花椒、醴泉槐米茶等企业为主，建设特色产业示范区。在管头、昌宁集中连片发展玉露香梨园区，推进核桃高接换优工程，推动林果产业高质量发展。

加强品牌建设。发挥区域公用品牌效应，持续打造"乡字号"品牌。拓展农产品销售渠道，鼓励企业建设特色农产品直销中心和农产品销售服务中心，利用各类电商平台，促进线下与线上相结合，扩展农产品影响力。

深化农村改革。有序开展农村宅基地改革，推进农村合作社、信用社、供销社"三合一"综合改革。完善农村产权流转交易市场体系，为稳步持续经营提供保障。深化农村集体产权制度改革，壮大集体经济合作社，提升行政村经济实力。

——河津

河津加快高标准农田建设，培育农产品精深加工产业集群，推进农业产业化，实施厕所革命、清洁取暖等工程，整治农村人居环境，推进乡村振兴。2020年，农业总产值为136769万元，同比增长19.9%。从农作物种植面积看：粮食、蔬菜、药材、油料等种植面积同比增长3.3%、9.6%、115.6%、6.9%，果园面积同比增长3.3%。从主要农产品产量看：粮食、水果、蔬菜、药材、油料等产量同比增长3.5%、10.0%、7.7%、0.2%、22.0%。

加强农业基础设施建设。推进土地整理、粮食中心库万吨收纳仓等项目。加快推进万亩现代农业示范园建设，实施牧原百万头生猪养殖项目。

培育壮大新型农业经营主体。打造具有全国影响力的家庭农场、农民专业合作社。鼓励农业经营主体潜心研究本地主要农作物的种业，探索经营管理经验，提升农业生产效率。积极引进双汇集团，培育壮大本地农业企业，构建集养殖、屠宰和肉食品精深加工等全产业链。

加强农产品宣传。支持通和全麦面粉、和平农场"芦芽香"芦笋茶申报全国"名优特新"农产品，推广南里山楂、连伯韭菜等地理标志品牌。充分利用互联网平台，促进线上销售。加强线上与线下相结合，准确把握消费趋向，及时提供更能满足人民消费需求的产品或服务。推进润兴园休闲农业项目、小梁"赛车小镇"建设，深化农业与旅游融合发展。

——万荣

万荣重视农业发展，研发"万荣智农"大数据系统，推进农业数字化进程，持续引进苹果、樱桃、葡萄等新品种，实施农业社会化服务模式，创建国家现代农业产业园。2020年，农业总产值为408206万元，同比增长28.6%。从农作物种植面积看：粮食、药材、油料等种植面积同比增长0.1%、108.4%、11.2%，而蔬菜种植面积同比下降9.8%，果园面积同比下降2.5%。从主要农产品产量看：粮食、水果、油料等产量同比增长13.5%、4.0%、5.9%，蔬菜、药材等产量同比下降1.1%、6.0%。

推进农业基础设施提档升级。实施高效节水灌溉工程和农田水利提升工程，实现黄灌区末级渠系配套全覆盖。实施有机肥替代化肥行动，推广"畜禽粪便＋秸秆枝条粉碎＋菌种"的自制有机肥模式，持续提升土壤质量。

优化农产品品种。开展苹果新品种试点引领行动，改造老果园，提升苹果产业的效益，推进苹果产业的二次革命。加强农产品供求预测，适时调整苹果、桃、樱桃、葡萄等水果的品种和种植面积。研发市场所需的香菇菌种，提高菌种供应能力。稳步发展设施葡萄、设施蔬菜、设施樱桃等。积极发展药材产业，建设道地中药材标准化种植基地。

推进农业全链条社会化服务。开展农业托管服务，因地制宜对耕、种、收等部分或全部社会托管。加快农业标准化建设，推进温氏养殖小区、牧原养殖基地建设。

——临猗

临猗是农业总产值最多的山西沿黄县。临猗大力培育新型农业经营主体，推进果园标准化建设，实施农产品品牌战略，深入推进农业农村改革，农业发展取得显著成效。2020年，农业总产值为969487万元，同比增长16.7%。从农作物种植面积看：粮食、蔬菜、药材等种植面积同比增长7.7%、0.5%、70.6%，而油料种植面积同比下降19.5%，果园面积同比下降2.2%。从主要农产品产量看：粮食、水果、蔬菜等产量同比增长11.2%、6.0%、0.9%，药材、油料等产量同比下降37.2%、10.0%。

加强农业基础设施建设。稳步推进高标准农田建设，建设黄河流域粮食优质高产高效示范基地。开展农机深松整地工程、秸秆还田及综合利用工程。实施高效节水灌溉工程，加快发展有机旱作农业。有序推进有机肥替代化肥，持续提升耕地质量。鼓励企业采购智能化农机，提升主要农作物生产全程机械化水平。实施种质资源保护利用工程，夯实农业发展基础。推进粮食安全保障基础设施建设，将饭碗牢牢把握在自己手中。

实施农业新型经营主体培育工程。积极培育华鑫腾跃、国投中鲁、临猗有机农业等农业龙头企业。培育一批省级示范家庭农场、国家级和省级示范社。培育提供高质量农业生产托管服务的各类组织，推进农户与社会化生产相衔接。实施农产品质量安全工程，积极创建全国农产品质量安全示范县。

推进果业高质量发展。加强农业科技创新，建设一批省级、市级高标准苹果产业示范园。积极发展一批农产品深加工产业集群，以中鲁果汁、明源果醋等企业为主，发展果醋、浓缩果汁、枣酒等饮品酿品产业，以美味佳食品、菁毅食品等企业为主，发展糕点、馍干、麻花等特色食品加工产业，以康众养殖、丰淋牧业等企业为主，发展规模化、标准化现代养殖基地。与山西农科院开展全方位合作，提供产学研实训基地。组织参加各类农产品推介会，持续办好果品文化节、鲜枣文化节等，鼓励企业注册驰名商标，提升临猗水果品牌的知名度。

打造现代农业综合示范片区。加快推进北辛万亩连片现代果业示范基地、庙上万亩设施冬枣示范基地、猗氏万亩优质酥梨基地、临晋半坡石榴观光基地、孙吉千亩黄河水产养殖基地、角杯万亩鲜桃基地等建设。建设农业科技创新基地、农产品出口生产基地等，将临猗打造为国家级现代产业园。

深化农业农村改革。推进农村集体产权制度改革，健全产权流转交易平台。开展宅基地改革试点，进一步挖掘土地资源潜力。推进农业科技人才薪酬制度改革，体现人才价值。适时推进乡镇财政体制改革，通过加大超收分成等激励措施，激发乡镇发展动力。

——永济

永济实施乡村振兴战略，持续提升农产品质量，打造具有区域竞争力的品牌，推进农业现代化。2020年，农业总产值为379904万元，同比增长17.5%。从农作物种植面积看：粮食、蔬菜、药材等种植面积同比增长2.7%、8.5%、131.2%，而油料种植面积同比下降2.2%，果园面积同比增长6.2%。从主要农产品产量看：粮食、水果、蔬菜等产量同比增长6.6%、7.6%、6.2%，药材、油料等产量同比下降14.1%、2.1%。

夯实农业基础设施。建设一批省级设施蔬菜标准化基地、省级水果示范园、葡萄基地等，积极创建省级现代农业产业园。持续推进高标准农田建设，实施节水灌溉工程。以成功创建省级农产品质量安全县为契机，生产绿色有机农产品，发挥县级农产品质量安全指挥调度中心和农产品质量安全追溯点的作用，加强农产品质量安全监管，持续提升农产品质量。

多种方式推广农产品。采用线上直播、电子商务，举办葡萄、冬枣等农产品展览大会等，扩大永济农产品的影响力。推进农产品品牌建设，打造一批省级功能农产品品牌、区域公用品牌等，扩大"永济冬枣""永济葡萄"等品牌影响力。积极发展特色农产品，研发适合大众口味的柿子醋、芦笋茶等，推进德济药业中药饮片加工。

积极培育新型农业经营主体。发展一批家庭农场、国家级示范社等。鼓励同行各类经营主体之间加强农业科技、农产品供求信息等的交流，共同攻克种业关键核心技术，应对农业市场风险。

打造农业产业集群。以工业化思维推进农业高效发展。推进本地农产品精深加工，培育发展优质果菜、饮品酿品、肉制品、面粉食品、药材药品五大特色产业集群。做大做强永济面食，健全优质农产品配送体系，培育专业化的餐饮从业人员，发展连锁品牌店、加盟店，扩大"永济味道"影响力。

推进农业农村改革。盘活土地资源，有序开展农村宅基地改革。探索农业生产经营新模式，开展农业生产托管试点示范。推进农村集体产权制度改革，探索产业带动、资产盘活等新模式，壮大行政村集体收入。推进农业科技体制改革，加快农业科技人员薪酬体系市场化改革，提升农业科技转化率。推进普惠金融，为农业生产、经营、销售提供保险等全过程金融服务。

——芮城

芮城夯实农业发展基础，大力发展水果产业，发展现代农业，加快推进乡村振兴，努力建设黄河流域现代农业先行区。2011—2020年，连续十年被评为"全国产量大县"。2020年，农业总产值为392106万元，同比增长18.7%。从农作物种植面积看：粮食、蔬菜、药材等种植面积同比增长2.4%、1.1%、133.4%，油料种植面积同比增长6.7%，果园面积同比增长0.9%。从主要农产品产量看：粮食、水果、蔬菜、药材、油料等产量同比增长5.1%、1.8%、1.6%、13.5%、11.4%。

加强农业基础设施建设。持续推进高标准农田建设，不断完善农田水利，提升农机装备功能。积极打造黄河滩涂优质小麦生产基地。稳定粮食生产，将种植面积稳定在85万亩以上。

以科技创新推进农业发展。实施种业行动计划，把农业的"芯片"掌握在自己手中。完善农业科技创新示范平台，打造农业科技示范基地。根据市场所需，引进一批优质、高产的农作物新品种。

大力发展特色农业。以苹果、花椒、菊花等农产品为主，加快建设精品苹果示范园、风陵渡花椒现代农业产业园、学张优质菊花园、阳城红枣特色产业园等。积极发展现代农业产业集群，以天之润、金顺源果业、东风食品等企业为主，加快推进食品果品深加工、温氏百万头生猪屠宰等项目，打造果品蔬菜、肉制品、饮品酿品、药材药品等产业集群。

拓展农产品销售渠道。健全农产品出口平台，着力加强苹果出口贸易营销体系建设。鼓励金顺源果业等企业共同建设优质苹果出口基地。广泛对接大型连锁超市，开设高铁机场专柜。通过淘宝、京东、网上直播等方式，推进线上销售。

深化农业农村改革。开展清产核资、股权量化等，推进农村集体产权制度改革。开展确权颁证，深化土地制度改革。积极推进农业水价综合改革。

——平陆

平陆实施农业特优战略，建设特色农业基地，推进有机旱作农业，鼓励企业加强科技创新，推进农产品精深加工，农业现代化水平进一步提高。2020年，农业总产值为175876万元，同比增长25.7%。从农作物种植面积看：粮食、蔬菜、药材等种植面积同比增长2.9%、6.1%、116.1%，而油料种植面积同比下降1.1%，果园面积同比增长2.3%。从主要农产品产量看：粮食、水果、蔬菜、药材、油料等产量同比增长18.1%、6.1%、5.7%、128.4%、6.1%。

发展特色农业。加快优质粮食、绿色水果、绿色蔬菜、健康畜牧、特色干果经济林五大农业产业基地建设。针对性学习并应用农业科技，提升基地的亩均产出。推动果业高质量发展，依据市场所需动态调整优化果品结构，引进受市场欢迎的品种，提升老果园和新果园的管理水平，打造具有地域特色的果品品牌。积极打造优质小麦高产示范区、特色干果经济林示范区、规模化畜牧养殖示范区。紧抓黄河流域生态保护和高质量发展国家战略实施的机遇，推进2000亩黄河流域粮食优质高产高效示范基地建设。

——夏县

夏县优化农业基础设施，改造升级茶叶、葡萄等现代农业产业园，提升农业机械化水平，打造"夏乐""格瑞特"等著名商标，推动农业稳步发展。2020年，农业总产值为366518万元，同比增长25.2%。从农作物种植面积看：粮食、蔬菜、药材等种植面积同比增长0.1%、1.5%、139.7%，而油料种植面积同比下降3.8%，果园面积同比增长2.7%。从主要农产品产量看：粮食、水果、蔬菜、药材、油料等产量同比增长4.7%、3.2%、4.1%、12.3%、4.6%。

优化农业基础设施。推进南大里和胡张高标准农田建设、引黄灌区水源置换等。有序推广农业生产社会化托管模式，协调小生产与大社会的关系。培育新型农业经营主体带头人和专业技能型职业农民，提升从事农业人员的素质。

培育打造农业品牌。持续打造"夏鲜"蔬菜、"夏乐"西瓜。围绕葡萄、中药材、花椒等特色农产品，打造独特品牌。鼓励农业企业积极开展"三品一标"认证，提升农产品的市场竞争力。

拓展农产品销售渠道。积极参加各类展销会、农业博览会，加强与超市、便民市场的对接，充分利用淘宝、网络直播等平台，开展多元化营销渠道，保持农产品供求动态平衡。

——垣曲

垣曲持续优化农业基础设施，发展特色农业，推进农产品精深加工，推动农业高质量发展。2020年，农业总产值为118621万元，同比增长16.7%。从农作物种植面积看：粮食、蔬菜、药材等种植面积同比增长2.0%、25.8%、100.0%，油料种植面积同比增长13.6%，果园面积同比增长6.9%。从主要农产品产量看：粮食、水果、蔬菜、药材、油料等产量同比增长6.9%、3.3%、5.5%、11.7%、9.9%。

完善农业基础设施。持续推进高标准农田建设，实施小浪底引黄输水管线工程，推进滋峪河水库、瓦舍水库供水、龙河隧道等项目建设。

加快发展特色农业。重点打造核桃产业，推进核桃经济林高接换优。鼓励舜土原味、煜耀等加工企业开发核桃汁、核桃片等。整合食用菌企业，培育推广菌种，推进生产标准化，提高经营水平。积极培育花椒、中药材、水果杂粮等特色产业。

积极打造农业示范园区。以华峰乡国家级核桃示范基地为龙头，打造核桃科技园。以皋落乡娟娟合作社香菇种植基地为龙头，发展优质香菇示范园。以长直乡为中心，发展现代生猪产业园。以舜皇、大晋哥、沐风等为主体，推进农产品精深加工，打造农副产品加工集聚区。创建有机旱作农业封闭示范片，提升农业生产效率。

探索适合本地农业发展模式。在有条件的地方，推广机械化种植、收割等全产业链。有序推广农业生产托管模式，提升全要素生产效率。培育一批专业化的社会化服务主体，完善农业经营系统。

2.沿黄县工业发展状况

工业是实体经济的主要组成部分。沿黄县普遍存在工业发展不充分的问题，必须千方百计发展沿黄县工业，优化产业结构，尤其是具有核心竞争力、关联效应的制造业。

（1）沿黄县工业总体发展状况

自2011年起，经过10年的发展，19个沿黄县工业规模持续增长，但在培育市场主体、增长效益方面仍需提高。沿黄县规上工业企业数增长50.5%，每县基本年均增加1个规上工业，显然，增长速度明显低于地区生产总值的增速。从资产总计、营业收入、利润总额来看，分别增长82.1%、26.4%、6.4%，表明每份资产赚取的利润并不高，工业企业的盈利能力有限（见表3-2）。

表3-2 2020年与2011年规上工业企业主要指标对比

主要指标	2011年	2020年	2020年比2011年增长比例
规上工业数（个）	392	590	50.5%
资产总计（万元）	23242222.9	42314172.1	82.1%
营业收入（万元）	16927751.2	21392553	26.4%
利润总额（万元）	2317485.2	2464723.7	6.4%

数据来源：《山西统计年鉴》（2012年和2021年）

注：营业收入指标在2011年为主营业务收入，2020年为营业收入。

从规上工业数看，19个沿黄县在10年发展中，10个县增加10个及以上，9个县均低于10个。显然，9个县培育主要市场主体的步伐较慢，达不到每年一个规上工业企业。其中，兴县培育规上工业数最多，增加了23个，其次是芮城和河津分别增加20个、19个，仅柳林出现下降，减少4个。

从资产总计看，19个沿黄县在10年发展中，偏关、永济2县的工业资产出现负增长，分别为-34.7%、-11.6%。其他17县呈现不同程度的增长，其中，兴县增长248.1%，其次是柳林增长50.8%。

从营业收入看，19个沿黄县在10年发展中，芮城、柳林、吉县、临猗、永济5个县出现下滑，其中，永济最为明显，降幅为53.2%，其次为临猗下降17.6%。河津、平陆等14个县呈增长态势，其中大宁增长318.3%，其次为兴县增长213.6%。

从利润总额看，19个沿黄县在10年发展中，柳林、垣曲、万荣、吉县、临猗、保德、永济7个县的利润总额出现负增长，其中，吉县下降最为明显，降幅为90.4%，其次为永济降幅为88.9%。夏县、偏关等12县的利润总额呈增长趋势，其中大宁增长1091.7%，夏县增幅为637.8%。

通过分析工业企业的四个主要指标，发现如下问题：沿黄县对市场主体的培育不够重视，尤其是规上工业企业的培育不足。企业的盈利水平不高，通过10年的发展，仍有5个县的规上工业企业营业收入出现下滑，7个县的利润总额出现负增长。资本积累不够，资产总计增长有限，能够转为资本的资产更少。

接下来，从10年间重点工业项目看工业发展。

制造业是实体经济的核心。没有核心竞争力的制造业，便无法支撑起区域持续健康发展。对于山西沿黄县而言，除河津具备一定的工业实力外，其他县亟须加大工业投资，发展适合地方实际、具有影响力的战略性新兴产业，与此同时，逐步减少对煤炭、电力等传统产业的依赖。现梳理"十二五""十三五"期间（2011—2020年）主要项目，来看工业变化情况。

从表3-3可以看出：山西一些沿黄县仍然以煤炭、电力、电解铝、煤焦加工、生活用纸等传统工业为主，经济新动能发展不足。一些沿黄县虽然培育了光伏发电项目，但其可持续性、环保性仍需加强。垣曲县等地科学妥善处理有色金属冶炼所产生的废物，工业固废的清洁化水平仍需提升。

表3-3 2011—2020年期间山西沿黄县的主要工业项目

城市	重点工业项目
偏关县	大唐、优能、斯能、龙源、智慧能源等风电项目，华能、穆勒四通、腾晖、户用分布式电站等光电项目
河曲县	3万吨轻质高端莫来石耐火材料项目、5万吨磷酸铁锂项目、国京风电10万千瓦风电项目
保德县	煤矿装备智能化工程、苏晋保德2×660兆瓦超超临界低热值煤发电项目、高耐特石油支撑剂项目、顺泰镁业年产3万吨金属镁技术改造一期建设项目
兴县	50万吨电解铝项目、包头一禾等铝材加工项目

城市	重点工业项目
临县	吕临能化千万吨矿井项目、临兴等煤层气开发利用项目
柳林县	纳米碳酸钙和复合钛白粉中试生产线项目、铝循环工业园区基础设施建设项目
石楼县	"一气两电"（煤成气、光伏和风电）项目
永和县	液化天然气调峰站项目
大宁县	白酒产业链、鸿晋公司8条丁腈手套生产线
吉县	远景风电一期50兆瓦项目、40兆瓦大型地面光伏电站、9兆瓦多村联建光伏电站
乡宁县	光伏项目、紫砂陶小镇建设项目
河津市	中融宝森5G智能制造、宏达1300立方米高炉、阳光华泰72万吨煤焦油深加工等
万荣县	混凝土外加剂项目、新型建材特色产业集聚区项目
临猗县	力达纸业年产10万吨高档生活用纸项目、阳煤丰喜年产5万吨三聚氰胺项目
永济市	粟海重整项目、野马专汽、光府科技光学镀膜、穿越光电发光材料等项目
芮城县	医药项目、光伏领跑基地建设项目
平陆县	优英镓业有限公司年回收80吨镓项目
夏县	装备制造、农副产品深加工、生物医药、新能源等项目
垣曲县	五龙集团排放技术改造项目、国泰矿业低品位难选矿技改项目、中条山集团410中段产前工程项目、年处理30万吨铜冶炼弃渣及工业固危废综合利用项目

针对项目建设过程中存在的问题，我们要基于本地发展实际，结合产业发展趋势，处理好新兴产业和传统产业的关系。既要寻找、培育、发展代表先进生产力的新兴产业项目，又要推进传统产业的内涵式发展，提升清洁化、循环化水平。

加快发展新兴产业项目。深入研究、科学选定所要发展的新兴产业，主要围绕信息技术应用创新、大数据融合创新、生物基新材料等战略性新兴产业，确定一项或多项作为本区域未来新动能发展的主导产业。引进具有牵引性、变革性的项目，以项目的谋划、推进、运行为抓手，推进龙头企业与中小企业的协作。健全以国家实验室、"智创城"、大科学装置等为主导的创新平台，持续完善本地区的产业生态。大力培育新兴产业集群，积极承接京津冀的先进制造业，打造具有区域影响力的产业基地，鼓励有条件的区域争取国家先进制造业基地。

适度发展传统产业项目。以5G、大数据等现代科技，推进煤炭、电力等产业的智能化水平。对照碳达峰碳中和的目标要求，将煤炭开发规模控制在合理区间。鼓励企业推进煤炭深加工，创新煤制油、煤制气等关键核心技术，实现煤炭由燃料向原料的转化。优化山西沿黄县焦化产业布局，加强炼焦、配煤等核心技术的研究，研发制造高品质的焦化产品。鼓励煤电企业持续研发燃煤发电技术，加快发展光伏发电、风电，提升清洁电力的比例。支持钢铁企业面向市场需求，发展高品质先进钢铁材料，打造工业用钢、汽车用钢等深加工产业集群。

（2）沿黄各县工业发展特征

沿黄19县在工业领域都或多或少存在发展不足、工业企业培育不足、创新投入不够等共性问题，与此同时，由于区位、资源等不同，各县工业发展各具特色。

——偏关

偏关推进传统产业升级改造，深化能源革命，推动产业基础高级化。

偏关推进能源革命，发展清洁能源产业，打造朔州市清洁能源建设第一县。实施5万千瓦风电项目、2×1.2万千瓦生物质热电联产项目等，加快非煤电力建设。实施3万吨煤矸石深加工项目，推进工业固废的减量化循环化利用。探索"风光互补""农光互补"等模式，打造风力、光伏发电产业集群。

加快传统产业升级改造。鼓励支持晋电化工等加大技术投入，实施创新驱动战略，掌握关键领域的核心技术，推动产业向价值链高端发展。鼓励支持广盛恒、吉泰、泰鑫、博泰等煤炭企业加强合作，加快转型发展，共同应对市场挑战。

推进农产品精深加工。完善肉牛生态畜牧示范场、肉羊养殖场、生猪养殖场等设施的功能，推进标准化低碳化养殖，提升肉制品的品质。引进或培育农业龙头企业，合理布局农业产业示范园，提升农产品效益。鼓励宏钜大磨坊、益生元生物科技等龙头企业精准对接市场需求，积极对接山西农谷，充分利用农谷的人才、技术、资金等优势，推动偏关农产品精细化、特色化。

——河曲

河曲工业一定程度上仍依靠煤炭和电力，缺乏支撑经济持续健康发展的制造业。

在工业发展的质量变革和效率变革上下功夫。积极培育省级"专精特新"企业、科技型中小企业等高素质市场主体，认定一批高新技术企业。实施5万吨磷酸铁锂、5万吨海红果汁生产线、3万吨轻质高端莫来石耐火材料等项目，以项目建设推进传统产业升级改造。

加快推进能源革命综合改革。一方面，加快能源科技创新，推进赵家沟5万千瓦光伏发电项目、三峡山煤新能源河曲10万千瓦农光互补项目、石梯子20万千瓦光伏基地项目等。另一方面，加快煤炭智能化开采，推进清洁化生产、绿色化运输、低碳化使用。加快综采面、掘进工作面等的智能化改造，持续提升先进产能比例。加快向华能源李家沟集运站改造、寅诚石城铁路专用线建设等项目建设，提升煤炭绿色化外运能力。

加强固废综合利用，培育具有竞争力的装备制造业。实施废渣铁绿色再生利用、煤矸石轻质高端莫来石等项目，以技术创新提升资源的循环利用水平。实施兰拖奔野新能源农业机械、绿能装备纯电动装载机等装备制造业项目，为河曲工业发展提供新动能。

推进农产品精深加工。培育引进农业龙头企业，聚焦猪牛羊、谷子等，打造肉制品、乳品、酿品等产业集群。加强农产品品牌建设，鼓励企业积极申报"三品一标"，大力推广"许诺"牌小米。

——保德

2020年，保德第二产业发展较为充分，其增加值占地区生产总值的61.6%。第二产业主要以煤炭产业、电力产业为主，从规上工业企业数量看，煤炭企业有17户[①]，电力企业有5户。另外，有镁冶炼、石油支撑剂制造等行业，但占工业比重较小。从规上工业企业效益看，营业收入、实现利税均呈下降趋势，同比下降24.1%、14.7%。可见，保德培育新动能不够，工业转型依然艰难。

煤炭产业依然是保德工业的支柱产业。规上煤炭企业的工业总产值、增加值分别占各类总值的91.2%、94.5%。面对碳达峰碳中和的目标，煤炭企业需加快智能化开采，推进煤炭分质梯级利用，加快煤炭由燃料向工业原材料的转变。

电力产业是保德工业的主要产业。电力企业的工业总产值、增加值分别占各类总值的2.4%、2.1%。水泥产业的产量同比增长10.5%。电力产业和水泥产业的增长一定程度上提升了本地工业实力。

推进农产品精深加工。以市场为导向，研发加工符合大众口味的加工品，积极打造肉制品、饮品、中药材、功能食品等产业集群。支持瑞义、可宝等加工企业组建农业产业化联合体，共同开展精深加工关键技术研发。

——兴县

2020年，兴县大力发展制造业，推进新能源、新材料产业发展，

[①] 保德第二产业发展情况，由于缺少2020年相关数据，数据均为2019年的（除第二产业增加值占比外）。

第二产业发展充分，增加值占地区生产总值的75.8%。

着力打造铝镁新材料产业基地。依托200万吨氧化铝、50万吨电解铝项目，鼓励包头一禾、苏州元泰等企业加强技术研发，制造市场所需的高附加值铝深加工产品，向产业链高端延伸。积极推进金地煤业和华润联盛"煤下铝"开采，保障铝土矿的供应。与此同时，拓宽发展思路，加大废铝的循环利用，减少环境污染。

推进煤炭的清洁高效利用。科学预测煤炭市场供需状况，将煤炭产量控制在合理区间。加快肖家洼和斜沟煤矿智能化矿井建设，提升煤炭先进产能。适度推进低热值煤电项目，推进美锦集团甲醇及液氢产业园区项目建设。加快探索矿石返井、充填开采等综合利用方式，推进绿色低碳开采。

加快推进新能源发展。因地制宜发展风力、光伏、天然气等能源，加快中洁巨风84兆瓦分布式、华新绿洲一期50兆瓦等风电项目建设，推进华电锦兴、华润电力等光伏项目建设，加快临兴区块煤成气勘探开发、50万立方米液化天然气应急调峰储备等项目建设。

——临县

临县工业发展平稳。2020年，规上工业增加值同比增长2.6%，主要产品原煤、洗精煤同比增长13.5%、20.2%。

煤炭产业和电力产业是临县工业的主导产业。坚定不移推动传统产业绿色化、智能化发展。加快推进能源革命。运用5G等现代技术，建成华润黄家沟煤矿、吕临能化等智能化矿井，煤炭先进产能于2020年底占比达60%。

大力培育新能源、新材料等新兴产业。加快青凉寺、兔坂、白文等风电、光伏项目建设，推进三交、临兴、紫金山、三交北等区块煤层气高效开发利用，打造晋西重要的新型能源基地。培育壮大新材料、电子商务、新型电力装备等产业集群，建设新型建材园区、智能数据园区等。

——柳林

柳林坚定不移推进资源型经济转型，加快煤炭产业绿色低碳发展，积极培育新兴产业，打造煤系产业循环发展基地、钙基产业创新发展基地、固废基全产业链发展基地、建材产业高端发展基地等，打造山西能源革命排头兵和区域经济转型新高地。

柳林工业结构调整任重而道远。2020年，煤炭工业增加值同比增长6.7%，而非煤增加值同比下降6%。工业依然以煤炭开采和洗选业为主，2020年规上工业中，煤炭开采和洗选业增加值占工业增加值的93.8%。

规上工业企业数量已经达到48家（2020年），但是其效益不容乐观。规上工业企业的利税总额、税金总额、利润总额同比均呈下降趋势，分别下降13%、5%、19%。可见，提升规模以上工业企业效益迫在眉睫。加快实施质量变革、效率变革，从而推动柳林的动力变革。

除原煤、洗精煤等工业产品产量增长外，其他主要产品产量呈下降趋势。2020年，原煤、洗精煤的产量分别增长15.7%、11.9%，而焦炭、发电量、水泥等的产量分别下降14.6%、21.2%、1.9%。发电量大幅下降，意味着柳林工业持续发展面临困难。

——石楼

石楼第二产业基础不强，2020年增加值仅占地区生产总值的9.5%。为促进石楼持续健康发展，必须大力发展制造业，完善产业链，不断夯实工业发展基础。

石楼大力推进能源绿色低碳发展，积极实施一批煤成气、电力等项目，加快发展煤层气开发、风力发电、光伏发电、生物质能发电等，促进工业转型。以中海沃邦能源投资有限公司、中石油煤层气有限责任公司等为主，推进西区块、北区块的煤成气产业发展。以源网荷储一

三 ——山西沿黄县特征分析

体化为主推进电力清洁高效发展，与此同时，加快水利电力配套项目建设。

加快延链补链强链，增强石楼在产业链中的话语权。利用新能源工业园区，与中电投、晋煤集团、中煤集团等加强对接，大力开发能源综合利用的中下游产业。鼓励本地企业找准产业链中关键环节，加大研发投入，掌握核心知识产权，增强市场竞争力。精准把握新能源市场需求，合理配置风力、光伏、生物质等发电比例，在稳步提升中优化能源结构。

石楼紧紧依靠煤层气和电力是不足以促进工业高质量发展的，下一步要大力培育具有科技含量的制造业，比如节能环保设备、现代医药、生物基新材料等。鉴于石楼工业基础较为薄弱，首先，因地制宜科学合理选定下一个主导产业，这需要深入细致地调研，精准把握产业发展规律，将自身发展融入全国乃至全球的发展中。其次，要夯实产业基础，精心打造未来主导产业的基础零部件、基础工艺、基础材料等，精准提供面向各类应用场景的产品或服务，满足客户不断升级的消费需求。

培育农产品精深加工产业集群。培育引进一批农业龙头企业，支持树德、东瑞等企业推进农产品精深加工。实施品牌创优工程，依托"塬谷石楼"品牌，统一策划、专业运营，逐步提升品牌影响力。

——永和

永和工业并不发达，需要加快发展具有引领性的制造业，夯实工业基础。2020年，其第二产业增加值占当地地区生产总值的46.6%。

永和以发展新能源为主，推进工业加快转型。加快天然气的勘探与开发，引进培育新能源企业，健全能源全产业链。依托中海沃邦、中石油等重点企业推进天然气勘探开发，提升天然气产能。加快建设产业孵化基地，培育一批具有核心知识产权的市场主体。引进新能源领域的变革性项目，推进液化天然气综合加工利用、风力发电等项目建设。与此同时，政府提供融资咨询、会计服务、评级管理等，鼓励、支持民营企业发展，持续增强民营经济。

——大宁

大宁第二产业发展欠发达，2020年，其增加值仅占地区生产总值的29.2%。规上工业企业发展迅猛，其增加值、主营业务收入分别同比增长147.2%、186.6%，实现利润大幅增长。

培育壮大制造业。支持鑫辉、宇良等公司锐意创新加大研发，制造光电材料和电子元件，以科创产业园为基地，提升发展质量。支持有机肥加工企业以循环产业示范园为基地，完善种养业互促平台，实现资源的循环利用。鼓励辰康生物科技、康威制药等公司立足大宁适宜种植中药材的优势，加大药品研发投入，加快发展现代医药。推进双模丁腈手套生产线项目，提升生产的清洁化、智能化水平。

加快发展新能源产业。推进煤层气勘探开发、致密气勘探等项目，科学合理设置煤层气井口和致密气井口。采取政府和社会资本合作等多种融资模式，完善村级小型发电站。健全煤层气液化调峰设施功能，完善煤层气产业链。加快风电项目建设，提升新能源在电力中的比例。

——吉县

吉县第二产业发展较为落后，2020年，其增加值占地区生产总值的29.8%。从规上工业企业看，增加值分别同比增长8.2%，主营业务收入、实现利润同比下降0.7%、34%。

加快新能源产业发展。远景一期50兆瓦风电、40兆瓦大型地面光伏电站、9兆瓦多村联建光伏电站等项目运营稳定，煤层气钻井口达千口以上，煤层气产业持续发展。与此同时，加快生物质发电项目建设。

推进农产品精深加工。规划建设高标准农产品加工园区，推动精深加工产业集聚发展。支持小杂粮、花椒、药茶等企业发展，进行标准化生产、品牌化打造。高度重视农产品的质量和特色，开发多种农产品品种，提升农产品品质，打造区域公用品牌。

打造产业集聚区，推动吉县高质量发展。加快园区"九通一平"基础设施建设和标准化厂房建设，打造良好的硬件条件。按照招商图谱，结合本地实际，引进具有牵引性的龙头企业。开展"项目集中开工""手续领衔办理"等专项行动，完善招商引资制度，高标准推进项目落地。

——乡宁

乡宁第二产业是当地经济增长的引擎，2020年，其增加值占地区生产总值的74.2%。规上工业企业发展不容乐观，增加值同比增长9.6%，而主营业务收入、实现利润同比下降5.8%、26.4%。

"盘活"传统产业发展动能。加快数字化矿井改造，淘汰落后产能，煤炭先进产能占比超80%。加大对煤炭、电力等产业的技术投入，提升绿色化智能化水平。

加快新能源、紫砂陶等产业发展。风电项目顺利并网发电，光伏项目稳步推进，煤层气适度开发，新能源在电力中的占比稳步提升。与此同时，积极谋划布局信息技术、新材料、通用航空等未来产业。大力发展紫砂产业，开展紫砂工艺培训，培育各类紫砂企业，建设紫砂陶小镇，打造协同发展的紫砂产业生态。

——河津

河津是山西沿黄19县中工业实力最强的县。河津重视发展工业，加快新旧动能转换。实施72万吨煤焦油深加工、1300立方高炉等项目，持续改造传统产业。实施潞安光伏太阳能、中融宝森5G智能制造等项目，培育壮大新兴产业。通过对比2011年和2020年的工业发展，可以看出：

工业发展依然以黑色金属冶炼和压延加工业等行业为主。从规上工业企业看，2020年，河津黑色金属冶炼和压延加工业增加值增速达20.7%，比规上工业增加值平均增速高出11.2个百分点。炼焦业高出3个百分点。这两个行业是拉动工业增长的重点行业。

新兴产业发展态势良好。从规上工业企业看，2020年，汽车制造业、医药制造业的增加值分别同比增加25.5%、85.5%，远超规上工业平均增速。由于新兴产业的增加值基数较少，对工业的影响有限。"十四五"期间，要加大技术、管理创新，鼓励企业集群化、园区化发展，打造具有竞争力的新兴产业集群。

主要工业产品有增有降。重要的工业产品钢材、生铁呈现增长态势，2020年比2011年分别增长126.1%、116.4%，钢铁行业虽然加强环保设施及技术的投入，降低对环境的影响，但面临碳达峰碳中和的目标要求，其产量将会受到一定的影响。代表产能过剩传统产业的水泥、电解铝等产品产量出现大幅下降，2020年比2011年分别下降67.6%、17.0%。产量之所以下降，是因为市场需求减弱，主要原因有大规模基础建设已经完成，部分电解铝产能转移至电价（电价占总成本的一半以上）更为优惠的地区等。对环境影响较大的炼焦业产品焦炭产量微弱增长，2020年比2011年增长6.1%。

——万荣

万荣工业发展并不充分，2020年第二产业增加值仅占地区生产总值的21.2%。要全方位推动万荣高质量发展，就必须夯实工业，尤其是制造业，结合山西重点打造的十四个战略性新兴产业集群，选择一到两个行业重点打造。

医药制造业是万荣的重点行业。2020年，其增加值占规上工业企业增加值的48.7%，同比增长23.8%。其次是化学原料及化学制品制造业和软饮料制造业，增加值分别占29.2%、18.7%。以上三个行业增加值共占规上工业企业增加值的96.6%，三个行业可以代表万荣工业的发展方向。化学原料及化学制品制造业、软饮料制造业增加值呈下降趋势，降幅分别为8.9%、22.7%。

——临猗

第二产业增加值虽然呈增长态势，但发展基础薄弱。2020年，其增加值同比增长7.6%，仅占地区生产总值的14.7%，同比下降1.1个百分点。其中，规模以上工业企业增加值同比增长8.3%，但是销售产值同比下降15.4%。规上工业的效益呈下降态势，利税总额同比下降58.9%，其中股份制企业利税总额同比下降69.3%，利润呈断崖式下滑，同比下降76.6%。其中股份制企业利润同比下降93%。

从主要工业产品产量看，同比增长超过10%的有：粉末冶金零件（11.7%）、铸铁件（29.3%）、化学农药原药（62.3%）、纸制品（16.5%）、印染布（11.4%）等，同比下降超过10%的有：服装（-56%）、泵（-20.1%）、三轮载货汽车（-30.5%）等。可见，产量增长的产品基本属于高耗能、高污染的金属冶炼等行业，而产量下降的产品则是轻工业品，临猗服装业的竞争力持续下降。

实施创新驱动战略。以企业为创新主体，加强与临猗县河东博士研究院等科研机构和西安交大等高校的合作，共同攻克本地智能制造、新材料产业集群所面临的共性关键技术，提升产业的市场竞争力。培育省级工程技术中心、省级实验室等高端研发平台，主动参与山西"111"创新工程，持续提升临猗的创新能力。

积极打造装备制造、现代化工、新能源等新兴产业集群，培育工业发展新动能。豪钢锻造、华恩实业等公司推进煤机配件、汽车零部件精益化生产，提升装备制造水平。鼓励丰喜化工、富森能源等公司加快项目建设，向化工产业链高端迈进。加快推进国耀新能源、山西禹鸿、北京天润等风电、光伏发电、生物质发电等项目，推动壮大新能源产业集群。

大力培育各类市场主体。实施减税降费行政政策，支持中小微企业、"专精特新"企业、"小升规"企业、"晋兴板"挂牌企业等，着力培育一批电商服务站点和若干有整合能力的电商企业。

——永济

永济工业实力较为强劲，在山西沿黄县中排前列。永济积极培育市场主体，建设铝深加工、机电制造、农副产品加工三大园区，鼓励企业以产业链思维强链延链，以产业生态思维推进产业生态化。永济加快工业转型，推进火箭发动机、光电发光材料、光学镀膜等项目，促进经济持续健康发展。

培育壮大各类市场主体。大力孵化小微企业，通过财政、金融等政策支持企业"小升规"，鼓励企业"专精特新"发展，形成大、中、小企业协同发展的良好局面。"十三五"期间，培育2958家小微企业。2020年，大型、中型、微型的规上企业增加值同比增加4.5%、5.5%、0.3%。重点企业永济电机将大功率模块生产线迁回，增强了本地区的发展潜力。

电气机械和器材制造业及铁路运输设备制造业是永济工业的主要行业。在规上工业企业中，2020年电气机械和器材制造业及铁路运输设备制造业同比增长10.2%，但是，有色金属冶炼和压延加工业、化工专用设备制造业等分别下降5.4%、1.3%。

主要工业产品产量呈现不同程度的增减。2020年，电动机、铝材等产品产量分别下降22.1%、9.1%，对电气机械和器材制造业等行业有一定的影响。化工生产专用设备、印染布等产品产量分别增长7.5%、9.0%。

——芮城

芮城第二产业发展并不充分，2019年其增加值仅占地区生产总值的22.7%。芮城以项目为引领，推进工业转型发展。聚焦"六新"，对照招商图谱，探索"2345"项目推进芮城模式，项目建设稳步持续推进。

大力培育市场主体和构建创新体系。加大对"专精特新"企业、"小升规"企业、"晋兴板"挂牌企业、高科技领军企业等的支持力度，鼓励企业加大创新力度，提升竞争实力。积极建设省级工程研究中心、省级重点实验室等各类研究平台，构建全方位的创新体系。规上工业企业的研发经费持续增长，发明专利量明显增长。

加快发展新能源产业。2020年，新能源并网发电容量创新高，中电光伏、中广核风电等新能源企业营业收入、利润总和、缴税等指标都呈显著增长态势。以南京国臣直流配电技术为核心，引进新能源装备制造及配套服务，针对不同场景开发不同类型的装备，打造新能源全产业链。健全清洁取暖监测平台，实施精细化管理，推进能源节约集约利用。积极与江亿院士团队合作，对标"双碳"目标，争创国家能源革命和碳中和示范县。

推进产业集群化发展，持续壮大实体经济。以亚宝药业为龙头企业，攻关原料药生产、医药中间体的核心技术，推进梅奥华卫原料药、九州生物饲料添加剂、力达威农药中间体、维尔富兽用生物制品等项目建设，打造生命健康产业集群。以绿普、邦威等公司为主，聚焦前沿新材料和先进基础材料，实施绿普光电、邦威消防、国亮汽车零部件等工程，加快新型材料示范园建设，打造新材料产业集群。以西建集团、中联水泥等公司为主，以重点创新或集成创新等方式，提升产品研发、制造水平，推进两山装配新型建材、施众智鑫粉煤灰深加工等项目，打造新型建材产业集群。以康惠、乐禾等公司为主，推进康惠果品冷链物流仓储中心、乐禾食品产业园、"关帝传奇"酒文化创业园、花椒产业园等项目，鼓励企业加大农产品加工创新，提升农产品附加值，实现"一乡一业"的目标，从而打造具有区域竞争力的农产品加工产业集群。高标准规划、高水平建设通航产业园，推动通用机场项目建设进度，打造临空经济产业集群。

——平陆

　　相对于第三产业，平陆第二产业发展相对滞后，2020年，第二产业增加值仅占30.2%。其中，规上工业增加值同比增长5.6%，采矿业同比增长26.2%，而制造业却同比下降2.6%。规上工业效益一般，营业收入、利润总额同比增长3.1%、17.9%。从主要工业产品产量看，依然以传统产品为主，铝土矿产量增长明显，达98.9%，铁合金、氧化铝产量分别增长30.6%、0.9%。规上工业的发展有力推动了当地经济发展，有8家业务收入超亿元，其中复晟铝业产值超过20亿元。

　　平陆以产业集群方式加快工业转型发展，大力发展新能源、新材料、化工、煤电铝材、农产品加工等产业集群。推进光伏发电、竞价上网农光互补发电等项目，打造协同发展的新能源产业集群。以平陆昊宇净水材料有限公司、平陆峰都矿业有限公司为依托，加快年产100万吨铝酸钙粉、年加工200万吨砂石骨料、年产130万吨净水材料等项目建设，完善曹川新材料园区基础设施，力争将平陆打造成具有全国影响力的净水材料研发制造基地。加快投资2500万元的氨碳分离制氨水、合成胺系统优化环保提升改造、年产50万吨离子膜烧碱等项目建设，打造化工产业集群。以山西复晟等企业为主，推进年产30万吨聚合氯化铝项目、年产50万吨电解铝项目、投资4000万元的粉煤灰及炉渣综合利用项目等，加快煤电铝材一体化进程。培育壮大三丰果脯、钰海果业等"专精特新"企业，形成相互协作的农产品加工集群。支持山西新环橡塑制品有限公司以产业生态化的理念，推进装备向数字化、智能化发展。

　　适度超前布局新型基础设施。树立科技是第一生产力的理念，加快工业互联网、能源互联网、大数据中心等基础设施建设，推进现代科技在无人工厂、智慧交通、远程医疗等深度运用。推进新型基础设施和传统基础设施的融合发展，赋能铁路、公路、机场等传统设施，以智能化推进生产智能化、生活便利化。

推进农产品精深加工。大力发展水果、面粉等农产品加工，鼓励钰海果业、硕升黑小麦面粉、三丰果脯等企业积极开发适合大众口味的加工农产品。加快推进周仓酒项目、张店千亩农副产品深加工园区基础设施建设。

——夏县

夏县第二产业并不发达，2020年其增加值仅占地区生产总值的15.8%，同比增长7%。规上工业增加值同比增长3.3%，其中，农副食品加工业增速最高，达38.1%，其次是化学原料和化学制品制造业、通用设备制造业、橡胶和塑料制品业，分别增长25.9%、23.8%、23%。黑色金属冶炼和压延加工业下降幅度最大，达28.9%，其次是医药制造业下降16.4%。规上工业的效益下滑，主营业务收入、实现利润等指标分别下降0.8%、45.1%。从主要工业产品产量看，风机、塑料制品等同比增长25.1%、22.0%，金属镁同比下降100%，其次是电力电缆、中成药、钢材等分别下降59.5%、28%、19%。

夏县以创新驱动加快工业转型步伐，增强产业基础能力，培育壮大装备制造、生物医药、新能源、农副产品深加工等产业，提升产业链现代化水平。

加快打造装备制造产业集群。推进广鑫机械汽车零部件加工、鑫点智能穿戴、畅达科技交通设备制造等项目建设。引进一批锻造、热处理、线束等配套企业，逐步构建起汽车部件生产基地。

加快新能源、医药产业发展。培育发展"光伏+储能"新兴产业，实施200兆瓦分散式光伏等发电项目。加强与中国国药集团对接，推进中药材三产联动产业园建设。加快好医生连锁国医馆、好大夫中药饮片厂等项目建设，增强药品研发力度，推进医药健康产业发展。

积极发展化工产业。支持运力化工、运盛化工等争取技改资金，加快升级改造，向化工价值链高端发展。鼓励景氏建材等根据人们对高品质产品及服务的需求，开发超出消费者预期的产品，在为民众提供有效价值的过程中实现企业使命。

发展农副产品深加工产业。聚焦市场需求，推进农产品全产业链开发，打造果品、饮品酿品、面食加工、畜牧、药材药品五大产业集群。积极打造有机旱作小麦封闭示范区、司马光葡萄现代农业产业区等，推动泗交茶叶、胡张小麦、埝掌花椒、胡张油桃等产业园发展。培育引进农业龙头企业，品牌化打造泗交茶叶、夏鲜蔬菜、夏乐西瓜等。对标药茶质量标准体系，做大做强本草康、好大夫等药茶产业。

大力培育引进市场主体。持续开展减税降费、拓展融资渠道等方式，积极培育小微企业、"专精特新"企业、"小升规"企业、"晋兴板"挂牌企业等。尊重市场主体的首创精神，鼓励市场主体之间开展技术、管理等方面的协作，以产业集群的形式应对市场挑战。鼓励支持民营经济发展，充分发挥民营企业"船小好调头"的优势，应市场所需及时调整经营方向，努力做顺应时代的企业。

鼓励企业加快数字化转型。未来是数字化、智能化的时代。要深刻理解数字化所蕴含的意义，加快企业经营全流程数字化进程。要以数字化准确把握市场需求变化，构建供给动态匹配需求的生产结构。循序渐进推进企业的数字化改造，不是购买配置了服务器、电脑等信息设施，就是信息化，而是要切实优化企业设计生产营销等全产业链，先从生产流程入手，再推广至其他领域。实施"5G＋工业"产业深度融合工程，推动规上工业企业上云。

——垣曲

垣曲第二产业并不发达。2020年，工业总产值突破百亿元，工业增加值较2015年增长39.2%。规上工业数由2015年的13家发展到2020年的20家。垣曲工业以有色金属开采和冶炼为主，由于市场需求有限和高标准环保倒逼，必须积极寻找新的主导产业。垣曲重视创新在工业转型中的作用，健全中小微双创基地及公共服务平台，完善科技孵化器的功能，大力培育高新技术企业，营造一流的创新生态。

积极发展新能源、新材料等新兴产业。鼓励中电投风电、华昌新能源提高技术水平，建设抽水蓄能电站，持续提供稳定的新能源电力。依托碳歌循环经济产业园，推进锂电池负极材料、超细高纯铁等项目建设，培育新材料产业集群。

推进传统产业绿色化集约化发展。加快国泰矿业低品位难选矿、五龙集团无组织排放等技改项目，有序推进中条山集团410中段产前工程、园子沟尾矿库等项目，推动有色金属冶炼产业绿色发展。以低碳化、循环化理念，推进铜冶炼弃渣、工业固危废综合利用等项目，完善固危废循环经济产业链。加强与高校、科研院所的合作，结合矿产深加工、固危废综合利用等领域存在的实际问题，开展针对性研究。加快光伏发电、综合智慧能源城市等工程，拓展新能源的利用途径。鼓励东鹏公司紧抓市场所需，推出仿古砖等产品。建设新型建材物流园区，引进技术水平高、品牌影响好的陶瓷企业，不断壮大建材产业集群。

（四）生态特征分析

黄河是中华民族的母亲河，我们要像保护自己的眼睛一样保护好黄河。965公里的黄河干流山西段有三个特征，一是偏关至禹门口，流经偏关、河曲、保德、兴县、临县、柳林、石楼、河津等8县（市），这一段的特点是沟壑纵深，形成了晋陕峡谷，是产生入黄泥沙的重点区域，尤其是大颗粒泥沙。二是禹门口至芮城，游荡型河道较为突出。由于河道摆动，历史上曾出现过三十年河东、三十年河西的现象。三是芮城到垣曲的马蹄窝，水势较缓。

山西沿黄县所处区域是生态脆弱地区。多年来，通过实施三北防护林工程、小流域治理、吕梁山生态保护修复、黄河滩地科学利用等，推进山水林田湖草沙综合治理、系统治理、源头治理，生态环境明显好转，但是距离生态文明建设目标仍有较大差距。

积极推进沿黄县国土绿化。以宜乔则乔、宜灌则灌、宜草则草的原则，推进绿化行动。保护修复沿黄林场生态系统，在大北干流以水土保持林和防风固沙林为主造林，在小北干流以水土保持林为主造林，在其他区域主要以水土保持林和生态经济型防护林为主造林。积极发展生态型经济产业，推进经济林产业栽培品种化、生产规模化、管理标准化、产品品牌化。尊重森林生态系统自然演替规律，抓好天然林资源保护，加强中幼林抚育，改培灌木林，提升人工林成活率，提升森林质量。加大沿黄县草原生态保护修复力度，开发与推广科学的先进修复方式，健全草原资源开发利用机制。实施退耕还湿、湿地生态效益补偿等工程，完善以国家公园为主体的自然保护地管理体系。

优化水资源配置格局。调整沿黄县供用水结构，在大水网等工程覆盖区加大地表水使用量，逐步压减地下水开采量。实施关井压采、水源置换，减少地下水开采量。实施岩溶大泉泉域保护工程，保护和涵养岩溶水。健全水市场，完善水权交易平台，加快水资源计量监控设施建设。实施灌区初始水权分配，探索农业行业之间、农业与工业的水权交易。

积极争取黄河用水指标。要实现高质量经济发展和高品质生活，就需要有充裕的水资源为生产、生活、生态可持续发展作保障。按照"南多北少中部平衡"的原则进行水量配置，增加黄河用水指标。进一步下放黄河干流取水限额内的取水许可审批权限，确保流域内水量补给。

推进水利工程补短板。加快大水网和县域小水网工程建设，推进小浪底引黄工程建设。配合黄河古贤水利枢纽工程前期工作，开工建设古贤水利枢纽工程和黄河古贤山西供水区供水工程。

完善防洪抗旱体系。提高黄河干流大北干流、小北干流、小浪底库区段的堤防体系防洪标准，推进重点山洪沟道防洪治理。以县域为单元，以河流水系为脉络，以村庄为节点，针对流域面积3000平方公里以下中小河流和农村湖塘开展水系连通工作。开展水库清淤、安全隐患排查等，提升水库防灾减淤能力。加快建设水旱灾害防御的旱情监测预警综合平台建设，提升旱情监测预警能力。

加强水利监管。强化生产建设活动水土保持事中事后监管，加强跟踪检查和验收核查。加强用水总量和强度控制，严格实行区域用水总量控制和取水许可限批政策，纠正重点行业无序取用水、超采地下水等行为。推进全天候的实时动态水资源监测体系建设，实现监控点的水量、地下水位实时监控。加强河湖监管，强化水域、岸线空间管控与保护，加快完成河道管理范围划界工作。开展河湖清四乱（乱占、乱采、乱堆、乱建）行动，加强监督执法。

加强水污染治理。完善水质监测网络，实施地表水环境日分析、周调度、月通报等制度，为治理水污染提供精准信息。分类整治入河排污口，尤其是入黄排污口，有条件的地方采取"一口一策"。加强工业废水治理，改造升级工业园区污水集中处理基础设施，加大工业中水回用力度，提升水资源重复利用率。推进农村污水处理，重点加大沿黄河干流的主要村庄生活污水处理，完善处理设施及配套管网建设，加大农业面源污染治理。开展饮用水水源地环境保护专项行动，完成集中式饮用水水源地、农村"千吨万人"水源地保护区划分。实施水污染专项督查，采取约谈、督办、区域限批、打击水环境违法犯罪等方式推进水污染治理。

1.大北干流（偏关—河津）生态特征

大北干流是产生泥沙的重点区域。这一段沟壑纵横，利用黄河水的难度较大。山西高度重视水土保持，积极植树种草，加强塬面保护，开展以小流域为单元的山水田林路综合治理，合理配置工程、林草、耕作等措施，形成综合防治体系。在有条件的地方要大力建设旱作梯田、淤地坝等。对现有病险淤地坝进行除险加固。

突出抓好水土保持。持续推进黄土高原塬面保护、病险淤地坝除险加固等国家级水土保持重点工程，以及省级水土保持重点工程。实施沟坝地治理和坝滩联治工程，重点整治淤地坝上下游的坝地、瘠薄滩地。因地制宜建设淤地坝，合理配置骨干坝、中心坝、小型坝，形成以骨干坝为主体，中小型坝协调配套的泥沙拦蓄体系。推进坡耕地改造，将有条件的坡耕地建成水平梯田，改善农业生产条件。

从河流水质情况看，2019年，岚漪河水质为优，屈产河、昕水河水质轻度污染，湫水河、蔚汾河水质中度污染，岚河、磁窑河、三川河均为重度污染。屈产河、昕水河各设置监测断面1个，水质均为轻度污染，主要污染指标为化学需氧量、氨氮。蔚汾河、湫水河各设置监测断面1个，水质均为中度污染，主要污染指标为氨氮、化学需氧量等。三川河设置5个监测断面，分布于离石区及柳林县境内，水质为重度污染，60%的断面均受到不同程度的污染，主要污染物为氨氮、化学需氧量、石油类（见表3-4）。

表3-4 沿黄县河流各类水质断面比例及水质状况

河流名称	Ⅰ—Ⅲ类（%）	Ⅳ类（%）	Ⅴ类（%）	劣Ⅴ类（%）	水质状况	主要污染指标
岚漪河	100	0	0	0	优	—
蔚汾河	0	0	100	0	中度污染	总磷、化学需氧量、氨氮
湫水河	0	0	100	0	中度污染	氨氮、五日生化需氧量
三川河	40	0	0	60	重度污染	化学需氧量、氨氮、石油类
屈产河	0	100	0	0	轻度污染	化学需氧量

从大气环境质量情况看，2019年，仅河曲县环境空气质量级别达国家二级标准，其余均未超过二级标准。

从水土流失情况看，重点分析吕梁山以西12条入黄一级支流水沙关系，结果显示：水沙异源且空间上分布不均匀，泥沙主要来自晋西北黄土丘陵沟壑区的湫水河、三川河、偏关河等沿黄支流，径流主要来自汾河，且总体呈大水大沙特征，汛期一次洪水输沙量可能占全年的65%—95%。

通过分析偏关河、湫水河、三川河、昕水河与汾河水沙年际变化过程，统计分析5条河流入黄水文站实测数据（见图3-3），2006—2018年间，偏关河与昕水河径流量随年份变化不大，极大值与极小值变幅分别为0.55亿立方米、1.02亿立方米；湫水河整体小幅增长，2006—2015年年径流介于0.26亿—0.66亿立方米之间，2016年增幅较大，是2015年的2.13倍，2016—2018年介于1.15亿—1.30亿立方米；三川河与汾河基本均呈指数增长趋势，汾河由于近10年来生态修复与调水影响，径流量变化比较明显。2015年5条河流年径流量均出现陡落的突变点，2010年、2013年（汾河除外）、2016年径流量出现陡增突变点。[1]

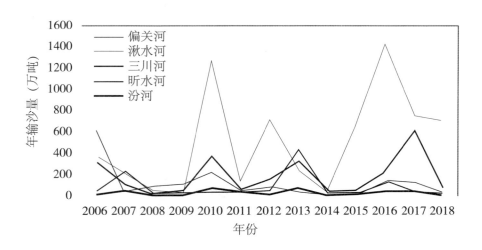

图3-3 2006—2018年山西入黄支流水沙年际变化过程

---

① 来自《山西省加强黄河流域治水用水节水研究报告》。

从输沙量年际变化来看，山西入黄支流基本上呈现大水大沙特点，2010年、2013年（浊水河除外）、2016年径流量多的年份，输沙量都呈现陡增的极值点，河流泥沙通常是由汛期几场短历时高强度暴雨形成的，汛期一次洪水输沙量可能占全年的65%—95%，因此，暴雨等极端气候对黄土高原地区水土流失及入黄泥沙具有重要影响。然而，从含沙量来看，首先，5条支流含沙量从2006—2018年整体呈下降趋势，偏关河、浊水河、三川河、昕水河、汾河含沙量均值分别为280.23千克/立方米、66.97千克/立方米、9.60千克/立方米、8.44千克/立方米、0.37千克/立方米，且从北到南逐渐减少。

从年均中数粒径看，山西入黄支流中，偏关河泥沙中数粒径均值为0.035毫米，汾河入黄泥沙年均中数粒径均值为0.009毫米，浊水河、三川河、昕水河泥沙粒径分别为0.018毫米、0.016毫米、0.011毫米，均小于粗砂粒径0.05毫米，说明山西对黄河的泥沙贡献达不到粗沙程度。

兴县、临县、柳林、石楼4县推进"治污、控煤、管车、降尘"，应对重污染天气。加强重点城镇污水收集处理，严控入黄口的水质。加强岚漪河、浊水河、三川河、屈产河等河流的生态保护修复，持续实施入河排污口整治和水污染防治重点工程。

2.小北干流（河津—芮城）生态特征

这一段的特点是游荡型河流。横断面十分宽浅，水流散乱，主槽摆动幅度和摆动速度均很大，河势变化剧烈。游荡型河流大都处于强烈淤积状态，故河床不断抬高。游荡型河道形成的主要原因是：两岸土质疏松，易于冲刷展宽；水流含沙量大，河床堆积抬高；洪水暴涨暴落，流量变幅大。此外，在山区河流出山口处，河面突然放宽，流速急剧减小，泥沙大量落淤，也会形成游荡型河道。[1]科学测算、合理放淤，可

---

① 《中国水利百科全书》编辑委员会：中国水利百科全书，中国水利水电出版社，2006，第1625页。

以减少小浪底水库入库泥沙，降低潼关高程，减缓下游河道淤积，减轻下游"地上悬河"程度。为应对游荡型河流带来的影响，应当完善河道整治工程措施，加强畸形散乱河势治理，研发仿生态工程新材料与新坝型等。

小北干流河道较宽，流速放缓，泥沙淤积较为严重。在枯水期，由于河流水量少，河面较低，形成许多滩地。宽阔的河道形成了大面积湿地，为许多生物提供了栖息地，并且在一定程度上起到蓄洪、截留泥沙的作用。为保障小北干流的安澜，要坚定不移保持河道畅通，不随意取河沙，不随意变道，不随意堵塞河道，不允许开荒种地、乱建乱占等。与此同时，要加大对湿地的科学保护和滩涂的合理利用，因地制宜植树造林，营造防护林带，坚决防止高污染、高能耗的企业直接排污入黄。

积极推进涑水河生态保护修复。涑水河属于间歇性河流，非汛期经常断流，汛期又常发生洪灾，曾有40余年出现断流。通过实施小浪底引黄工程，加大生态补水，有效改善河道生态。积极推进河道治理。在干流治理方面，建成上马水库和吕庄水库（1960年建成）、仪门闸（1963年建成），建成涑水河出口段治理工程（1988年建成），每年进行清淤清障、除险加固。在支流治理方面，推进姚暹渠治理，在上中游建成多处小型水库，建成苦池水库（1957年建成）、中留水库和史家峪水库（1960年建成）等，形成标准较高的防洪体系。与此同时，实施涑水河流域农业超采区综合整治工程，在地表水供水工程覆盖区置换地下水。

涑水河基本情况

涑水河是黄河中游支流，发源于绛县，流经闻喜、夏县、盐湖区、临猗，在永济韩阳镇汇入黄河。全长200.6公里，流域面积达5774平方公里，平均流量为每秒1.5立方米，落差为445米。主要支流有：姚暹渠、沙渠河、冷口峪、青龙河等。

河津、万荣、临猗、永济等县（市）持续加大生态保护修复，提升生态质量。河津采用环境监测走航车、无人机等现代化设备，高标准

完成焦化企业特别排放限值改造、工业炉窑提标改造等，环境质量明显提升。万荣通过实施沿黄荒沟生态修复、汾河护岸林、沿黄公路绿化提档等工程，持续加大对黄河的保护，尤其加强汾河入黄口的保护。临猗持续推进燃煤锅炉超低排放改造，开展违法排污"百日清零"专项行动。永济实施涑水河入黄口、伍姓湖入湖口水生态修复工程，加快电机支路西延绿化提升、街头绿地及游园建设，实施"百日清零"专项行动。

3.芮城—垣曲生态特征

芮城、平陆等县所处的运城盆地是地下水超采严重的区域之一。虽然采取水源置换、关井压采等方式，地下水水位逐步上升，但是，与20世纪80年代相比，仍有一定的差距。在碳达峰碳中和的目标要求下，积极申请国家地下水超采资金，开展地下水超采区综合治理。

芮城县紧抓黄河流域生态保护和高质量发展的契机，积极建设黄河流域生态保护示范区。实施常态化大气污染治理，空气质量排运城市前列。实施污水处理和中水回用工程项目，礼教小桥入黄断面水质不断提升，达到地表水V类标准。

平陆县积极开展国土绿化、通道绿化、园林村绿化，大力开展违法排污整治"百日清零"专项行动。开展工业炉窑专项整治行动，推动重点行业持续减排。

夏县加快精品荒山造林、干果经济林、园林村绿化等工程，提升森林覆盖率。实施秋冬季大气污染综合治理行动，全年二级以上天数排名名列前茅。推进通道绿化提升改造工程，因地制宜推进"煤改气""煤改电"，提升大气空气质量。

垣曲县大力推进污染防治，实施餐厨垃圾处理项目、畜禽粪污综合利用等，推进违法排污大整治"百日清零"行动，整改"散乱污"企业，改造提升污水处理设施。

四、山西沿黄县经济发展的测度与研究

发展是第一要务。发展基础较为薄弱的山西沿黄县深入贯彻黄河国家战略，遵循经济发展规律，把握经济新常态，大力发展具有牵引性、变革性的制造业，尤其是战略性新兴产业，加快产业转型升级，促进经济发展新旧动能转换，推动经济高质量发展。

（一）区域高质量发展的相关论述

习近平总书记在党的十九届五中全会第一次全体会议上强调："新时代新阶段的发展必须贯彻新发展理念，必须是高质量发展。"众多学者主要从两个角度开展高质量发展研究。一是对长三角、西部等较大区域进行研究，二是对省级、市级等较小区域进行研究。

对于较大区域的研究，主要有：马茹[1]在《中国区域经济高质量发展评价指标体系及测度研究》中，构建高质量发展评价指标体系，从需求、供给、效率、运行等方面分析东部、中部、东北部、西部的发展，通过结论提出对策建议。吴珊[2]在《长三角区域经济发展不平衡测度与优化研究》中，梳理长三角区域内41个城市2002—2017年的相关指标，构建数学模型，进行实证分析，得出结论，提出从巩固优势产业、提高人力资本质量、完善合作机制等方面促进区域协调发展。潘桔、王青[3]在《基于TOPSIS方法的多指标区域经济不平衡的定量测度》中，运用TOPSIS方法构建数学模型，分析东部、中部、西南、西北等地区经济发展水平的不平衡性，提出区域平衡发展的建议。

对于较小区域的研究，主要有：黄庆华[4]等在《区域经济高质量发展测度研究：重庆例证》中，采用熵值法测度2009—2017年重庆经济发展水平，分析经济变化趋势，提出明确发展规划导向、加强创新系统建设、完善协调机制等措施。欧阳鑫[5]等在《中国地方区域经济高质量发展的测度与研究——以浙江省为例》中，构建随机效应模型，对2016—2018年浙江省的11个地级市高质量发展的影响因素进行研究，并提出应对措施。李馨[6]在《我国省际区域经济高质量发展的测度与分析——基于30个省份相关数据》中，从经济发展的动力、效率、平衡性、可持续性等方面对2016年省级区域经济进行测度，提出加快结构调整、创新驱动等措施。刘彬斌[7]在《长株潭区域经济差异研究》中，构建经济差异综合测度指标体系，运用熵值法对本地区23个县（市、区）的经济水平进行测量，根据结果划分4个等级，最后提出针对性建议。

（二）构建经济高质量发展的指标体系

经济高质量发展的内涵在于更高水平、更可持续发展。由于数据的获得性、代表性，在衡量整体发展水平方面，选择地区生产总值、固定资产投资、社会消费等领域的5项关键指标。在衡量行业发展水平方面，重点选择工业和农业的若干指标。构建经济高质量发展指标体系（见表4-1）。

表4-1　山西沿黄县经济高质量发展指标体系

维度	指标	单位
经济发展	人均地区生产总值	万元/人
	固定资产投资增长率	％
	一般公共预算收入	万元
	居民人均可支配收入	万元
	社会消费品零售总额	万元

续表

维度	指标	单位
农业发展	农业总产值	万元
	年末有效灌溉面积	公顷
	农村用电量	万千瓦小时
	农用化肥施用量	折纯量,吨
	农用塑料薄膜使用量	吨
工业发展	单位数	个
	资产总计	万元
	营业收入	万元
	利润总额	万元

　　研究对象为山西沿黄19县，指标值为2020年的数值。样本数据来源于2021年《山西统计年鉴》和各县国民经济和社会发展统计公报。

（三）研究方法

　　基于熵权法对山西沿黄县经济高质量发展进行测度评价。熵权法是一种为所设指标客观赋权的方法，为某一研究对象的综合评价提供依据。根据熵权法计算原理，获得指标的权重，再与原始数据相乘，得到沿黄县经济高质量发展指数。

（四）结果分析

　　由表4-2可知：沿黄县综合经济实力有明显差距，比如，综合指标最大的临猗县是综合指标最小的大宁县的23倍。根据计算结果，可以将山西沿黄县分为四个梯队，第一梯队为临猗、河津，指数均超0.5。第二梯队为柳林、永济、万荣，指数大于0.3。第三梯队为夏县、兴县、乡宁、芮城、河曲、临县，指数大于0.2。平陆、保德、垣曲、偏关、吉县、永和、石楼、大宁为第四梯队，指数均小于0.2。

表4-2 山西沿黄县经济高质量发展指数

山西沿黄县	指数	山西沿黄县	指数
临猗县	0.5511	临县	0.2046
河津市	0.5123	平陆县	0.1481
柳林县	0.3987	保德县	0.1458
永济市	0.3742	垣曲县	0.1427
万荣县	0.3037	偏关县	0.1382
夏县	0.2861	吉县	0.0750
兴县	0.2703	永和县	0.0452
乡宁县	0.2573	石楼县	0.0319
芮城县	0.2531	大宁县	0.0242
河曲县	0.2130		

　　沿黄县经济发展水平逐步提升。自2015年11月《关于打赢脱贫攻坚战的决定》开始，沿黄县发展增速明显加快。到2020年，山西15个沿黄县实现了"两不愁、三保障"，全部完成了脱贫攻坚任务。这是一个了不起的成就，从此山西沿黄县向着更高目标发展。山西稳步推进新型城镇化，有效促进沿黄县经济发展。黄河一号公路的建设，逐步构建起山西沿黄县旅游公路网，促进文化旅游发展，加快生产要素的自由流动，增进了区域之间的经济交往。

　　从创新驱动角度看：近年来，山西沿黄县创新驱动能力逐渐增强，但与全国平均水平（2020年为2.4%）相比，仍有不小差距。山西沿黄县只有创造性整合数据、技术、劳动力、资本、土地等生产要素，按照市场化配置的原则，畅通各类生产要素的流动渠道，才能提高全要素生产率，促进经济增长。为提升核心创新能力，山西沿黄县要大力培育一批制造业单项冠军、小巨人、独角兽企业等创新主体，健全一批支持经济高质量发展的省级实验室、工程研究中心等各类创新平台，完善一批科技研发制度、知识产权保护运用机制、科技成果转化机制等。

从基础设施建设角度看：公路、铁路等基础设施不断完善，功能逐年提升。在推进新型城镇化的过程中，高标准规划、高水平建设燃气、电力、给水、排水等设施，提升了城市的基础设施能力。随着5G、工业互联网等现代科技在各领域的广泛应用，既要加强新型信息技术设施建设，又要加快赋能传统基础设施。完善科教基础设施建设，适当超前布局创新基础设施。深化各类基础设施的融合发展，促进数据、产品等的高效有序流通，为经济高质量发展提供便捷服务。

从农业指标看（见表4-3）：

表4-3 山西沿黄县农业发展指数

山西沿黄县	农业指数	山西沿黄县	农业指数
临猗县	0.4367	河曲县	0.0280
永济市	0.2387	乡宁县	0.0271
万荣县	0.2366	偏关县	0.0235
夏县	0.2281	保德县	0.0193
芮城县	0.1644	柳林县	0.0184
河津市	0.1108	兴县	0.0132
平陆县	0.0750	石楼县	0.0072
临县	0.0556	大宁县	0.0046
垣曲县	0.0446	永和县	0.0022
吉县	0.0402		

19个沿黄县中，农业发展较好的有临猗、永济、万荣、夏县、芮城、河津等，均位于小北干流，可以充分利用黄河滩地，且有效灌溉面积也较大。而其他13个县农业发展较慢，需要因地制宜发展特色农业，持续提升农业现代化水平。

　　临猗的农业发展状况最佳。临猗持续改善水利设施，提升农业机械化水平，培育标准化合作社、家庭农场等农业新型经营主体，实施农业品牌价值提升工程，农业发展取得明显成效。2020年，临猗的农业总产值达96.9亿元，有效灌溉面积达8万亩，两项指标均居19县之首，分别比第二位的多54.6%、137.5%。永和农业发展与临猗有较大差距。2020年，永和农业总产值仅有3.7亿元，仅为临猗的3.8%，而有效灌溉面积仅有0.1万亩，是临猗的1.3%。

　　从工业指标看（见表4-4）：

表4-4　山西沿黄县工业发展指数

山西沿黄县	工业指数	山西沿黄县	工业指数
河津市	0.2599	平陆县	0.0311
柳林县	0.2202	临猗县	0.0310
兴县	0.1442	万荣县	0.0238
乡宁县	0.1128	夏县	0.0199
河曲县	0.0813	永和县	0.0150
临县	0.0619	偏关县	0.0136
永济市	0.0556	大宁县	0.0092
保德县	0.0512	吉县	0.0038
垣曲县	0.0373	石楼县	0.0037
芮城县	0.0322		

工业实力最强的是河津。河津不仅拥有煤炭产业，而且培育了黑色金属冶炼和压延加工业、有色金属冶炼和压延加工业等。2020年，规上工业企业数97家，营业收入达631亿元。但是，石楼的规上工业企业数仅有6家，营业收入也只有4亿元。显然，石楼与河津的工业实力差距悬殊。工业实力排第二的是柳林，以煤炭、焦化等产业为主，2020年，规上工业企业数50家，营业收入达365亿元。在碳达峰碳中和的要求下，河津、柳林面临更具挑战的任务，亟须在推进传统工业数字化转型的同时，加快培育耗能少、效益高的半导体、新材料等新兴产业。与此同时，石楼、吉县等工业基础薄弱的县要夯实基础材料、基础工艺、基础软件等，推进产业基础高级化，循序渐进增强工业实力。

通过以上分析，山西沿黄县在创新能力方面存在不小差距。主要有两方面的原因：一是基础教育水平较低，虽然义务教育实现全覆盖，但是仍存在基础不牢、创新不够，影响了劳动力素质，进而影响劳动生产率。二是企业创新能力不强，企业虽然认识到唯有创新才能实现持续增长，但是一些企业仍面临利润较低，研发经费"捉襟见肘"，或者缺乏高素质的研发人员，或者科研成果转化率不高等问题。

（四）结论及建议

通过分析沿黄县经济总体特征，以及农业、工业等分项特征，提出如下沿黄县经济高质量发展建议：

加快发展沿黄县制造业。夯实工业发展基础，在巩固拓展脱贫攻坚成果的基础上，围绕本地区的主导产业，在基础零部件、基础材料、基础工艺上多下功夫。加快制造业数字化改造，无论是钢铁、有色金属、电力等传统产业，还是新材料、信创等新兴产业，都要紧跟数字时代的发展，持续优化研发、制造、营销、回收等全流程。谋划实施延链强链工程，完善"链长制"，培育一批"链主"企业，促进链主企业与中小企业协同发展。对于兴县的铝产业园区而言，最主要是如何开发铝箔、铝片等市场所需的产品。对于芮城的亚宝药业集团股份有限公司而言，要加大研发力度，掌握中药材种植、原料药生产、制剂生产等的核心技术，形成自主可控的知识产权体系。

推进山西沿黄县农业特色发展。在偏关、河曲、临县等偏北的区域，着力发展有机旱作农业，实施耕地质量提升、新型经营主体培育、农机配套融合等工程，推动农业全产业链发展。重点打造兴县土豆、临县红枣等区域品牌，提升农产品的市场竞争力。在河津、永济、芮城等偏南的区域，大力推进高标准农田建设项目，充分利用黄河滩地，因地因时种植农产品，推进传统农业向现代农业转变。推进农产品精深加工，培育果品、饮品、中医药品、肉制品等领域的农业龙头企业，打造具有区域竞争力的农产品精深加工产业集群。

加大山西沿黄县创新力度。健全制造业发展的创新平台，重点建设一批工程研究中心、省级实验室、国家级实验室等平台，深入实施高等教育"1331"工程，培育"四不像"新型研发机构、创新联盟。强化沿黄县企业的自主创新地位，在规上工业企业研发活动全覆盖的基础上，鼓励有条件的企业建设工程技术中心、创新联盟等创新平台。在产业链的关键环节，建立专业孵化器联盟，建设中试熟化基地，着力培育一批瞪羚企业、单项冠军和独角兽企业。营造良好的产业创新生态，健全支撑企业创新的全生命周期的金融创新体系，完善以创新为导向的财政科技经费支持机制，推进开发区"三化三制"改革等。

增强山西沿黄县人口综合素质。驰而不息推进高素质教育，既要推动义务教育优质均衡发展，又要促进高等教育面向转型发展调整优化学科、学院。大力建设学习型社会，积极发展社区教育，大力推广网络教育，健全特殊教育体系，完善继续教育发展体制机制。打造高标准医疗基础设施，健全疾病预防控制体系，推进紧密型县域医共体试点省建设，深化县级医疗集团改革，加强卫生人才队伍建设。实施健康山西行动，加强体育专业院校建设，支持社会力量办体育，推进全民健身场地设施建设，以青云航空产业园等为基地推动航空产业的发展，鼓励民众积极参与全民健身品牌赛事活动。

五、山西沿黄县生态状况的测度与研究

通过实施汾河治理、吕梁山生态修复治理、国土绿化行动等工程，水土流失明显减少，优良天数比例持续提升，山西沿黄县生态环境显著改善。汾河实现"一泓清水入黄河"，森林覆盖率进一步提升，水土流失从新中国成立前的2亿吨减少至如今的1700万吨。为实现人与自然和谐相处，对山西沿黄县生态进行测度，以便制定更加符合实际的经济社会发展政策。

（一）生态承载力论述

生态承载力是指在某一特定环境条件下（主要指生存空间、营养物质、阳光等生态因子的组合），某种个体存在数量的最高极限。生态承载力具有客观性、可变性、层次性，较强的生态承载力可以促进生态系统和谐发展。

对于一个地区生态承载情况，专家们大多采取主成分聚类、熵权TOPSIS、生态足迹等模型来分析，通过生态的时空动态变化，切实了解本地区的生态承载力。

钟茂初[8]在《黄河流域发展中的生态承载状态和生态功能区保护责任》中，分析黄河流域39个地市的生态承载情况，得出城市的生态负载偏大，处于超载状态，提出健全生态补偿机制、互信合作等措施。宋艳华[9]等在《基于开放式生态足迹模型的土地生态承载力研究——以黄河河南段地区为例》中，构建开放式生态足迹模型，分析

2017年河南沿黄9市的生态承载情况，得出能源消费、土地结构调整等领域的建议。陈志刚[10]等在《生态足迹时空分异及生态与经济贡献实证研究——以北部湾城市群为例》中，利用能值生态足迹模型分析2006—2017年北部湾城市群的生态对区域经济社会贡献的时空变化特征，得出人均生态承载力下降、生态保护与经济发展的协调性较差等结论。温飞[11]在《渭河干流甘肃段生态足迹与承载力评价分析》中，采用改进的三位生态足迹模型分析2009—2019年渭河干流甘肃段生态环境状况，得出生态足迹的深度和广度呈增加趋势、人均生态赤字持续下降等结论，提出继续优化能源消费结构、增加生态用地等建议。

（二）基于水资源承载力评价

水资源承载力是本地区的水资源所能支撑生活、生产、生态可持续发展的能力。从分项指标看，多年平均产水模数用来衡量水资源的生产能力，水资源总量由地表水资源量和地下水资源量构成。从重点领域看，主要用于农业生产、城镇建设等领域。

测算水资源承载力，可以了解地区水资源时空分布情况，科学合理平衡水资源的供给与需求，优化用水结构，提升用水效益。通过水资源供需角度分析本地区水资源是否丰裕，以水资源综合开发利用为目标，实现水资源与经济系统、社会系统、生态系统的协调发展。

从水资源主要指标看，2020年，山西沿黄县所在的4个市：忻州、吕梁、临汾、运城的水资源总量为18.4亿立方米、14.5亿立方米、10.9亿立方米、11.1亿立方米。产水模数最大的是运城（7.78万立方米/平方公里），其次是忻州（7.34万立方米/平方公里）、吕梁（6.90万立方米/平方公里）、临汾（5.38万立方米/平方公里）。

从全省看，2020年，山西水资源总量为115.15亿立方米，其中，地表水资源量和地下水资源量分别为72.21亿立方米、85.92亿立方米，两者重复计算42.98亿立米。供水总量为72.78亿立方米，其中，地表水供水39.54亿立方米，地下水供水27.74亿立方米，矿坑水利用1.50亿立方米，污水处理回用4亿立方米。耗水总量为57.72亿立方米，其中，农田灌溉用水占比最大，达53.1%，工业用水、居民用水、生态用水及其他占比分别为19.0%、11.3%、16.6%。

从用水效益看，2020年，山西沿黄县所在的4个市：忻州、吕梁、临汾、运城中，万元地区生产总值用水量最低的是吕梁（38.2立方米/万元），最高是运城市（98.7立方米/万元）。耕地灌溉亩均用水量最低的是吕梁（171立方米/亩），最高是临汾（191立方米/亩）。人均用水量最低的是吕梁（173立方米/人），最高是运城（340立方米/人）。

2019年，山西省完成控制性指标。万元地区生产总值用水量降幅达到3%，灌溉水有效利用系数0.546。稳步推进水权交易试点建设，大水网建设取得重大进展，汾河流域生态修复成效显著。

从图5-1可以看出：2011—2020年，沿黄4市的总供水量围绕35亿立方米呈振荡趋势，处于33.3亿立方米（2014年）和37.4亿立方米（2016年）之间。

从每年供水量看，运城市明显高于其他三市，2020年，运城市供水量占比达45.1%。从供水结构看，除2011年外，地表水量呈向上增长态势，始终占最大比例，到2020年，占比达58.3%。与此同时，地下水量呈不断下降趋势，到2020年，水量为13.4亿立方米，占比达37.4%。其他水源占比较少，2020年，仅占4.3%。

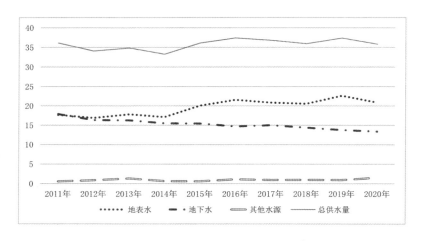

图5-1 2011—2020年沿黄4市供水量变化图（单位：亿立方米）

分析2011—2020年山西沿黄4市在农业、工业、生活用水和生态补水等领域的水资源使用量变化（用本领域用水量占比变化显示水资源生态足迹），得出用水效率是否提高，用水效益是否提升。

从图5-2可以看出：农业一直是用水的主要领域，每年用水均在24亿立方米以上，占用水总量的68.7%以上。2016年，农业用水比例最高，达74.0%。2020年，农业用水比例最低，仅68.7%。从2016年以来，农业用水量逐步下降，主要原因是人们越来越重视节约用水，推广各类节水农业设施，提升农业灌溉效率。每年的工业用水量处于3.7亿—4.6亿立方米之间，占用水总量的比例在10.2%—13.3%之间，其中，用水量和用水比例的最高值均在2013年。为提升工业水效，要加快节水装备、工艺的推广，加强工业废水循环利用，健全节水政策机制，着力降低钢铁等重点行业的取水量。每年的生活用水量处于4.1亿—5.2亿立方米之间，占用水总量的比例在11.5%—14.7%之间，其中，用水量和用水比例的最高值均在2020年。加强黑臭水体治理，合理建设下沉式绿地、屋顶绿化、地下调蓄池等设施，推进节水型城市建设。每年的生态用水量处于1.2亿—2.1亿立方米之间，占用水总量的比例在3.2%—5.8%之间，其中，用水量和用水比例的最高值均在2019年。加强对涑水河等河流的生态补水力度，逐渐补足和稳定涑水河生态流量，涵养回升地下水水位，提升地表水水质。

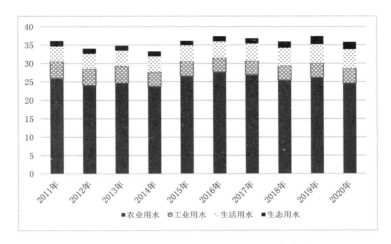

图5-2 2011—2020年沿黄4市用水量结构图（单位：亿立方米）

（三）水资源生态足迹

为研究山西沿黄4市整体用水情况（由于19个沿黄县的相关指标数值不全，故以沿黄县所属的4市为研究对象），用2011—2020年的人均水足迹指数来反映。指数的计算方法为农业、工业、生活、生态用水总量除以沿黄县人口数，从而得到历年人均水足迹。

从沿黄4市各领域人均水足迹变动趋势来看：农业用水明显高于工业、生活等领域的用水。吕梁在农业领域的人均水足迹低于100立方米（除2017年），其他市均超过100立方米，运城则超过200立方米。在工业用水方面，4市相差不大，均在20—33.1立方米之间。随着节水设备及技术的进一步推广，尤其是工业废水的循环利用，工业用水增长幅度有限。在生活用水方面，4市平均水平处于20.6—42.5立方米左右。人们的节水意识不断提升，开展各类节能行动，倡导节约绿色的生活方式，用水总量将保持稳定。在生态用水方面，4市平均水平处于0.9—24.9立方米左右，差距较大，运城补水较少，其次是临汾、忻州、吕梁。

沿黄市用水量差异较为明显，主要原因有：一是农业发展规模及效益，在河津、临猗等地有灌溉效率较高的高标准农田。二是本地区的产业结构，柳林等沿黄县的经济以焦化、有色金属冶炼等高耗能产业为主，增加了用水量。三是森林、湿地等的面积不等，沿黄县的南部县普遍好于北部县，主要与自然条件有关，北部县大多沟壑纵深，不利于植树种草、开发人工湿地等。

下面重点分析沿黄各市人均水资源生态足迹。

由图5-3可知：2011—2020年，忻州人均水足迹主要是农业用水，超过工业、生活、生态用水的总和。农业用水基本保持在160立方米左右，在146.9—166.6立方米之间，其中，2012年用水最少，而2019年用水最高。工业用水处于26.1—32.2立方米之间，其中，2014年用水最少，而2018年用水最高。生活用水处于20.6—31.9立方米之间，其中，2011年用水最少，而2020年用水最高。生态用水处于14.8—21.3立方米之间，其中，2013年用水最少，而2019年用水最高。偏关、河曲等县的降水量基本处于每年500毫升，且森林、草原等资源相对较少，需要用于生态的水量较多。

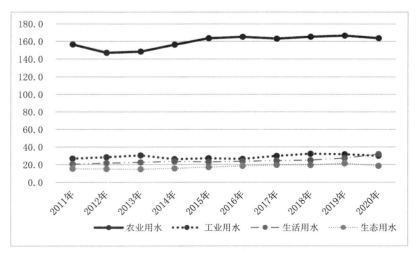

图5-3 2011—2020年忻州市人均水资源生态足迹（单位：立方米）

由图5-4可知：2011—2020年，吕梁人均水足迹主要是农业用水，超过工业、生活、生态用水的总和。农业用水基本保持在90立方米左右，在83.5—100.9立方米之间，其中，2013年用水最少，而2017年用水最高。工业用水处于24.8—35.7立方米之间，其中，2015年用水最少，而2012年用水最高。生活用水处于26.3—33.1立方米之间，其中，2011年用水最少，而2020年用水最高。生态用水处于9.2—24.9立方米之间，其中，2015年用水最少，而2020年用水最高。

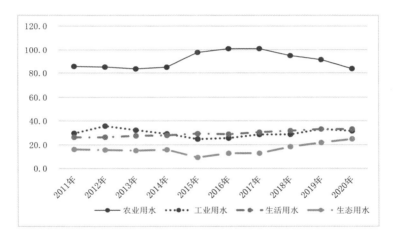

图5-4 2011—2020年吕梁市人均水资源生态足迹（单位：立方米）

由图5-5可知：2011—2020年，临汾人均水足迹主要是农业用水，超过工业、生活、生态用水的总和。农业用水基本保持在120立方米左右，在115.0—138.5立方米之间，其中，2012年用水最少，而2018年用水最高。工业用水处于20.3—27.6立方米之间，其中，2017年用水最少，而2013年用水最高。生活用水处于26.3—34.0立方米之间，其中，2012年用水最少，而2019年用水最高。生态用水处于5.9—10.0立方米之间，其中，2014年用水最少，而2019年用水最高。

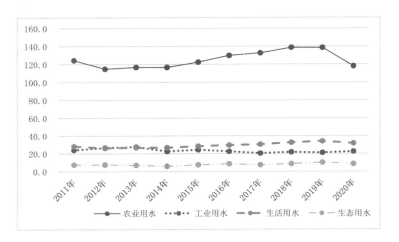

图5-5　2011—2020年临汾市人均水资源生态足迹（单位：立方米）

　　由图5-6可知：2011—2020年，运城人均水足迹主要是农业用水，超过工业、生活、生态用水的总和，是沿黄4市中用水最多的。农业用水基本保持在250立方米左右，在226.8—288.0立方米之间，其中，2014年用水最少，而2016年用水最高。工业用水处于23.8—32.2立方米之间，其中，2019年用水最少，而2011年用水最高。生活用水处于26.8—42.5立方米之间，其中，2011年用水最少，而2020年用水最高。生态用水处于0.9—9.1立方米之间，其中，2015年用水最少，而2019年用水最高。

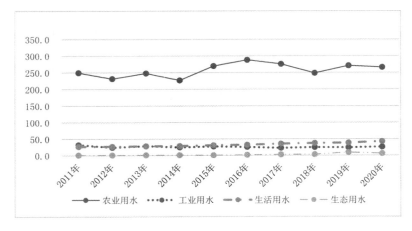

图5-6　2011—2020年运城市人均水资源生态足迹（单位：立方米）

（四）提升沿黄县生态承载力的建议

山西坚持绿水青山就是金山银山的理念，持续实施吕梁山生态修复、三北防护林、国土绿化、小流域治理等工程，生态环境持续改善，取得明显成效。为了早日达成转型发展目标，山西重视生态环境的保护修复，用足黄河水，用好地表水，保障生态水，涵养地下水，不断提升水、大气、土壤的质量，为经济持续发展提供绿色保障。

持续推进水土流失治理。有序开展山西沿黄县水土流失治理，推进黄土高原塬面保护工程、京津风沙源治理工程水利水保项目、坡耕地水土流失治理工程、淤地坝建设工程等重点工程建设。持续推进国土绿化，健全以国家公园为主体的自然保护地体系。实施黄河干流、中小河流、重点山洪沟道及抗旱应急引调提水等工程，完善黄河干流段、境内主要河流防洪体系。

千方百计提升农业用水效率。坚持以水定地的原则，"有多少汤泡多少馍"。农业是用水的重点领域，用水量占到总量的70%左右。大力发展有机旱作农业，以科学化的滴灌替代大面积的灌溉。河津、临猗等沿黄县要加强智能节水灌溉基础设施建设，推进高标准农田建设，提高农业用水效率。开展灌区标准化规范化管理建设，加快大中型灌区续建配套与现代化改造项目，积极创建节水型灌区，推进农业灌溉提质增效。建立实施农业灌溉用水总量控制和定额管理制度，推进农业水价综合改革。

加大工业节水力度。坚持以水定产，鼓励传统产业推进水循环利用。完善沿黄县工业园区、经济技术开发区等的污水集中处理设施建设，强化水污染治理。鼓励钢铁、建材、化工等领域的企业优先使用城市再生水，实现节水减污双赢。鼓励企业通过优化工艺流程、引进环保设备或技术，降低产品能耗。

建设节水型社会。坚持以水定城，根据水、土地等资源来确定城市的最佳规模。实施全社会节水行动，形成节约用水的良好社会氛围。以县域为单元，建设一批节水型企业、单位、学校和社区等节水示范标杆。加快配套管网建设和城镇排水管网雨污分流改造，补齐城镇生活污水处理短板。推进山西沿黄地区高校节水专项行动，规范高校计划用水管理，加强高校节水设施建设，强化节水行动监督检查。

根据需求调整生态补水。向生态脆弱区供水，以保障汾河、涑水河等重要河流生态补水，提高水体流动性，加大水环境容量及自净能力，促进水生态明显改善。向临汾、运城等地下水超采区供水，加快水源置换，优化供水结构。山西实施永定河生态补水，2017—2021年期间，累计补水8.99亿立方米，促进了永定河生态复苏。

六、山西沿黄县与对岸县的比较研究

黄河是山西与陕西、河南的界河。黄河两岸县地域相近、仅一河之隔，但由于扶持政策、创新等因素差异，经济社会发展速度、效果各不相同。选取府谷、宜川、韩城、潼关、灵宝等对岸县作为研究对象，分析2020年经济社会发展状况，重点从经济发展、生态保护两个领域梳理这些城市的发展思路，为山西沿黄县发展提供可借鉴的经验做法。

（一）保德与府谷

府谷与保德隔河相望，是全国综合实力百强县，是国家级陕北能源化工基地的重要组成部分。从2020年的地区生产总值看，府谷为582.8亿元，而保德只有82.8亿元，可见：经济体量有较大的差距。2020年保德和府谷主要指标对比见表6-1。

表6-1 2020年保德和府谷主要指标对比

领域	主要指标	保德	府谷
经济发展	人均地区生产总值（万元）	5.8	23.4
	人均规模以上工业增加值（万元）	3.6	16.0
	人均固定资产投资（万元）	—	11.0
	人均财政总收入（万元）	1.5	3.8
	居民人均可支配收入(万元）	1.8	3.0

续表

领域	主要指标	保德	府谷
生态保护	万元生产总值能耗（标准煤/万元）	—	1.69
	万元生产总值能耗降低率（%）	—	3.31
	空气质量二级以上优良天数	309	294

数据来源：保德、府谷的国民经济和社会发展公报（2020年）。

从经济领域看，保德主要指标均落后于府谷。保德人均地区生产总值、人均规模以上工业增加值、人均财政总收入、居民人均可支配收入分别仅为府谷的25%、22%、40%、60%。

从生态保护领域看，两县都高度重视生态环境保护，积极落实黄河流域生态保护和高质量发展国家战略。2020年，保德优良天数比例达84.6%，PM2.5浓度同比下降34.4%，黄河碛塄和朱家川河花园子2个断面水质稳定达标，各类河流未出现Ⅴ类水体。府谷整治154处污水直排口，建成投入使用7个集镇污水处理设施，确保碛塄国控断面水质达标，与此同时，还加强水土流失治理，积极推进10处矿山生态保护修复。

府谷的经济发展思路是：持续提升改造传统产业，培育发展新兴产业，着力推进能源经济发展，构建特色产业体系。着力延伸传统产业价值链，加快推进东方瑞煤基活性炭、科信化工低煤焦油加工二期、清水川电厂三期、特高压换流站等项目，发展精制焦油、煤基新材料等，积极打造煤电产业集群。加快金属镁的冶炼升级改造，积极参与镁冶炼配套临界超高温热解装置的能耗标准制定，做大做强镁相关产业。积极培育新兴产业，基于铝、镁等资源优势，积极打造千万吨级的镁铝合金产业。做强能源相关产业，打造百万吨级煤基新材料、千万吨级煤化工产业集群，推进府神区块煤层气开发，建设百万千瓦级新能源产业集群。

府谷的生态保护思路是：以黄土高原生态文明示范区建设为目标，积极实施新一轮退耕还林还草、京津风沙源治理、天然林保护等项目，持续加强水土流失治理，推进淤地坝加固除险，减少入黄泥沙。持续开展河道综合治理，保护水源地，推进燃煤锅炉拆除、车辆尾气监测、扬尘污染管控等，因地制宜推广"煤改电""煤改气"，不断提升当地生态承载力。加快推进清水川、皇甫川水系连通工程，力争实现"两川"流域如期供水和生态补水，促进刚性束水向柔性治水到理性用水的转变，不断增强流域生态自我净化功能。

府谷发展带给我们的启示：加快发展制造业，培育一批"专精特新"的企业，鼓励企业"小升规"，持续增强本地区的工业实力。积极发展特色能源经济，即便是在碳达峰碳中和的形势下，府谷仍发展千万吨级煤化工产品、百万吨精制焦油产品等，建议保德在全力保障国家能源稳定的基础上，加大技术创新力度，研发掌握新能源技术，持续提升新能源在能源结构中的比例。持续推进生态保护，加强森林、草地的维护，除险加固淤地坝，推进"散乱污"企业整治行动。

（二）吉县与宜川

宜川与吉县隔河相望，是果业大县、旅游示范县。从2020年的地区生产总值看，宜川42亿元，而吉县只有24亿元，可见：吉县发展相对落后。2020年吉县和宜川主要指标对比见表6-2。

表6-2 2020年吉县和宜川主要指标对比

领域	主要指标	吉县	宜川
经济发展	人均地区生产总值（万元）	1.7	3.8
	人均规模以上工业增加值（万元）	0.3	0.2
	人均固定资产投资（万元）	0.8	3.8
	人均财政总收入（万元）	0.2	0.3
	居民人均可支配收入(万元)	1.3	—

续表

领域	主要指标	吉县	宜川
生态保护	万元生产总值能耗（标准煤/万元）	—	—
	万元生产总值能耗降低率（%）	—	—
	空气质量二级以上优良天数	304	323

数据来源：吉县、宜川的国民经济和社会发展公报（2020年）。

　　从经济领域看，吉县主要指标均落后于宜川。吉县人均地区生产总值、人均固定资产投资、人均财政总收入分别仅为宜川的44%、22%、89%。

　　从生态保护领域看，两县都持续推进污染综合治理，厚植高质量发展的生态底色。2020年，吉县持续实施造林工程，林木覆盖率达52.9%。与此同时，积极推进州川河人工湿地公园建设，实施煤改气煤改电工程、城区污水管网配套、污水处理厂提标改造等。宜川积极植树造林，完成沿黄公路绿化。持续推进污水治理，仕望河峑家山国控断面水质达到Ⅲ类以上。推进垃圾分类处理，建设完成建筑垃圾填埋场工程，实施生活垃圾热裂解无害化处理。

　　宜川的经济发展思路是：调整优化工业结构，积极发展天然气产业和风电产业，仅2020年天然气产量便增长131%，建成40万吨液化天然气处理一期项目并正式投产，50兆瓦的风力发电厂并网发电。积极培育规上工业企业，"五上企业"入库10家，规上工业增加值同比增长5.3%。推动苹果全产业链发展，从苹果品种入手，2020年引进3种优质品种，加强智能选果线、冷气库等基础设施建设，通过专卖店、展会、观光采摘节、直播带货等渠道进行营销，取得良好效益。加快文化旅游产业发展，以国家全域旅游示范县建设为契机，有序推进秋林抗战纪念地AAAA级景区、牡丹园AAA级景区建设，举办非遗进景区暨"黄河记忆"非遗展示展演等活动。

宜川的生态保护思路是：深入实施国土绿化行动，实施"三北"防护林、晋陕峡谷绿化等重点林业工程。继续推进水土流失系统治理，提升治理程度。坚决打好蓝天、碧水、净土三大攻坚战，营造宜居宜业、健康舒适的生态环境。实施化肥农药减量行动、清洁生产行动等，构建绿色低碳的产业体系。构建绿色交通体系，开展绿色家庭、绿色社区、绿色商场创建行动，倡导简约适度的生活方式，创建绿色低碳生活。

宜川发展带给我们的启示：积极发展天然气、风电新能源产业，这是碳达峰碳中和的要求，也是未来能源发展的趋势。大力培育各类市场主体，尤其要培育具有自主知识产权的"专精特新"企业、制造业单项冠军企业等。瞄准一个发展重点久久为功，农业领域重点发展苹果产业，并取得初步成效，2020年果农人均收入达2.7万元。挖掘黄河内涵，展现黄河文化。宜川主动配合浙江卫视《奔跑吧·黄河篇》录制，扩大县域影响力。驰而不息推进晋陕峡谷绿化，从而减少泥沙入黄、美化周围环境，实现人与自然和谐相处。

（三）河津与韩城

韩城与河津隔河相望，是全国综合实力百强县，是重大市政工程领域政府和社会资本合作创新工作重点城市。2020年地区生产总值355.0亿元，而河津作为山西沿黄19县中创造财富最多的县仅为259.9亿元。从人均地区生产总值看，河津为韩城的73.6%。从固定资产投资增速看，河津保持增长态势，增速达11.9%，而韩城下滑趋势明显，下降27.6%。从财政总收入看，河津是韩城的1.7倍。从居民人均可支配收入看，河津是韩城的83.3%。

韩城的经济发展思路是：保持钢铁主导产业不动摇，打造千亿钢铁及金属制品产业集群。2020年，金属制品行业、钢铁产值分别增长13.4%、35.3%。加快冷轧镀锌带钢、热轧优特棒材等项目，推进星火煤矿、兴隆煤矿等的机械化改造，提高先进产能的比例。积极培育新材料、新能源等新兴产业，加快推进锂电池多元正极材料、钴酸锂电池正极材料、氢能、地热能、风电等项目。加快承载平台建设，推进医疗器械生产基地、中国长城陕西智能制造基地、新材料园区配套设施等建设。落实"项目建设突破计划"，以"两新一重"和重点民生工程为重点，不断扩大项目储备库、全过程跟踪实施项目，组织重点项目前期手续办理推进会，通过高效的督办机制，推进项目尽早开工、尽快完工、取得效益。

韩城重视经济的前瞻性预测。在世界经济发展不确定、新冠肺炎疫情不明了之时，积极开展调查研究，尤其是深入企业、部门等，了解第一手情况，整理汇总亟须解决的问题难题。进一步强化对主要指标的监测、研判，高标准分析月度、季度经济形势，动态提出针对性、可操作的措施。主动对接国家、省、市的"十四五"规划，尤其是指标，要及时分解、落实，增强服务高质量发展的主动性，在不确定的发展环境中以稳定的姿态谋划经济发展。

韩城的生态保护思路是：坚持生态优先、绿色发展，系统实施生态修复、深化污染防治。实施黄河保护"五线"工程，持续修复黄河湿地。实施沿黄防护林提质增效和高质量发展工程，推进入黄支流两岸、黄河西岸山脊线直观坡面、沿线土崖荒坡荒沟等区域的生态保护与修复。拓展西山洪水系统拦截工程建设，加强东部的污染治理力度，推动形成"西部拦洪、东部拦污"的黄河生态保护体系。持续开展黄河及9条支流"清四乱"行动，推进镇村污水处理厂提标改造。开展钢铁、水泥等传统行业的超低排放改造，推进城市基础设施绿色节能改造，深化农村面源污染治理，持续改善区域生态环境。

韩城发展带给我们的启示：保持发展定力，专注钢铁行业，通过延链补链，进而达到强链，构建煤焦钢电一体化发展产业"生态圈"，提升行业竞争力。建设高标准的工业园区，完善基础设施，增强设施功能，优化园区创新机制，为新材料等战略性新兴产业提供优质平台。重视创新创业，培育"双创"孵化载体，完善科技评级机制，支持青创会等平台建设，鼓励红马科技建设省级工程技术研究中心。根据区域现实情况，从东部、西部分区域推进黄河流域生态保护，采取针对性措施，构建完整的生态保护体系。扎实推进钢铁、水泥、农业面源等重点领域的污染防治，推广节能环保装备和产品，实现生产生活绿色化。

（四）芮城与潼关

潼关与芮城隔河相望，历来是交通要道，是连接我国西北、华北、中原的咽喉要道。2020年，芮城地区生产总值达95.4亿元，同比增长2.4%；潼关地区生产总值为44.1亿元，同比下降3.5%。

潼关的经济发展思路是：大力建设"五个潼关"。一是"富裕潼关"。处理好黄金产业与非黄金产业的关系，发挥好各类园区的功能，以产业生态化理念推进重点产业发展。二是"生态潼关"。加大秦岭、黄河生态保护与治理，实施国土绿化行动，推进生态带建设，争取打造国家生态文明建设示范县。三是"人文潼关"。加快重点景区建设，强化宣传引领，推动产业与文化旅游的融合，打造特色旅游品牌。四是"开放潼关"。积极融入关中平原城市群、黄河金三角经济圈，打造一流营商环境，推动地区协调发展，加强黄河生态经济带区域合作。五是"幸福潼关"。坚持以人民为中心，实施民生实事，健全幼有善育、学有优教、病有良医、老有颐养、住有宜居、弱有众扶的社会民生保障体系，让群众更有幸福感、获得感、安全感。

潼关在推进黄金工业集约化、规模化、融合化发展的同时，实施多元发展战略,逐步改变"一金独大"的工业格局。中广核、中陕核等企业蓬勃发展,带动潼关经济发展。2019年,非黄金企业数量达14家,超过规上工业企业数一半。加快分散式风电、达刚路机废渣综合回收利用等项目建设,推动新能源、新材料产业集群发展,打造新型工业先行示范区。以省级工业园区为载体,加快综合建材、新能源、新材料等产业发展,推动工业多元化发展,打造工业强县。

积极推进项目建设。采取集中开工、领导包联、专项观摩、专题推进、督导考核等措施,落实重点项目清单化管理机制。聚焦新材料、新能源、文化旅游、食品工业等产业发展,力争引进一批带动力强、影响力大的项目。加大对园区建设、重点企业、重点项目支持力度,推动产业结构调整和转型升级。

潼关的生态保护思路是:坚持生态优先,厚植高质量发展底色。实施黄河湿地治理、黄河西岸防护林等工程,推进国家储备林项目,打造沿黄绿色长廊。加快老旧燃气车辆淘汰,推进减煤、抑尘、增绿行动,不断提升大气质量。推行河湖长制,开展河湖生态"四乱"治理,实施最严格的水资源管理,持续提升水生态质量。做好土壤污染防治工作,实施代字营、安乐废渣处理及土壤修复等工程,切实保障土壤质量。

潼关发展带给我们的启示:延长产业链,做强产业集群,打造产业升级发展示范区。推进分散式风电、废渣综合回收利用等项目建设,发展新能源、新材料产业,增强发展新动能,着力破解"一金独大"的产业结构。加快建设东山景区望河文化休闲区、水坡巷非遗陈展、杨震博物馆二期工程等,推进景区提质上档,打造华夏山水文化旅游目的地。推进水土流失治理,拆除河湖"四乱"违规建筑,有序推进煤改电、煤改气,着力打造"蓝天、碧水、青山、净土"的良好生态。

（五）平陆与灵宝

灵宝是县级市，与平陆隔河相望。2020年，灵宝地区生产总值达428.7亿元，是平陆的8.0倍。规模差距显而易见。灵宝第二产业发展较为充分，增加值占比达49.9%，基本占到一半。

灵宝以有色金属冶炼压延加工业、有色金属矿采选业、非金属矿采选业等为主，做强工业经济。2020年工业保持稳步增长，增加值同比增长4.0%。从规模以上工业看，增加值增幅最大的是计算机、通信和其他电子设备制造业，达649.9%，其次是非金属矿采选业，为49.6%。与此同时，食品制造业下降21.3%。从主要工业产品看，水泥、铜材、塑料制品、硫酸、铅，增速分别为77.5%、49.1%、13.3%、13.1%、11.4%。精炼铜出现较大幅度下降，幅度达29.1%。可见，灵宝工业增长依靠水泥、铜材等传统大宗商品。

灵宝的经济发展思路是：加快发展铜箔产业，鼓励企业技术创新，加强高频高速电解铜箔研发，推进华鑫铜箔5G高速高频铜箔、朝辉铜业二期、宝鑫电子三期等项目建设，鼓励九易铜业、昌盛铜排铜杆提质扩能。与此同时，延伸铜箔产业链，向新能源、电子信息等领域发展。积极发展炭素产业，推进年产3万吨特种石墨制品项目建设。加快发展装备制造业，推进凌志环保水处理装备二期、国鑫环保等项目建设。大力发展循环经济，推进小秦岭地区选金尾矿全资源化综合利用、硫酸钙晶须等项目建设，提升资源的综合利用率。

灵宝的生态保护思路是：坚持绿水青山就是金山银山的理念，推进山水林田湖草系统治理、源头治理。大力绿化造林，实施国省工程营造林、国储林建设等项目，创建国家级森林康养基地试点。推进农村污水治理，实施黄河一级支流周边农村污水全收集、全处理。开展弘农涧河流域综合治理，严格整治排污口，保持文峪河等主要河流水质稳定达标。科学处置红渣等固体废物，合理利用受污染地块，提升土壤质量。完善垃圾收运处置体系，推行垃圾分类投放、收集，共建绿色低碳社会。

灵宝发展带给我们的启示：延链强链，提升铜箔产业的竞争力。推进新型信息基础设施建设，加快传统产业数字化改造。根据市场需求提供高品质的产品或服务，满足客户不断升级需求。加快培育新材料、新能源等新兴产业，不断壮大发展新动能，推进新旧动能无缝衔接。开展工业固废技术创新，推进减量化、循环化发展，提升资源利用效率。坚持生态优先，开展重点行业节能行动、农业面源污染整治、河流排污口整治等，持续打好蓝天、碧水、净土三大保卫战。

七、山西沿黄县重点问题研究

　　沿黄县因地理位置相似而具有一些共同特征：位于大北干流的沿黄县普遍存在水土流失、生态破坏较为严重的现象，而位于小北干流的沿黄县则存在如何处理生态保护和黄河滩地利用的现实需求。与此同时，沿黄县由于资源禀赋、发展历史等各不相同，所要解决的主要问题各不相同。本章将从每个沿黄县面临的主要问题中选择其一，进行深入分析，并提出相应解决方案。

（一）偏关——加强黄河（偏关段）生态保护修复

　　偏关位于山西西北部，是黄河入晋的第一县。经过多年生态治理，黄河水质明显提升，两岸环境逐步优化。随着黄河流域生态保护和高质量发展国家战略的实施，偏关持续开展国土绿化、加强病险淤地坝的除险加固等，推进偏关生态高质量发展。

1.偏关经济社会总体情况

　　偏关县曾是国家级贫困县，发展基础条件较差，通过不懈奋斗，于2020年2月退出贫困县。近年来，偏关县克服困难、主动作为，巩固来之不易的脱贫成果，加快乡村振兴，着力建设"创新、富裕、宜居"的偏关。

　　抓重点项目建设。围绕产业转型、农村振兴等领域，推进古法冰醋酿造展示项目、百万羽高标准规模化蛋鸡养殖产业项目、智慧能源风电场220千伏送出线路工程等。2022年1月26日，偏关县召开"七个一批"项目建设调度会。会议要求各职能部门认真筹划，积极推进重点项目，确保项目高标准完成。为落实省、市经济工作会议要求，偏关县开展"6+X"重要工作专项行动，主要从减税降费助企发展、推进创新驱动发展、项目建设、扩内需保就业保民生、深化"放管服"改革优化营商环境、"承诺制+标准地+全代办"等6个方面采取相应的措施，从而全方位推动高质量发展。

大力发展特色农业。积极发展有机旱作农业，推进5000亩有机旱作甜糯玉米种植基地、特色种植有机旱作渗水地膜覆盖穴播谷子种植项目建设。推进农产品深加工，提升农产品附加值，加快年产1000万穗甜糯玉米加工项目建设。打造具有区域影响力的农业品牌，推进"晋北老牛湾"甜糯玉米绿色优质品牌建设。推进农产品标准化生产，积极创建全国绿色食品原料（谷子）标准化生产基地。加快农业生产托管试点建设，以先进的农业经营方式推进农业现代化进程。积极推进大豆玉米带状复合种植，做好种植计划、物资调试调用、配套农机的改装和技术指导等措施。推进电子商务进农村综合示范续建项目，加快县级电子商务公共服务中心和乡镇村电子商务公共服务站点建设。为了加快巩固拓展脱贫攻坚成果同乡村振兴有效衔接，偏关县于2021年12月31日召开实施乡村振兴战略工作推进会。2022年2月10日，偏关县召开农业生产托管工作推进会，重点从成立专门工作领导组、制定农业生产托管试点项目资金管理办法、营造推广农业社会化服务的氛围等方面来推进此项工作。

积极发展文旅产业。以黄河生态保护带建设为契机，加快推动"西线黄河风情游、东线长城边塞游"的全域旅游。加快建设关河口驿站，以黄河一号和长城一号旅游公路串联起乾坤湾、丫角山、画廊谷等景区，加快旅游高质量发展。整合老牛湾、黄河旅游公路沿线观景台等建设，完善景区景点旅游基础设施，推进文化旅游融合发展。加快老牛湾黄河国家文化公园建设，创建水泉红门口地下长城AAAA级景区和丫角山AAA级景区，加快编制寺沟长城国家文化公园等。实施小元峁、丫角山等文旅遗产知识产权保护，筹划组织"老牛湾国际文化旅游艺术周"活动。深入挖掘景区景点的黄河文化或长城文化，建设窑洞人家、老牛湾记忆长城人家民宿项目。发展自驾、骑行、徒步游，争取"旅游+体育"赛事活动落地。构建以5G等现代科学技术为基础的数字化文旅平台，将文化融入吃住娱游当中。

创建特色县城和美丽乡村。对标国家级卫生县城标准，在环境治理、综合执法等方面逐条扎实做好准备。实施城市更新改造行动，加快棚户区、城中村改造。实施城市管理提升行动，完善"城市大脑"建设，推进精准化、智能化管理。科学规划乡村建设，尽量保留村庄历史风貌，又能符合现代社会发展的需求。深化"厕所革命"，持续开展农村人居环境整治。实施"美丽乡镇""美丽村庄""美丽民宿""美丽庭院"创建活动，打造"美丽关不住、偏偏爱上你"靓丽名片。

2.加强黄河（偏关段）生态保护

黄河是中华民族的母亲河。我们要像保护眼睛一样，保护好黄河。偏关深入贯彻习近平生态文明思想，全面贯彻习近平总书记在黄河流域生态保护和高质量发展座谈会上的讲话精神，认真落实国家、省、市的黄河规划任务，坚持生态优先、绿色发展，持续发扬"偏关绿魂"精神，一体推进治山治水治气治城，推进水资源的节约集约利用，积极倡导绿色生产生活方式，在水土保持和污染防治上多下功夫，从源头上减少水土流失，把好黄河治理第一关，加快黄河流域偏关段生态保护和高质量发展。

偏关老牛湾是黄河入晋的第一站，是长城与黄河握手的地方，是晋陕大峡谷的开端。山西治理黄河，就要从黄河入晋源头开始。老牛湾因明朝建成的老牛湾古堡而闻名，其特点是：西窄东宽，尾部圆满，恰似葫芦状。通过环境治理、生态保护，老牛湾生态环境明显改善，建成老牛湾AAAA级景区。

经过多年生态保护修复，偏关生态环境取得明显成效。人工造林、退耕还林等任务高质量完成，森林覆盖率明显提升，关河口省考断面水质稳定达地表水Ⅱ类标准，河长制、林长制有序推进，县城空气综合治理稳步提升。与此同时，我们要清醒地认识到，这与人们对更高质量生态产品的期盼仍有一定差距，仍需加强生态保护修复，强化环境综合整治，推进生态产业化。

3.加强生态保护的措施

加强水土流失治理。持续实施天然林保护、三北防护林、京津风沙源治理等生态修复工程。以乔灌为主、牧草为辅的立体修复模式，营造黄河沿岸水保林，推进规模5000亩的黄河流域防护林屏障建设工程。加强水土流失预防监督，构建全民监督网络，防患于未然。推广水土保持耕作技术，科学合理利用土地。实施除险加固102座中型以上淤地坝工程，完善泥沙拦蓄体系的功能。通过淤地坝、坡改梯、封禁治理、坝滩联治等措施，水土流失治理成效显著。推进生态清洁小流域建设，加强对重要水源地的生态保护与治理。兼顾生态与经济效益，加大沟坝地、水平梯田等基本农田建设，因地制宜发展山地水保经济植物。截至目前，每年向黄河输沙量减少36万吨，每平方公里土壤年侵蚀模数由治理前的8000吨减少到4500吨。

开展国土绿化行动。全力保护天然林，积极培育公益林和商品林。依法保护自然保护区、森林公园、自然遗产、风景名胜区等各类自然保护地。加强林木种植管理，推进林木种苗基地建设。保护草原生物种质资源和植物新品种。支持全社会义务植树，保护古树名木，提升区域绿化率。加强野生动植物保护，保护生物多样性，监督管理本区域陆生野生动植物猎捕或采集、驯养繁殖或培植、经营利用。加强森林、草原火情监测预警，有效防止林草资源的病虫害、有害生物等。科学规划、有序推进林木花卉、森林旅游等林业产业。

实施"三线一单"（生态保护红线、环境质量底线、资源利用上线和生态环境准入清单）生态环境分区管控。按照优先保护、重点管控、一般管控的分类方法，采取相应的管控措施。对于优先保护单元，以生态保护为主，依法严禁或限制高强度工业和城镇开发建设，严禁不符合主体功能定位的各类开发活动。对于重点管控单元，以生态修复和环境污染治理为主，加强大气、水、土壤污染风险防控，节约集约利用资源，协同减污降碳。对于一般管控单元，以生态环境保护与适度开发相结合为主，执行产业政策、能源总量和强度双控、排放标准等规定，在持续改善生态环境质量的基础上，推动经济稳步健康发展。

科学利用黄河水。为解决本地区缺水等实际问题，在老牛湾以南13公里处建设万家寨水利枢纽。万家寨水利枢纽是黄河中游梯级开发规划的第一级，是山西省"引黄入晋"水源龙头工程。此项工程由拦河坝、泄水建筑物、电站厂房、开关站、引黄取水口等组成，主要任务是供水结合发电调峰，还有防洪、防凌等效益。工程建成后，每年供水14亿立方米，为以火电为主的华北电力系统提供调峰容量，缓解周边水资源短缺，优化电网能源结构。与此同时，种植了10多万株油松和柳树，荒山长满绿树，乱石滩变成绿草坪，有效改善周边生态环境。

强化水污染治理。持续开展偏关河、杨家川河、县川河3条黄河一级支流生态保护治理，排查整治入河排污口。落实水污染防治年度计划，加强饮用水源地保护，强化工业污染防治和农业面源污染防治。严格水域岸线水生态空间管控，依法划定河库管理范围，全面完成境内12条县级河流划界。加强黄河沿线水环境综合整治，加大城市黑臭水体治理力度，补齐乡村污水处理等基础设施短板，改造提升水处理设施能力。开展黄河（偏关段）"清四乱"专项行动，严厉打击非法采砂、侵占河道等行为。

完善并实施生态补偿、联合监管等制度。完善污染防治、水生态修复等联合执法机制，严厉打击涉河违法行为。健全生态保护补偿机制，明确上下游的补偿标准、程序等。进一步细化脱贫生态管护攻坚政策措施，创新生态扶贫机制。完善造林各项制度，加大贫困人口护林员培训力度，继续聘用生态护林员、天然保护林护林员，并给予一定的物质奖励。

加快生态产业化发展。偏关大力实施生态林样板工程，着力打造沙棘主导产业。推动沙棘种植业从家庭经济向现代化林业产业化发展，建成南堡子乡北场村、陈家营乡八柳树村2个沙棘贮存场，支持山西益生元生物科技有限责任公司研制沙棘醋，拓宽沙棘相关产品等销售渠道，促进沙棘延链补链强链。自主研发与引进消化吸收沙棘种植技术、深加工技术等，提升沙棘相关产品品质，促进沙棘果实、枝叶、茎采摘和销售形成规模和提升效益。在培育带动能力强、竞争力强的本地深加工企业的同时，加强沙棘深加工项目招商力度，引进相关企业，打造农产品深加工集群。截至目前，累计植树16万亩，积极探索"林字为首、灌草先行、兴林促牧"的生态治理之路。

巩固提升退耕还林扶贫成果。加大抚育管理力度，将国家政策补助兑现给退耕户，将县域陡坡闲置耕地列入国家退耕还林范围。成立经济林技术服务队，为经济林提质增效提供技术支持。充分发挥专业合作社的技术优势、信息优势，为农民提供选种、种植、修剪、采收等一项或几项社会化服务。

（二）河曲——加快建设高水平园区

园区是区域发展工业、农业的主战场，是重点项目的承载地，通常代表本地区的最高发展水平。同类企业集中在一个区域，促进技术、人才等要素的交流，形成规模化、集群化发展，从而提升整个行业的核心竞争力。

1.河曲经济社会总体情况

河曲认真贯彻省委"全方位推动高质量发展"和市委"一个牵引、六大突破"的要求，坚持稳中求进，统筹经济发展和疫情防控，建设区域强县，争做西部发展领头羊。

坚定不移发展煤电产业。以煤炭产业和电力产业为基础，打造千万千瓦级综合能源供应基地。加快煤炭的智能绿色清洁高效开发利用，推进智慧矿山建设，实施煤炭地下气化示范项目。优化煤电和新能源组合，推进光伏新能源基地建设，加快风光火储一体化发展。

培育壮大战略性新兴产业。基于县域产业发展现状，重点发展新材料、节能环保、装备制造等。研发制造碳基新材料，加强对碳基合成新材料等关键技术的创新，加快结构材料等市场化应用。有条件的企业可以发展基于煤炭的纺织纤维新材料，通过技术创新延长产业链，增强企业竞争力。健全节能环保、新材料等行业的产业链，培育引进链主企业，有效带动一批配套企业，逐步形成良性互动、自主可控的产业生态。

加快重点领域重大项目建设。围绕"两新一重"（即新型基础设施建设，新型城镇化建设，交通、水利等重大工程建设）、生态保护、工业技改等领域，加快山煤低热值煤发电项目、5万吨磷酸铁锂、3万吨轻质高端莫来石耐火材料及5万吨超细高岭土、年产2500吨系列富硒功能项目、高标准农田建设、电灌站提水、有机果蔬大棚、食用菌大棚种植、河道治理等项目建设，大力支持具有根本性、牵引性的重大项目。认真维护项目谋划库、前期库、建成库等，抓好跟踪落实，推进项目取得预期效益。采取以情招商、以商招商等方式，引进能够完善本地产业链的各类企业。加强工业园区建设，完善水、电、气、信息、环保等配套设施，深化"三化三制"改革，提升园区的综合经济效益。

加快农业特优发展。积极发展有机旱作农业，实现农业提质增效。2021年4月7日，在河曲县巡镇镇曲峪村召开九省区渗水地膜谷子技术试点示范现场会。现场会上，专家详细讲解技术要领，推广适合本地区农业发展的机械，推进河曲谷子产业集约高效发展。夯实拓展脱贫攻坚基础，推进乡村振兴战略，力争打造山西乡村振兴标杆县。推进农产品精深加工项目建设，培育海红果、杂粮等优势产业集群，谋划推广精深加工产品品牌，实现农业内涵式发展。

驰而不息抓环保。树牢绿水青山就是金山银山的理念，通过植树种草、排污口整治等措施，减少入黄泥沙和污染物，力争打造山西黄河流域生态保护和高质量发展重要实验区的示范区。推进县川河河道治理工程，持续提升水生态。强化河曲三大露天矿的生态治理，以系统治理、源头治理的方式推进煤矸石等污染物的综合治理。实施"六乱"（乱搭乱建、乱堆乱放、乱扔乱倒）整治专项行动，尤其是田间地头、农户庭院、村庄街巷等，不断优化农村人居环境。推进城市绿化，提升改造新老片区，建设"黄河边上的美丽小县城"。

2.河曲园区建设现状

河曲在2022年的经济工作会议上，提出产业转型、项目建设、生态保护、改革创新、民生保障等重点任务，其中一条是加强园区建设，将园区作为推动当地经济高质量发展的主战场。

推进工业园区建设。持续完善园区的基础设施建设，提升基础设施的信息化水平。积极培育引进新兴产业项目，重点发展磷酸铁锂新材料、废渣铁绿色再生综合利用等项目，加快发展绿能装备纯电动装载机、兰拖奔野新能源农业机械等项目。鼓励振钢化工、同德等企业充分利用外贸资金，加强产品创新，提升出口产品的附加值，增强企业的核心竞争能力。楼子营镇积极推进煤电工业园区建设，实现当地和企业的互利共赢。

加快高效农业示范园区建设。实施有机旱作农业，种植富硒杂粮、鲜食马铃薯等，积极发展红辣椒等特色农产品。依托农业园区，积极引进农产品精深加工企业，培育发展果品、乳品、造酿品、肉制品等产业集群。鼓励企业加强农业科技创新，开发面向RCEP、"一带一路"国家的富硒杂粮等功能食品，将产品打入国际市场。与此同时，积极拓展设施农业采摘园建设，推进农业与旅游深度融合。

做好招商引资工作。结合河曲产业发展情况和山西重点发展的新兴产业，引进节能环保、新材料等领域的农光互补、秸秆生产活性炭等项目。采取以企招商、以商招商、点对点招商等方式，完善本地产业链，优化产业生态。抓好各类资金的申报工作，重点申报中央预算内资金、专项债券等支持的重点项目。通过专班化服务、定期分析项目进度、强化项目落地率等重点目标考核，推进项目尽快投产达效。

3.山西加快推进开发区建设

开发区是全方位推动高质量发展的第一阵地。山西推进开发区新型基础设施建设，深化以市场为导向的体制机制改革，着力推动现有88家开发区由规模扩张向效益提升、由注重硬件向硬件软件两手抓转变。

滚动开展"三个一批"活动（即集中签约一批、开工一批、投产一批）。这是山西于2020年8月开展的一项活动，主要围绕"六新"加快项目建设。截至2022年5月，山西开发区已经开展7次活动，有效推动项目落地。位于阳泉高新区智能制造产业园的山西尊特智能科技有限公司从开工建设到第一条生产线建成只用了2个月，其智能终端项目稳步推进。

深化开发区体制机制改革。坚持以市场化、法治化、国际化推进规则、制度改革。以市场化"盘活"人力资源，全面实施领导班子任期制、岗位聘任制、绩效工资制管理体制改革，实现人力资源的市场价值。武乡现代农业示范区积极探索"开发区+专业运营团队"模式。以法治化、国际化推进制度改革，与国内国际先进的招商优惠、主导产业扶持等制度对接，提升开发区的运行效率。沁水经济技术开发区成立开发区财政局，畅通资金通道，提升服务质量。

积极培育中小企业园区。在工业类省级开发区配套建设至少一个中小企业园区，积极培育一批"专精特新"企业、科技型中小企业等，激发市场活力。围绕山西着力打造的战略性新兴产业，引进相关领域的中小微企业。为小微企业提供技术创新中心、共享设备、环保等基础设施，搭建良好的创新平台。加强对中小微企业的财政、金融支持，提供政务代办、创业辅导、政策咨询等公共服务。

创优开发区的营商环境。持续推行企业投资项目承诺制改革，提升企业的项目建设效率。深化项目供地标准化改革，将项目的用电、用水等配套服务纳入"标准地"的前置条件，加快企业项目进度。全面推行投资项目建设领办代办制度，领办人代办人按照制度要求，提供接手项目到项目审批落地全过程服务，以高质量的服务推进项目高效建设。持续优化制度，始终以贴心、热心、细心为项目方提供优质服务，让项目方专注市场需求，提升企业效益。

4.推进河曲高水平园区建设的途径

河曲紧抓太忻经济一体化建设的契机，加强各类园区建设，为项目建设提供良好的发展平台。积极申报省级开发区，对照相关标准，充分准备，做好相关申报工作。

科学制定园区发展规划。根据河曲工业、农业发展状况，结合山西重点打造的信创、新材料等战略性新兴产业，做好用地报批和土地规划建设。明确园区的主导产业，集聚人才、资金、制度等资源，加快培育壮大产业。用好存量资源，盘活各类基础设施，提升亩均产出。增加增量资源，积极引进新材料、节能环保等领域的企业或项目，壮大发展新动能。

加强园区基础设施建设。在推进"九通一平"的基础上，建设一批标准化厂房。与此同时，根据引进项目的需求，加快特色厂房建设。结合河曲产业发展需求，鼓励政府与社会共参共建，有计划地推进5G、数据中心、工业互联网等数字基础设施建设。挖掘数字基础设施作为新型生产要素的潜力，有效赋能煤炭低碳绿色发展、电力智能利用。

优化园区软环境建设。以市场化为目标，推进项目业绩考核机制、人事和薪酬制度改革。以专业化为目标，深化"承诺制+标准地+全代办"改革，重视事中事后监管。以国际化为目标，加快河曲与国际先进制度、规制、规则等的对接。以先进制度推进改革创新，提升思想水平。借鉴上海自贸区、天津自贸区的经验做法，以先行先试的勇气，完善有效提升办事效率的制度。

聚焦新材料、节能环保等产业发展工业园区。由于河曲的主导产业是煤炭产业和电力产业，副产煤矸石、粉煤灰等工业废弃物，可以通过加大技术创新力度，推进煤矸石轻质高端莫来石等项目，将其转化为建筑材料、环保产品等，提升废弃物的资源化利用水平。加快环保先进设备、节能设备等的研发制造，推进节能环保产业发展。

加快发展农业产业园区。推进坡改梯改造、高标准农田等农业基础设施建设，改善农业发展条件。以全产业链思维，持续打造果品、乳品、造酿品、肉制品等产业集群。积极引进农业龙头企业，推进农产品精深加工，提升农产品的附加值。紧抓雁门关农牧交错带示范区建设的契机，推进苜蓿种植、蓖麻养蚕、牛羊特色养殖等。围绕脱毒马铃薯、海红果等基地，打造特色农业园区。加强杂粮市场调研，根据市场需求，合理种植不同比例的杂粮，在特色上、差异上下功夫。积极培育区域特色农产品品牌，以品牌开拓市场，持续提升品牌的知名度。

（三）保德——推进煤炭绿色低碳清洁高效利用

煤炭产业是保德县的主导产业，占到地区生产总值的50%以上。为实现碳达峰碳中和的目标，保德控制煤炭开发规模，建设智慧矿山，探索煤炭地下气化示范，推进煤炭绿色低碳清洁高效利用。

1.保德经济社会总体情况

保德县贯彻落实党的十九大和十九届系列全会精神，以及省委全方位推动高质量发展的目标要求、市委"336"战略布局，以太忻经济区建设为契机，加快推进产业转型，开展生态修复，推动改革创新，扎实推进"五个新保德"建设。

保持煤电产业稳步发展。煤电产业虽然是传统产业，但在一段时间内仍是保德的主导产业。推进煤炭产业绿色低碳发展，建设智能化综采工作面和掘进工作面，加快智能化矿井建设。支持电力产业清洁化发展，优化外送渠道，参与市场化交易，推动国新能源热电联产、苏晋保德煤电项目全面达产达效。积极发展风力发电、光伏发电等，优化电力结构，减少对燃煤的依赖。

培育壮大新兴产业。重点发展铝镁产业、煤层气及新能源产业、节能环保产业等。加快建设同德200万吨氧化铝项目、顺泰年产10万吨金属镁项目，将铝镁产业打造为保德转型升级的标志性产业。积极推进保德区块北部井田完善工程、德润年处理30万吨废旧轮胎、晓洁年收储50万吨煤焦油及年处理20万吨废矿物油等再生利用项目。与此同时，实施新型轻量化半挂车生产线、骨质瓷加工等项目。

大力发展现代农业。在"特""优"上下功夫，以品牌建设提升农业竞争力。加快鸡婆婆养殖公司30万只蛋鸡标准化养殖示范项目建设，推进有机肥料加工、有机旱作杂粮种植、蛋鸡养殖全链条循环农业转型。加快推进红枣及杂粮区域公共品牌建设，研发适合市场需求的品种，拓宽营销渠道，做强做优"保德油枣""贡枣液""西府海棠"等品牌，持续提升产品美誉度。

在重点领域持续实施具有标志性的大项目。在传统产业节能低碳领域，推进苏晋保德煤电有限公司超临界发电厂低热值煤炭发电、神华保德煤矿为引领的绿色矿山建设、大宗固废综合利用及水泥制造技改等项目。在交通物流领域，推进万镕王家寨煤台集运站建设工程、兴保铁路煤炭集运复线工程、省道S249保德过境改线工程、国道G338保德过境改线工程等。积极开展三个示范项目建设。一是开展能源清洁高效利用示范建设，为县域经济增强竞争力提供支撑。二是开展大宗煤炭物流集散示范建设，为县域经济融入国内大循环提供条件。三是开展黄河流域生态保护示范建设，为山西建设黄河流域生态保护和高质量发展重要实验区提供实践经验。利用工作矩阵加快推进项目建设，明确每个项目的目标和标准体系、任务和举措体系、政策和制度体系。

加强生态保护修复。以钉钉子精神做好环境保护修复，重点实施以黄河干流生态修复为主的河道整治工程、以黄河流域小水网为主的水网建设工程、以腰庄乡坡耕地水土流失综合治理为主的土地整理工程，以梅花沟综合治理为主的地质灾害治理工程等。多措并举减少煤炭生产和运输中的污染。对照碳达峰碳中和目标要求，按照煤炭领域的实施方案，加快煤炭清洁高效利用。苏晋保德煤电厂区的燃煤主要从王家岭煤业通过皮带直接输送入厂，积极推进冯家川至孙家沟25公里长皮带运输走廊建设，减少煤炭运输过程的二次污染。推进兴保铁路建设，加快煤炭运输公路转铁路，减少运输污染。

加强黄河保德段治理。黄河从义门镇天桥村流入，冯家川乡冯家川村流出，干流总长63公里，河道蜿蜒曲折，河道过水断面差距较大，最宽处约0.6公里，最窄处仅0.26公里左右。汇入黄河的支流主要有：朱家川河、龙驼沟河、寺沟河、化树塔河、黑土峁河、武家沟河等。黄河滩区面积为56平方公里，其中，耕地2.198万亩，经济林0.773万亩。为科学合理利用黄河水，实施4座机电灌站工程，黄河铁匠铺至故城段、朱家川出口段、花园村至石圪垯农场等堤防工程，修建大型跨河铁路桥

1座，公路桥3座。

加强河道堤防安全管护。重点在黄河东关段和冯家川段、朱家川河杨家湾段，划分河道包保责任，加强堤防工程管理。实施日常巡查，对砂基堤段、穿堤建筑物、堤防险工险段等区域建立巡查台账。加强日常养护，通过平整、排水疏通、冲沟修复等措施保护河段堤防。做好应急处理，储备石料沙袋等抢险物资，在汛期加大巡查频次。加强河道堤防包保责任制落实情况的监督，及时制止涉堤违法违规问题。

巩固提升水环境质量。实施水生态保护修复，加强河流源头治理，在入黄主要支流城市段沿岸堤外50米进行植树种草，在河流两岸建设植被缓冲带和隔离带，探索恢复水生植物和土著鱼类，选择栽种亲水植物，因地制宜在污水处理厂出口建设人工湿地。加强水环境治理，改造提升城乡生活污水处理设施，推进雨污分流制排水管网改造，排查整治黑臭水体，加强工业集聚区污水处理设施建设，强化农业面源综合治理。加强水资源管控，实施朱家川河生态流量管理，分类实施地下水综合治理，推进工业、农业节水，发展循环性经济，积极创建节水型社会，推动雨水资源化利用。

做好黄河防洪工作。防洪的重点区域是城区段、林遮峪段、神山至冯家川段、柴家湾至寨沟段、花园村至石圪垯段等。制订黄河防洪预案，完善现有的防洪设施。定期开展防汛演练，完善黄河防洪督察机制。当洪水流量达到警戒流量以上时，及时组织查险、抢险、迁安、救护等工作。加强黄河沿岸地质灾害监测，制订山体滑坡等地质灾害预案，组织开展监测、勘查、治理、抢险等工作。

2.推进煤炭等大宗货物"公转铁"

为推进煤炭产业供给侧结构性改革，"十三五"期间保德每年煤炭去产能268万吨。加快煤炭智能化改造，逐步推广智能化煤矿装备。加强安全防范，将6座煤矿提升为煤矿安全生产标准化一级矿井。研发煤炭深加工技术，提高煤炭转换效率，促进由燃料向原料的转变。减少环境污染，鼓励企业向农村提供民用洁净煤（洁净煤的标准为：煤质硫份不得大于1%，灰分不得大于16%）。

大力推进煤炭等大宗货物"公转铁"。大量煤炭通过公路运输，会导致空气污染或破坏道路。与此同时，保德沿黄公路有许多运煤卡车，会带来输入性污染。加快由公路运输向铁路运输转变，可以降低能耗、提高效率，实现绿色环保运输。相比公路运输，铁路货运能耗是公路货运的七分之一左右，电气化铁路基本没有污染，内燃机车的污染排放是公路货运的十三分之一。我国推出多项"公转铁"等政策，采用更为环保的运输方式。铁路货运部门也积极改进服务质量，取消之前货运计划提报等手续，提供"站到门""门到门"的全过程服务。这些因素使得铁路运输的优势越发明显，并且能够改善周边环境。

我国积极推进矿石、焦炭等大宗货物"公转铁"。2017年，环保部等印发的《京津冀及周边地区2017年大气污染防治工作方案》中，提出9月底前，天津、河北及环渤海所有港口全面禁止接受柴油货车运输的煤炭。2018年，国务院印发的《打赢蓝天保卫战三年行动计划》，提出优化调整货物运输结构，大幅提升铁路货运比例。2018年，生态环境部提出2019年底前，京津冀及周边、长三角地区沿海港口的矿石、钢铁、焦炭等大宗货物全部改由铁路运输，禁止汽运集疏港。2018年，交通运输部提出到2020年底，京津冀及周边地区淘汰国三及以下营运中重型柴油货车100万辆以上。

山西积极落实公转铁政策。公转铁不仅有显著的经济效益，减低物流成本，提高物流效率，而且有显著的生态效益，减少环境污染，持续优化生态环境。作为能源大省的山西坚定不移落实落细公转铁政策，出台"公转铁"工作实施方案，积极承担起保障国家能源保供的任务。

引导运输向铁路转移。鼓励企业自建货场或公共物流园区，根据实际情况建设铁路专用线，提高位于城市建成区及城乡接合部的具有铁路专用线的大型工矿企业的铁路运输比例。加强柴油车污染治理，落实碳达峰碳中和山西行动，加快大宗货物运输结构调整。出省煤炭、焦炭基本上全部采用铁路运输。

加快铁路专用线建设。大宗货物年货运量150万吨以上的大型工矿企业原则上全部修建铁路专用线，做好与国铁相关车站接轨。提高钢铁、电解铝、电力、焦化等重点工业企业铁路专用线接入比例。有共同运输需求的企业可以采取共建铁路专用线，挖掘铁路专用线共用潜力。做好铁路专用线环保工作。晋煤集团加快专用铁路线建设，全力推动郑庄、东大专用铁路项目前期手续办理。晋煤集团铁路运输分公司的龙泉车站、寺河车站和长平车站与国铁相关车站接轨，实现产运无缝对接和"直通"运输。

为进一步落实公转铁政策，山西发展集装箱多式联运，打通"前后一公里"。中鼎物流园"以物流助产业、以产业兴物流"，成为中欧班列的便捷通道。2020年，开行中欧班列205列、发送16906标准箱，促进山西外向型经济发展。2020年3月24日，装载3072吨铝矾土的敞顶箱专列从大秦车务段秦皇岛东站驶向山西原平，标志着印尼至山西的海铁联运线路贯通。

3.保德加快落实公转铁政策的途径

为加快煤炭等大宗货物公转铁，保德采取以下措施：

改造提升铁路基础设施，优化升级公路货运模式及能力。促进铁路和公路融合发展，健全多式联运的运输体系。优化运输结构，提升运输效益，取得良好的经济效益和生态效益。

加快建设铁路专用线。要求大宗货物年货运量150万吨以上的大型工矿企业全部修建铁路专用线，重点煤矿企业全部接入铁路专用线。具有相似运输需求的企业之间可以采取共担风险、共享利润的方式共同修建铁路专用线，从而提升物流效率，降低物流成本。

提升铁路运输能力。鼓励铁路运营企业扩大干线铁路运能供给，加快新建货运铁路沿线战略装车点建设和铁路干线主要编组站设备设施改造扩能。科学合理规划运力，优化铁路运力，提升块煤、焦炭、化肥等散货集装箱比重，优先保障煤炭、矿石等大宗货物运力供给。鼓励运输企业增加集装箱平车和铁路集装箱保有量。支持铁路运输企业与大型工矿企业、物流园开展全流程合作，构建智能化物流网络。

拓展多式联运。支持企业进行多式联运运载单元、专用载运机具、快速转运设备等升级改造，加快公铁联运枢纽及通道建设。融入山西省多式联运服务平台，并与全国多式联运公共信息平台进行对接。运用5G、人工智能等科学技术，推进多式联运无缝衔接、高效运作。积极培育具有核心竞争力的多式联运经营人，打造若干级多式联运示范工程。

推进城市绿色货运。融入绿色货运配送网络，积极参与干支衔接型物流园区（货运枢纽）和城市配送网络节点及配送车辆停靠装卸配套设施建设。推进公共充电站和加气站建设，不断完善充电基础设施。在邮政、物流配送等领域推广使用新能源和清洁车辆。支持企业开展统一配送、共同配送等集约化运输组织模式。

（四）兴县——做大做强铝产业

兴县曾是国家级贫困县，于2020年"摘帽"。如今，兴县的关键任务是紧抓黄河流域生态保护和高质量发展、促进中部地区崛起等国家战略实施的契机，巩固拓展脱贫攻坚成果，加快发展制造业，优化本地区工业结构，提升工业实力。

1.兴县经济社会总体情况

兴县全面贯彻党的十九大和十九届系列全会精神，以及中央、省委、市委经济工作会议精神，统筹经济发展和疫情防控，稳字当头、稳中求进，持续实施"六大战略"，全方位推动高质量发展，建设"六个兴县"。

发展先进制造业。以提升产业核心竞争力为目标，以延链强链建群的方式加快发展铝产业。推进铝产业集群化发展，构建协同发展的上中下游，逐步形成以电解铝为基础、铝材深加工为主体的产业链条。加快制造业企业数字化转型，顺应数字经济发展趋势，推进设计、生产、营销、回收利用等全过程数字化改造，提升企业的智能化水平。推进制造业节能改造、低碳发展，优化生产流程，配置环保设备，实现生产清洁化、资源循环化利用。积极推进西安捷海清洁能源兴县天然气液化提氦制氢项目，加快发展新能源产业。

推进农业现代化。实施种业振兴行动，打造全国杂粮种业基地和杂粮示范基地。高度重视农业科技，主动赴中国农科院和首农食品集团洽谈合作事宜，并且邀请对方到兴县考察，建立合作机制，深化合作交流。积极发展智慧农业，根据人们对农产品的需求变化，调整种植结构和养殖结构，形成供需动态平衡匹配的局面。实施市场主体倍增工程，着力发展合作社、家庭农场等新型农业经营主体。培育壮大农业龙头企业，鼓励蔡家崖红土地农业科技发展有限公司进行农产品深加工，提升技术内涵，延伸农业产业链，增强企业核心竞争力。树立品牌意识，以过硬品质、适应需求打造一批产品品牌、企业品牌、国家级区域公共品牌等。

加快经济技术开发区建设。持续做大开发区规模，增强原有企业实力与引进具有引领性的企业相结合，培育一批"专精特新"企业。优化开发区结构，引进新材料、新能源汽车等战略性新兴产业领域的企业，培育壮大发展新动能，提升开发区的发展后劲。实施推进一批牵引性强、附加值高的优质项目，以健全的体制、优质的服务为项目全过程建设提供支撑，让项目主体专注建设，尽早投产，获得收益。持续优化营商环境，落实"承诺制+标准地+全代办"，打造"三无三可"①营商环境。

推进黄河流域生态保护修复。整治黄河沿岸私搭乱建、违章建筑，彻底清理黄河旅游公路、沿黄生态通道等地的生活垃圾和建筑垃圾，严厉打击黄河沿岸非法违法占地行为，持续提升黄河兴县段生态环境。推进畜禽养殖标准化升级改造，提升废弃物的减量化、循环化利用。有效利用优质生态产品，将生态与文化、旅游结合起来，充分挖掘沿黄村落地域特色和村庄文化，发展民宿经济，并将游览观光、文化体验、康体养生等功能融入其中。推进煤矸石堆场治理和煤矸石综合应用，整治煤矿及洗煤企业生态环境。

加强重点项目建设。加快推进兴县黄河流域生态保护和高质量发展项目，不断提升生态效益和经济水平。坚持以人民为本，推进"四场两园"等民生项目。实行县级领导"包联"制度，发挥重点项目工作专班作用，促进项目早日开工投产。围绕项目的立项、选址、环评、土地预审等环节，做好相关服务工作。

2.我国铝工业发展情况

铝是世界上产量和用量仅次于钢铁的金属，是重要的工业原料。铝具有高导电性、可塑性、耐腐蚀性等特性。在工业应用中，在纯铝中加入硅、铜、镁等形成的铝合金具有优良的特性，应用于航天航空、化工行业、电力行业等领域。

我国是世界上最大的氧化铝、电解铝生产国和消费国。经过多年发展，培育了中国中铝、云铝股份、南山铝业等重点企业，形成了铝土矿—氧化铝—原铝—铝合金产品的完整产业链。近年来，电解铝出现产能过剩。为推进资源合理集约利用，我国实施供给侧结构性改革，

---

① 即"无差别、无障碍、无后顾之忧""可预期、可信赖、可发展"。

严格落实产能置换，优化铝工业布局，铝行业取得明显效益。2021年，我国氧化铝、电解铝、铝材的产量平稳增长，分别为7748万吨、3850万吨、6105万吨，同比增长5%、4.8%、7.4%。铝工业相关产品进出口有增有减，铝废碎料、未锻轧铝等进口分别同比增长24.9%、19%，而铝土矿、氧化铝分别同比下降3.8%、12.6%，铝材出口同比增长17.9%。

我国重点铝工业企业

中国铝业股份有限公司（中国中铝）：是全球最大的氧化铝、精细氧化铝、电解铝、高纯铝和铝用阳极生产供应商，主要从事铝土矿资源勘探和开采，氧化铝、原铝、铝合金的生产和销售以及相关技术开发、技术服务等。

云南铝业股份有限公司（云铝股份）：是铸造铝合金锭行业国家标准的制定者。主要产品有水电铝、定制化高精化铝锭及铝材料，广泛应用于轨道交通、航空航天、国防军工等领域。经过多年发展，公司拥有铝土矿—氧化铝—炭素制品—铝冶炼—铝加工为一体的产业链，在全国铝产业领域具有相当大的影响力。

山东南山铝业股份有限公司（南山铝业）：主要从事氧化铝、电解铝、熔铸、铝型材/热轧—冷轧—箔轧/锻压、废铝回收（再生利用）等，并形成了完整的产业链。拥有国家级研发平台5个，其中，国家铝合金压力加工工程技术研究中心是行业唯一国家级工程技术研究中心。

3.山西铝产业发展状况

铝工业是山西的特色产业。山西的铝土矿储量和氧化铝产能位居全国前列。2021年，氧化铝产量为1959.5万吨，同比增长8.1%，原铝产量为101万吨，同比增长32.7%。

经过多年发展，山西充分利用铝土矿的资源禀赋，形成了氧化铝、电解铝、铝深加工较为完善的产业链。在上游开采环节，支持企业不断提升勘探和开采能力，开展煤铝共采。在中游冶炼环节，加强技术创新，降低电力成本比例。在下游深加工环节，深入了解市场需求，研发制造高品质的产品。

在产业链上游，主要有中铝山西新材料有限公司、山西华圣铝业有限公司、山西华兴铝业有限公司等。中铝山西新材料有限公司是山西铝工业的龙头企业，是山西第一家拥有"矿山—氧化铝—电解铝—铝加工"并配套自备发电机组的完整铝产业链的企业。截至目前，公司拥有氧化铝产能250万吨、电解铝产能42万吨、铝合金棒产能14万吨，并配备2台300兆瓦燃煤发电机组。山西华圣铝业有限公司是一家主要生产电解铝的企业，近年来，由于电价原因，将一部分产能转移至其他地方。

在产业链下游，相关企业有山西关圣铝业有限公司、山西博翔铝业有限公司等。这些公司主要生产铝板、铝带、铝棒、铝型材、铝合金法兰、铝合金锻件等附加值较低的产品。

山西铝工业虽然有一定的发展基础，但是距离铝工业强省仍有一段距离。在电解铝环节，虽有煤炭优势，但与水电大省云南、有自备电厂的内蒙古相比，没有电价优势，从而丧失了一些市场竞争力。在铝深加工环节，在关键核心技术领域的创新不够，无法生产附加值高的高品质超硬铝（应用于航空工业）、铝镁合金和铝硅合金（应用于船舶工业和钢铁行业）等。

4.兴县铝工业发展情况及对策

经过多年发展，兴县铝工业基本形成了氧化铝（再生铝）—电解铝—铝深加工—终端部件的相对完整的产业链。从产业链上游看，山西中铝华润的200万吨氧化铝、50万吨电解铝项目已经全部投产。从产业链下游看，正岸铝业、硕丰铝业、一禾稀土铝业根据市场需求及时创新，研发铝箔、铝片、铝镁合金等不同类型的铝产品。

为加快发展铝工业，兴县应当采取以下措施：

以铝全产业链发展思维，培育具有话语权的龙头企业和具有地区竞争力的铝产业集群，加快铝产业转型升级，推进铝产业集群化、绿色化发展，努力建设全国最具竞争力的铝镁新材料产业基地。

创新铝原料的利用方式。铝土矿资源有限，而在很长的一段时间里，铝仍是工业上的重要原料。这就要求我们要采取两种方式来推进铝产业的发展，一是树立绿色发展观念，节约使用铝土矿，可以从国外购买铝土矿；二是树立循环发展理念，回收废铝，熔炼出市场所需的铝产品。从长远看，回收利用废铝将是未来发展铝产业的主要方式。鼓励金地煤业和华润联盛通过"煤下铝"开采，一定程度上满足对铝土矿的需求。谋划建设二期50万吨电解铝项目，在产业链上游保持一定的竞争力。谋划布局再生铝项目，对于本地注册成立的废铝回收及加工利用企业，给予财政资金扶持。

加强铝产业链中关键核心技术的研发。充分利用现代科技，健全铝行业工业互联网，整合上下游企业的人才、技术等，攻克行业关键核心技术。支持铝工业的龙头企业牵头设立行业工程技术研究中心，或者以"揭榜挂帅"等方式向社会寻求解决方案。鼓励铝工业企业加快关键设备的数字化、智能化改造，优化生产工艺，推进清洁化生产。

推动铝深加工发展。推进苏州元泰15万吨高强度铝合金项目，积极引进华远国际科创、航天科技、中信戴卡等企业。鼓励电解铝生产企业与铝深加工企业合作，使用电解铝企业自备电厂的富余电量。由于电力成本占电解铝总成本的一半以上，鼓励铝工业企业参与电力大用户直接交易。

打造具有区域影响力的品牌。鼓励企业加强创新、提升质量，在电解铝环节，或是航天航空、船用行业、电力行业等铝深加工细分领域，构筑起专利技术优势，形成具有美誉度的品牌。鼓励企业积极争取制造业单项冠军、两化融合贯标示范企业等。

拓展国内外市场。鼓励铝工业企业参加广交会、上交会等展会，寻找合作机会，推广自身形象。支持铝工业企业在兴县举办有色金属行业年会、专场推介会、学术研讨会等活动，不断提升本地区铝行业的影响力。

（五）临县——打造晋陕黄河中游文旅融合发展的新样板

临县拥有丰富的历史文化资源，深入挖掘黄河山水风光、红色革命史迹、晋西古村古建等资源的内涵，以文彰旅、以旅促文，构建以碛口景区精品游、沿黄风光游、湫川红色游、三山康养游等为主的全域旅游格局，推进文化和旅游深度融合，建成晋陕黄河中游文旅融合发展的新样板。

1.临县经济社会总体情况

临县全面贯彻党的十九大和十九届系列全会精神，以及省、市党代会精神，以转型综改为统领，以改革创新为根本动力，实施"五化战略"，持续优化产业结构，构建创业创新生态，巩固拓展脱贫攻坚成果同乡村振兴有效衔接，推动临县经济社会高质量发展。

推进产业转型发展。鼓励企业应用现代科技赋能产业发展，加快庞庞塔矿"5G+工业互联网"智能煤矿建设。有序推进非常规天然气勘探开发，推动煤层气增储上产，促进山西能源结构转型。支持中澳煤层气能源有限公司开发项目、中石油煤层气有限责任公司和奥瑞安能源国际有限责任公司三交联合项目。

加快农业高质量发展。精选红枣、核桃等品种，延伸产业链条，打造区域品牌，提升干果的市场竞争力。成功举办中国·碛口第六届"枣儿红了"红枣旅游文化节，成功签约临县种养加生态循环、年出栏30万头生猪、佳泰农牧生态园建设等项目。加快生猪产业集群化项目建设，采取招商引资、自主发展、农户代养等三种发展模式，大力发展生猪产业。推进5000头奶牛养殖项目建设，逐步形成"草、牧、奶、肉"全产业链，打造具有世界先进水平的"高产、优质、高效、生态、安全"生鲜乳生产基地，推动奶牛产业高质量发展。加快年产2000万棒的标准化香菇菌棒生产项目建设，推进香菇产业高效发展。

加强生态保护修复。实施建制镇污水处理厂和农村生活污水治理工程，确保湫水河碛口断面水质稳定达标。进一步排查整治黄河流域生态环境问题暨河流"清四乱"，通过分块负责、联合执法、综合治理等方式抓实抓细。加快林家坪铁路专用线（铁路运营长度约6.75公里，设计运力550万吨/年）建设，通过"公转铁"，实现煤炭等大宗货物绿色运输。

发展具有影响力的服务业。依托临县碛口旅游品牌，加快创建碛口古镇国家AAAA级景区，进一步打响"如梦碛口"文旅品牌，主动融入黄河旅游板块，推进文化旅游融合发展。打造优质教育名片，着力办好人民满意教育。实施教育信息化工程、薄弱学校改造提升工程、标准化食堂建设工程等，改善办学条件。创新人事管理制度、绩效管理制度、教师提升制度等，调动教职工的积极性。重视职业技能培训，实施技能提升工程，不断擦亮"吕梁山护工"等品牌。

2. 临县丰富的文旅资源

临县积极推进文化产业与旅游产业融合发展，通过挖掘黄河文化和红色文化、加强景区景点建设等，初步形成了全域旅游格局。截至2022年1月，拥有国家AAAA级景区2个、国家级风景名胜区1个、全国重点文物保护单位5处、中国历史文化名镇1个、中国历史文化名村4个、中国传统村落13个等，还打造省级"黄河人家"6个，市级"黄河人家"5个。

临县的国家级、省级、市级景点

1.国家级

国家AAAA级景区：碛口景区、义居寺景区；国家级风景名胜区：碛口景区；全国红色旅游经典景区：中共中央西北局旧址、中央后委旧址、陕甘宁晋绥联防军旧址；全国重点文物保护单位：碛口古建筑群、中央后委机关旧址、陕甘宁晋绥联防军指挥部旧址、善庆寺、义居寺；中国历史文化名镇：碛口古镇；中国历史文化名村：西湾、李家山、孙家沟、前青塘；中国传统村落：碛口李家山、西湾、寨则山、寨则坪、尧昌里、白家山、垣上，招贤小塔则、渠家坡，林家坪南圪垛，三交孙家沟，安业前青塘，曲峪白道峪。

2.省级

"黄河人家"：临县碛口镇碛口客栈、临县碛口镇李家山村麒麟山庄、临县锦绣生态农业观光园、碛口同福客栈/碛口同福农家乐、临县碛口镇福顺德客栈、临县碛口镇祥元隆客栈。

3.市级

"黄河人家"：前青塘大鱼塘农家乐、临县碛口码头饭庄、丛罗峪乔头堡酒店、临县碛口李大爷民宿窑洞、临县七星泉小镇田园综合体专业合作社/七星泉客栈。

3.讲好临县"黄河故事"

黄河是中华民族的母亲河,养育了一代代中华儿女。在临县,从碛口、西湾村、秦晋黄河大峡谷碛口段、黑龙庙等,我们仍可了解过去的一些情况,继承发扬优秀文化。

了解碛口历史,便可知晓其在明清时期的商贸情况。碛口具有悠久的历史,兴起于清代乾隆年间,是中国北方著名的商贸重镇。陕甘宁等地的皮毛、粮油等,以及太原等地的茶叶、绸缎、陶瓷等,通过碛口转运。碛口鼎盛时期,每日曾有500多只木船往返其间,在当地还养有500多峰骆驼。为了更好地传承黄河文化、红色历史等,山西于2003年将碛口设立为风景名胜旅游区,主要包括碛口古镇、黄河大同碛、毛主席东渡黄河纪念碑、黄河峡谷天然石雕、黑龙庙、西湾、李家山等。临县积极完善景区基础设施,健全景区管理机制,力争将碛口景区打造成为黄河文化特色旅游目的地。

了解西湾村,便可知晓当时一些建筑文化。西湾村是首批中国历史文化名村之一,是由明朝末年巨贾陈家家属宿舍发展而来。西湾民居建筑一定程度上反映出我国传统文化。长约250米、宽约120米的民居群选择在背山面水、避风向阳的地方修建,符合"万物负阴而抱阳,冲气以为和"的原则。民居群是一个封闭的城堡式空间,只在南面留了三座大门,这是我国当时天人合一思想的体现。二道门、议事厅精致的砖雕、木雕展现了当时陈家雄厚的财富和较高的社会地位。当时所建的道路网络和排水系统,在今天仍能发挥其作用,凸显了当时高超的建筑艺术。

看看秦晋黄河大峡谷碛口段,便可了解黄河两岸的部分演变。碛口段是从碛口张家山古商道至克虎镇的70多公里的峡谷,有天然岩画、岩雕、古渡、码头、沙滩等,是我国目前规模最大的黄河风情游基地。碛口段主要有:水蚀浮雕、麒麟滩、海枯石烂等。水蚀浮雕位于碛口溯黄河北上20公里处,主要以浮雕、石雕、缕雕为主,是千万年自然形成的具有观赏价值的天然浮雕画廊。麒麟滩位于李家山村的山脚下，不仅拥有经过河水无数次冲洗过的细软沙滩，而且还有罗锅石、乾隆石等构成的黄河彩石滩。

游览黑龙庙，便可知道之前人们的一些精神生活。黑龙庙位于碛口镇卧虎山，始建于明代，至今已有300余年，最近一次修缮是1990年。黑龙庙主要由正殿、乐楼、山门、两耳殿、东西配殿、廊房等建筑构成，主要供奉黑龙、河伯、风伯、关圣帝等，用来保佑往来碛口的船只平安，商家生意兴隆，人民身体健康。站在黑龙庙门前，便可远眺黄河，俯瞰碛口全貌，又可以看到湫水蜿蜒曲折。

4.推进文旅深度融合发展的路径

在摸清文化旅游资源的基础上，临县要深入了解和准确把握文化旅游产业发展趋势，完善文旅基础设施及相关配套，加强文旅品牌建设，丰富文旅业态，推动文旅深度融合，不断提升临县的知名度美誉度。

做好文旅整体规划。科学编制临县全域旅游总体规划，做到文旅发展"一盘棋"。做好与山西省黄河流域生态保护和高质量发展规划的对接，共同打造沿黄生态带。积极加大与黄河对岸的沟通协作，以黄河为载体加强文化旅游资源共享，实现互利共赢。持续加大文化产业和旅游事业发展专项资金投入，推进文化旅游深度融合。持续开展碛口古镇、岩画等的研究，挖掘其中蕴藏的文化故事。加强历史文化名镇、传统村落等保护修复，让人们深刻了解其中的历史故事。

积极创作文艺作品。实施文艺作品质量提升工程，持续提升临县黄河文化、红色文化的影响力。实施舞台艺术精品创作、当代文学艺术创作等重大工程，打造更多思想精深、制作精良的精品力作。完善公共文化服务目录，促进公共文化服务标准化均等化发展。深化群众文化惠民工程，打造群众文化活动品牌。

加强文旅基础设施建设。充分利用5G、人工智能等科学技术，将文物遗址、景区景点等实体与数字虚拟相结合，推进文旅基础设施的数字化建设。有序推进建设大武至碛口高速公路、离石至碛口高等级公路等建设，形成贯通各景点的全域旅游公路网。全面提升集散中心、旅游厕所、民宿酒店等的标准和质量，打造安全便捷的旅游服务基础设施。鼓励社会积极参与文旅产业，打造具有临县特色的"黄河人家"。

推进精品景区景点建设。以创建ＡＡＡＡＡ级景区为目标，完善碛口服务设施，尤其是数字化旅游基础设施，持续打造碛口景区，提升"碛口"旅游品牌。加快创建义居寺ＡＡＡＡ级景区，鼓励更多景点申请星级景区。大力打造"黄河人家"，提升当地人民的收入水平。突出黄河特色，布局"河声岳色""黄河飞渡"等特色旅游景点。结合本地文化，积极打造大度山观光、紫金山康养、汉高山民俗体验"三山"旅游景点。

推动文旅深度融合。依托中共中央西北局旧址、中央后委旧址、陕甘宁晋绥联防军指挥部旧址等红色遗址，开展爱国主义教育。科学保护和合理开发西湾、李家山等中国历史文化名村和尧昌里、寨则山等中国传统村落，深入挖掘名村和村落的历史底蕴。推进创意街区、文化小镇等建设，打造一批动漫文化产业园或健康文化产业园等。持续优化黄河文化、红色文化、康养佳地等精品线路，深化文旅与康养深度融合。

加大文旅宣传力度。分类整合临县文旅资源，积极参加中国国际文化旅游节、山西文化产业博览交易会等，办好中国碛口红枣旅游文化节、黄河文化艺术节、碛口晋商大会等，扩大临县文旅的影响力。适度培育非遗文化、红色文化等会展业态，吸引国内外知名会展品牌在本地办展。整合电视、广播、网络等媒体资源，完善以传统媒介和新型媒介相结合的宣传体系。将碛口风景名胜区、中共中央西北局旧址等资源整合"打包"，举办全域旅游推介活动。

（六）柳林——加快发展新材料产业

柳林是沿黄县中的工业强县。煤炭开采和洗选业、有色金属冶炼和压延业等重点行业将在一段时期内发挥"压舱石"的作用。与此同时，围绕"六新"，加快培育战略性新兴产业，应对碳达峰碳中和的挑战，推进工业转型发展，着力构建现代产业体系，加速新旧动能转换，推动柳林持续健康发展。

1.柳林经济社会总体情况

柳林深入贯彻党的十九大和十九届系列全会精神，落实省、市党代会要求，加快现代产业体系构建、城镇化建设等重点任务，全方位推动高质量发展。

加快工业转型发展。支持山西焦煤华晋焦煤沙曲煤矿推进绿色智能开采，积极探索保水开采、矿石返井、无煤柱开采等技术，加快煤炭分质分级梯级利用。积极引进战略性新兴产业项目，推进吕梁柳林高新技术园区、铝循环工业园区、高红循环经济示范区等建设。发展风电、光电等新能源，加快煤成气增储上产，优化能源结构。

推动农业高质量发展。稳定粮食供应，优化产业布局，处理好稳粮保供和特色产业发展的关系。着力打赢种业翻身仗，增强在农业发展中的话语权。积极发展有机旱作农业，建设有机旱作创新示范区。推进农产品精深加工，提升农产品附加值。在特色种植业上下功夫，重点实施核桃高接换优、红枣振兴等项目。在优质设施农业和高效养殖业上下功夫，发展设施木耳和湖羊肉牛养殖。稳步推进农村土地制度、农村集体产权制度等改革。提供入企进村服务，帮助企业和行政村解决实际问题。

积极推进市场主体倍增工程。通过尊重市场规律、分类施策、优化环境等措施，开展市场主体建设年活动。尊重培育壮大企业发展的客观规律，充分发挥企业在市场中的主体地位，在优胜劣汰中成长壮大。

在工业领域，主要培育"专精特新"企业、上市企业等，要在关键领域的核心技术上久久为功，树立起技术优势。在农业领域，主要培育家庭农场、农民合作社等，注重在增加市场主体数量的过程中，重视市场主体质的提升。在服务业领域，主要培育现代金融、保险、物流等企业，重点推动生产性服务业专业化发展，有力推动工业和农业高质量发展。持续实施国企改革，提升企业市场竞争力。鼓励支持民营经济发展，激发社会活力。

全方位加强生态保护修复。坚持生态优先、保护优先原则，一体化推进治山治水治气治城。推进三川河水环境污染排查整治工作，加强水质的日常监测，强化沿河禽养殖场管理，排查整治入河排污口，进行雨污分流改造等。持续开展国土绿化行动，大力推广节水抗旱造林，有序推进造林绿化、土地复垦等。推进中部引黄柳林县域小水网配套工程建设。系统、分类治理农业面源污染，全面推进垃圾分类工作。实施城乡建设绿色低碳发展行动，创建绿色社区、推广绿色建筑、构建绿色交通。

做好新型城镇化建设。加快209国道改线、离柳快速路等工程建设，推进离柳中方城镇组群发展，推进307国道城区段改线、黄河一号旅游公路、采煤沉陷区治理项目配套设施等项目建设，完善城乡基础设施。实施拆墙透绿、见缝插绿等措施，建设"小微绿地""口袋公园"。搭建完善柳林县智慧城管平台，推进城市精细化管理。

优化营商环境。大幅放宽市场准入，落实减税降费等政策，打造双创基地、网络流量平台、检验检测平台等。聚焦产业转型、基础设施等领域做好重点项目储备工作，通过项目建设"三个一批"活动，有序高效推进项目建设。加强项目评估，进行大起底、大会战、大评比，把项目建设纳入各部门年终责任制考核专项考核内容。

2.我国新材料产业发展

新材料产业是基础性、先导性产业。加快培育新材料产业是建设全球先进制造业基地的内在要求，是保障我国产业链供应链稳定的关键环节。经过多年发展，我国新材料产业的规模不断壮大，技术水平持续提升，产品品质逐步增强，形成了包括研发、设计、生产和应用，品种门类较为齐全的产业体系。

新材料产业

新材料产业包括先进钢铁材料、先进有色金属材料、先进石化化工新材料、先进无机非金属材料、高性能纤维及制品和复合材料、前沿新材料、新材料相关服务7大领域，涵盖新材料研发与设计服务、金属增材制造、专用材料制造、新型铝合金制造等166个子类。

我国新材料产业取得明显成效，但是与发达国家仍有一定差距，主要表现在：缺乏基础研究，新材料研究开发能力薄弱；与市场需求结合不紧，未能坚持问题导向；缺乏科学统一规划和有效的政策引导；过度依赖国外品质较高的新材料产品，忽视自力更生、勇于突破。

我国实施新材料创新能力建设工程和各类新材料发展工程，重点发展特种金属功能材料、先进高分子材料、高性能复合材料、高端金属结构材料、新型无机非金属材料、前沿新材料等。

开展资源综合利用是我国深入实施可持续发展战略的重要内容。2021年印发的《关于"十四五"大宗固体废弃物综合利用的指导意见》提出：实施资源高效利用行动，突破大宗固废处理技术瓶颈，健全大宗固废处理政策与制度，推动大宗固废综合利用绿色发展和创新发展，提升大宗固废利用水平。

大力发展循环经济是促进生态文明建设的有效路径。2021年印发的《"十四五"循环经济发展规划》提出：实施大宗固废综合利用示范工程、循环经济关键技术与装备创新工程，建设50个大宗固废综合利用基地。

3.山西新材料产业发展情况

山西新材料产业发展规模逐步扩大，一些关键核心技术取得突破，创新平台持续增加，形成了产业集聚发展的态势。规上企业达150家以上，第三代半导体碳化硅单晶衬底材料的国内市场占有率第一。技术创新加快，突破了国产T800级碳纤维关键制备技术、宽幅超薄不锈精密带钢关键工艺技术、PBAT生物降解塑料和改性塑料技术等。拥有国家级重点实验室、国家级企业技术中心、省级创新平台等90多个。形成了以朔州、大同为中心的高端碳材料基地，以临汾、运城为中心的先进金属材料基地，以长治、晋城为中心的半导体材料基地。

山西新材料产业取得一定成效，但是仍存在研发实力不足、产品结构不尽合理、产业链较短等问题。我们要勇于面对问题，采取培育市场主体、构建新材料创新平台等措施来重点发展碳基新材料、生物基新材料等，提升本地区新材料产业的核心竞争力。

加快发展碳基新材料。加强关键核心技术创新，突破碳基合成新材料和高端炭材料制备技术。延长高熔点费托蜡、聚烯烃、高碳醇、无芳溶剂油等碳基合成新材料的产业链，发展可降解塑料、PPE工程塑料等新型高分子材料。延长焦化产品链条，研发制备人造石墨、高性能沥青基球形活性炭等。探索煤基炭材料制备新路径，研发制造高性能煤基多空炭、煤基石墨烯等材料。延伸煤焦油、焦化苯深加工产业链，生产附加值高的己内酰胺、炭黑等产品。

加快发展半导体材料。以中电科（山西）电子信息科技创新产业园等园区为重点，重点发展碳化硅、碳化硅外延片、专用装备制造等，打造国内最大的碳化硅衬底材料供应基地。重点发展紫外LED外延芯片等蓝宝石、图形化蓝宝石衬底及外延片等，加快建设中科潞安年产3亿颗紫外LED芯片项目、日昌晶高品质蓝宝石长晶及晶体加工项目等。发展磷化铟晶片及外延片、短波红外芯片等磷化铟新材料，研制滤波器模

七

山西沿黄县重点问题研究

组芯片、射频放大器芯片等产品。

4.柳林工业发展情况

柳林以习近平新时代中国特色社会主义思想为指引，贯彻省、市经济工作会议精神，聚力补短板、解难题、惠民生、抓落实"四大攻势"，统筹疫情防控和经济发展，取得显著成效。2020年，柳林地区生产总值 220.5 亿元，同比增长4.3%。其中，规上工业增加值同比增长5.7%。

2020年，规上工业发展略好于本地区整体经济。增加值增速高于地区生产总值增速1.4个百分点。从轻重工业看，规上工业全部是重工业。从行业看，煤炭开采和洗选业是柳林的主导产业，其增加值占规上工业增加值的93.8%。从规上企业数看，同比增加8家，达到48家。从营业收入看，采矿业占比达83.1%，而制造业仅占11.9%。从利税总额和利润总额看，分别同比下降13%、19%。从主要工业产品产量看，原煤、焦炭、氧化铝等产量呈增长态势，分别增长15.7%、14.6%、8.0%，而发电量、水泥等产量则出现下降，降幅分别为21.3%、1.9%。

柳林经济仍以煤炭开采和洗选业为主，新兴产业培育不足，还要面对碳达峰碳中和的目标任务，经济转型任务依然艰巨。保持经济持续健康发展，要处理好发展传统产业和新兴产业的关系。对于传统产业，实施创新驱动战略，推动煤炭产业延链强链，加快由燃料向原料的转化。对于新兴产业，实施换道领跑战略，培育新材料或高端装备等产业，培育壮大发展新动能。

柳林可以利用大宗能源固废排放量大的特点，鼓励企业创新发展，加强粉煤灰、煤矸石、尾矿等固废的综合利用技术创新，优化生产流程，发展固废新材料，研发制造新型装配式建筑配件、填垫材料、化工等工业原料。加强固废管理，减少废弃物排放，推进固废减量化、循环化利用，积极申请国家大宗固废综合利用基地建设试点，取得经济、生态、社会多重效益。

5.加快发展新材料产业

加快发展固废基新材料产业。坚持减量化、循环化利用原则，适度推出固废轻质板材、装配式PC构件、绿色生态砂、陶粒混凝土等先导项目制品，循序渐进"变废为宝"。加快建设固废基新材料产业基地，基地建设项目被列为全国27个环境污染第三方治理试点方案之一。将固废基地建设作为能源革命试点示范的主要内容之一，探索固废资源产业化、高值化的新模式。

加快发展碳基新材料产业。主动与山西大学、中科院山西煤化所等高校、科研机构加强合作，加强碳基新材料关键核心技术创新。加强技术创新，向产业链附加值高端发展，制备高性能沥青基碳纤维等高附加值碳基材料。拓展新型煤基碳材料制备新路径，开发多孔碳、低成本高性能煤基电容炭、低成本煤基石墨烯等前沿煤基新型碳材料。

加快发展钙基新材料产业。推进特种纳米碳酸钙及复合钛白粉项目建设，提高石灰石资源利用水平。持续攻克关键技术，优化工艺流程，金恒建材有限公司在生产特种纳米碳酸钙及新型复合钛白粉过程中，可以做到基本无废水排放，所产生废渣只有传统方法的25%。

积极培育引进新材料企业。实施市场主体倍增工程，有计划有步骤培育碳基、固废基新材料企业。鼓励企业间组织联盟式创新，重点攻关本行业的关键核心技术。大力招商引资，举办新材料产业基地建设投资恳谈会、新材料发展趋势的研讨会等。2022年5月，柳林邀请三梁环境科技（山西）有限公司、中科盛联（北京）环保科技有限公司、北京金投清蓝环境科技有限公司等企业和新材料行业协会进行考察。在考察座谈会上，柳林县委书记介绍了本地的自然资源禀赋和经济社会发展情况，通过制定《柳林县固废基新材料产业基地产业链建设方案》，为每个项目提供专门团队全天候服务等措施，鼓励新材料企业投资建设，推进固废基新材料产业基地建设。

（七）石楼——大力发展特优农业

农业是国民经济的基础。习近平总书记在2020年12月的中央农村工作会议上指出："从世界百年未有之大变局看，稳住农业基本盘、守好'三农'基础是应变局、开新局的'压舱石'。"我们要高度重视农业发展，提升农业科技，提高农业效率，将饭碗牢牢掌握在自己手中。石楼以农业为主，70%左右的人从事农业，发展好农业对于保障民生、促进石楼经济稳步发展都至关重要。

1.石楼经济社会总体情况

石楼县贯彻各级经济工作会议精神，锚定目标、苦干实干，聚焦转型升级、乡村振兴、基础设施、生态环境、民生事业等领域，扎实推进重点工程，为经济社会发展分别提供驱动力、凝聚力、支撑力、承载力、牵引力，推进工业尤其是制造业转型升级，以工业的高质量增长推动经济社会的稳步提升，全方位推动石楼高质量发展。

凝心聚力发展工业。工业是石楼经济的"短板"，要千方百计地规划好、实施好工业高质量发展路径。加快碳基新材料低碳循环产业园建设，以园区为载体引进具有牵引性的重大项目。紧抓非常规天然气综合改革试点政策机遇，加快推动天然气增储上产。

加快农业现代化建设。实施农业产业化"168"工程〔"1"即启动现代农业园区的规划编制，"6"即配套生猪、肉（奶）牛、设施农业、金鸡、红枣核桃、中药材六大产业园区，"8"即打造小杂粮、中药材、红枣、核桃、大田蔬菜、土豆、沙滩红薯、蜜蜂等八大产业基地〕，持续增强农业核心竞争力。推进高标准农田建设，提升粮食生产效率和品质。实施品牌强农行动计划，打造"塬谷石楼"品牌。推广农业生产托管服务等促进农户与社会化大生产相结合的模式，提升农产品生产效率，形成高水平动态平衡态势。深化农村集体产权制度改革，提升农民财产性收入。

大力弘扬黄河文化。加强东征文化园、黄河奇湾旅游度假区等建设，挖掘东征中的重要事件，传承东征精神，推进红色文化、黄河文化和全域旅游深度融合发展。整合石楼文旅资源，打造黄河旅游板块石楼旅游目的地。

进一步加强生态保护修复。推进屈产河生态保护修复，实施全方位水质监测，及时发现问题，采取针对性措施。加强河道治理，完善管理维护运行机制。推进雨污分流管网建设工程，降低污水处理厂的压力。严格落实河长制，按照制度推进断面水质持续改善。

加快新型城镇化建设。科学编制、有序实施国土空间总体规划，打造宜居宜业宜游的唯美县城。实施县城"南延、北扩、东进"工程，合理规划生产、生活、生态空间，形成产城融合的良性互动。弘扬黄河文化、青铜文化，打造更有温度、愈加温馨的文明县城。规划建设一批生态走廊、景观公园、绿色通道等，创建省级园林县城。着力推进老旧小区改造，持续整治交通秩序，实施精细精致管理，打造宜居县城。

坚决打赢营商环境优化"攻坚战"。深化"放管服"改革，扩大告知承诺制审批事项范围。推进数字化办理，提升政府服务效率。持续开展涉企收费专项清查整治，严格落实减税降费政策。推行"一件事一次办"全覆盖，提升市场主体的办事满意度。按照"三无三可"要求，着力打造市场化、法治化的营商环境。

2.山西农业发展状况

山西高度重视农业，坚持发展"特""优"农业，构建现代农业产业体系、生产体系、经营体系，推进农业现代化。与此同时，深化农村改革，完善农村工作领导体制机制，扎实推进乡村振兴战略。

山西农业稳步发展，部分重点农作物产量、种植面积，猪牛羊禽肉产量都呈现增长态势。2021年，粮食产量达142.1亿千克，是历史第二高产年。小麦、油料、蔬菜及食用菌等产量分别同比增长2.9%、8.0%、13.4%。农作物种植面积358.80万公顷，同比增加4.65万公顷。其中，粮食、蔬菜等主要农作物种植面积分别增加2.01万公顷、2.72万公顷。玉米、小麦等主要粮食种植面积分别增加3.03万公顷、0.10万公顷。猪牛羊禽肉产量134.4万吨，同比增长32.3%，其中，猪肉、牛肉、羊肉、禽肉等产量分别同比增长40.8%、21.7%、21.0%、16.5%。

实施藏粮于地、藏粮于技战略。推进高标准农田建设，改造大中型灌区基础设施。积极发展温室大棚等高效设施农业，促进农业生产由粗放型向集约型发展。实施种业行动计划，加快山西杂粮优质种业基地建设。发展有机旱作农业，推进农机配套融合、农机继承创新等，创建国家有机旱作农业科研和生产试验区。

深入实施三大省级战略。以三大省级战略引领农业转型发展全局，打造山西特优农业。一是高水平建设山西农谷，加快五大基地建设，打造全国现代农业创新高地、产业高地和农村改革先行区。二是推进雁门关农牧交错带示范区建设，实施六大工程，打造北方农牧交错带结构优化样板区。三是加快运城水果出口平台建设，扩大出口品种和规模，构建全产业链智慧果业平台，建成全国重要的绿色果品生产出口基地。

培育农产品精深加工产业集群。瞄准农产品市场需求，结合山西特色农产品，积极打造酿品、饮品、乳品、肉制品、果品、主食糕品、保健食品、功能食品、中医药品、化妆品等十大产业集群。利用工业化的技术、资金等提升农产品精深加工的智能化程度，提高生产效益。实施市场主体倍增工程，鼓励家庭农场、农民合作社等新型农业组织专业化发展。培育引进农产品精深加工龙头企业，探索"农户+合作社+企业""农户+合作社+村级集体经济"等模式，打造协同发展的农产品精深加工产业集群。

深化农村重点改革。推进农村土地的市场化配置，形成统一有效的土地市场。落实农村承包地所有权、承包权、经营权"三权分置"制度。推进农村宅基地制度改革，盘活闲置宅基地。推广农业生产托管服务，有效解决农户小生产与社会化大需求的矛盾。进一步推进农村集体产权制度改革，探索以资定股、村村（企）联合、抱团发展等模式，加强农村集体资产监管。

3.石楼农业发展状况

石楼贯彻落实中央、省委、市委农业农村工作会议精神，巩固拓展脱贫攻坚成果同乡村振兴有效衔接，持续推进高标准农田建设、种业振兴计划、农业农村改革等，推动农业高质量发展。

石楼高度重视农业。加快农业发展是提升本地区人民生活水平的主要途径。多年来，石楼改造提升农业基础设施、发展有机旱作农业，加快现代农业建设。2020年，地区生产总值17.4亿元，其中，第一产业增加值为4.7亿元，占比达27.0%。

稳定粮食播种面积，遏制耕地"非农化"。持续推进高标准农田建设，提升农业生产力。落实粮食最低收购价政策，实施农产品保险制度，保障农民的生产积极性。加强农作物病虫害防治，及时发现、专业化处置影响玉米、高粱生长的二代黏虫、玉米螟等虫害。做好新型职业农民培训，提升农民素质。

推进农业基地化、园区化发展。加快小杂粮基地建设，推进田家山、龙交兴东垣、裴沟马家山、车家坡等谷子种植基地和龙交黑龙沟、义牒褚家峪等高粱种植基地建设。推进曹家垣20万头生猪育肥基地，推进生猪现代化养殖步伐。建设农产品加工园区，将园区打造为农业产业集群发展的主阵地。

培育各类农业经营主体。鼓励每个乡镇打造一定数量的规范性农业合作社、家庭农场等经营主体。支持树德、东瑞等本地农业企业加大创新，延长加工链，提高农产品的附加值。拓宽农产品销售渠道。利用快手、抖音等平台，构建电子商务体系，线上和线下相结合，促进农产品销售。积极打造乡村e镇，着力培育乡村主导产业，发展具有影响力的电商企业，健全电商公共服务体系。

设立专业投资机构推进农业发展。整合农业资源，提升农业发展效率，石楼于2021年9月成立国有独资公司——农业发展投资集团有限公司。公司主要从事农业、农经、农机领域的规划设计、科技推广、产业发展、品牌打造，以及相关项目投资和经营管理，包括高标准农田建设、现代农业示范园区建设、饲料加工、肉产品加工、新农村建设等。

深化农业农村改革。完成农村集体资产股份权能改革，促进村集体经济发展。深化农技、农经、农机"三支队伍"改革，不断培育专业化农业人才。推进农业生产托管，以社会化的专业生产技术提升农业生产效率。

4.加快石楼农业发展的建议

石楼面向社会对农业的新需求，结合本地区农业发展的实际，加快推进乡村振兴战略，深化农业供给侧结构性改革，以园区建设为载体，培育农产品精深加工产业集群，发展特色农业，打造品牌农产品，不断提升本地区农业的市场竞争力。

发展特色农业。加强高标准农田建设，推进有机旱作农业发展，扩大有机农产品基地。大力发展设施农业，积极推广渗水地膜穴播等现代农业技术。加强农产品市场预测，推出适应市场所需的荞麦、藜麦等小杂粮。积极推进小杂粮种业行动，研发适合本地区的品种。

加快现代农业园区建设。加快编制并实施现代农业园区规划。优化农业园区布局，着力配套设施农业、生猪、肉（奶）牛、金鸡、红枣核桃、中药材六大园区。打造小杂粮、核桃、土豆、沙滩红薯、大田蔬菜、红枣、中药材、蜜蜂等产业基地。大力发展智慧农业，一方面利用土壤温湿度传感器、智能摄像机等设备，推进种植过程的可视化、远程化，另一方面配置自动化水帘、自动化饲喂系统等设备，实现养殖的自动化、标准化管理。

培育农产品精深加工产业集群。延长小杂粮等产业链，提升农产品就地加工转化率。培育引进科技含量高的农业龙头企业，鼓励龙头企业带动配套企业，延长产业链，推动加工业向全产业链发展。推进农产品节能干燥、新型杀菌、清洁生产等技术升级，改善初级农副产品储藏、烘干、清选分级等设施装备条件，不断提升产品附加值。聚焦小杂粮加工，组建招商专班，引进优势企业和高质量项目。

大力开展农业生产托管服务。根据农户实际需求，积极探索从种到收"保姆式"全托管、"菜单式"半托管模式。借鉴屯留模式、洪洞模式、万荣模式等的优点，选择适合石楼的托管模式。石楼县龙交乡田家山村根据谷子种植的实际情况，探索的"托管+旱作"大农业运作模式取得显著成效。为保障服务质量，严格执行山西制定的《农业生产托管服务标准》。加强对服务主体的服务质量、服务价格、补助标准等进行监管，促进服务主体持续提高农业生产技术水平。

打造品牌农业。推进小杂粮质量标准体系建设，全方位打造"塬谷石楼"区域公用品牌。实施标准化、清洁化养殖，推进"银狐""金鸡""吕梁山猪"等现代养殖业。培育安全、优质的农产品，加工健康、营养的农副产品，推进农业生态化发展。系统化改造农产品的种植、加工等过程，促进农业集约化发展。在农业全产业链中，主动导入现代资本运营理念和模式，推进农业稳步持续发展。

持续深化农村重点改革。深化农村土地制度改革，扎实推进第二轮土地承包经营权到期后再延长30年工作。推进农村集体经营性建设用地入市，盘活土地资源。严格农村宅基地管理，加强对乡镇宅基地审批管理指导。巩固拓展农村集体产权制度改革成果，探索集中经营、以资定股等模式。市场化改造农技、农经、农机"三支队伍"，分步推进各层级改革任务。

（八）永和——加快发展文旅产业

永和曾是国家级贫困县，经济实力相对较弱。经过艰苦奋斗、不懈努力，于2020年2月摘掉贫困县的"帽子"。为了巩固拓展脱贫攻坚成果和加快经济发展步伐，永和积极发展文旅产业，力争将其打造为经济发展的支柱产业，进而推动永和全方位高质量发展。

1.永和经济社会总体情况

永和县加快县域经济转型升级，加强生态环境保护修复，巩固拓展脱贫攻坚成果同乡村振兴有效衔接，努力建设黄河流域生态治理保护"样板县"、有机旱作特色农业"示范县"、全省新型能源工业"领跑县"、文旅产业融合发展"品牌县"，奋力蹚出高质量转型发展永和新路。

做强做优能源经济。推动煤成气产业稳步发展，优化能源结构。扩大能源领域有效投资，加快重点项目建设。培育壮大新材料、高端装备制造等新兴产业，以数字化、集群化推进产业蓬勃发展。在资金、项目等方面倾斜支持，推动产业集聚区提质增速。加强经济运行监测，做好土地、规划、环评等项目前期准备。

加快农业现代化。推进高标准农田建设，激发农业生产力。总结推广桑壁镇桑壁村农业生产托管示范点的经验，为临汾市提供农业生产托管"永和样板"。大力实施有机旱作农业，以技术创新提升农业生产力，保障粮食稳产增收。推动养羊全产业链发展，提高养殖效益。

推进文化产业与旅游产业深度融合。积极创建乾坤湾AAAA级景区，建设黄河旅游板块核心景区。稳步推进沿黄旅游公路整体建设，加快蛇曲地质博物馆提升工程、黄河国家健身步道等建设。挖掘文旅资源内涵，以文彰旅、以旅兴文，推动乡村振兴。丰富旅游推介形式，既与黄河对岸的延川县加强合作共享资源，互通信息，互送客源，又积极走出去，展示形象，签订项目。2022年7月12日，在天津成功举办招商引资推介暨区域公共品牌"永和乾坤湾"发布会。在会上，签订天然气产业、现代农业、文旅融合等领域共10个项目。

加强生态保护修复。开展国土绿化行动，实施黄河流域永和段的生态治理项目，提升生态承载力。深入推进污染防治，开展挥发性有机物和扬尘、工业炉窑、散煤治理等专项整治，推进钢铁、焦化等行业的超低排放改造。持续开展芝河、桑壁河等流域综合治理，推进城市生活污水全收集、农村面源污染整治全覆盖，提升河流的水生态。强力推进粪污排放、污水直排、"四乱"清理等整治工作，确保入黄断面水质达标。分级分类加大土壤保护修复，减少耕地的化肥、农药施用量。实施重点工业行业企业用地调查，加快污染耕地的治理修复等。以减量化、无害化的原则，开展固体废物防治。实施河长制和林长制，不断提升河流水质和森林覆盖率。创建绿色低碳生活，倡导绿色消费，开展绿色社区、绿色商场创建活动。加快新型城镇化建设，打造生态优美、产业兴旺的特色山城。

2.山西文旅产业发展状况

山西应当整合利用丰富的自然、历史文化资源，以文化推进旅游发展，以旅游推广山西特色文化，促进文化旅游深度融合，启动山西文旅产业融合发展示范区创建，积极创建国家全域旅游示范省，推动文旅产业高质量发展。

截至目前，山西拥有ＡＡＡＡＡ级旅游景区9个，ＡＡＡＡ级旅游景区160个，不可移动文物53875处。在不可移动文物中，全国重点文物保护单位531处，省级文物保护单位779处。

实施国家战略对接工程。开展黄河国家文化公园建设，将黄河流域重点景区景点有机衔接起来。建设中华长城博物馆，打造长城文物保护利用样板区。实施国家太行山旅游规划，完善旅游基础设施建设，为游客提供智能化的贴心服务。

打造中国文化传承弘扬展示示范区。打造一批思想精深、制作精良的原创精品力作。实施工艺美术振兴计划，支持具有发展前景的传统工艺项目，鼓励工艺美术集群发展。将山西特色与时代特征有机结合起来，打造具有晋风晋韵的"山西礼物"文创产品。鼓励文创企业加强创新，推出一批原创动漫作品和品牌。

实施A级景区倍增计划。支持自然文化景区、博物馆、纪念馆、地质公园、矿山公园发挥自身特色、挖掘内涵，对标A级景区建设标准，扎实推进准备工作，努力创建A级旅游景区。

发展红色旅游、乡村旅游。挖掘红军东征纪念馆、八路军太行纪念馆等红色文化内涵，完善红色旅游资源数字化资料库，开展爱国教育。实施乡村旅游精品工程，打造一批宜居宜游、宜业宜养的乡村民宿度假区、田园综合体、特色文化古村落等。大力发展黄河、长城、太行三个人家，带动当地人民旅游致富。实施"特色农副产品进景区行动"，推动特色产品向旅游商品的转化。

推进重点文物科学保护和活化利用。加强博物馆的基础设施建设，持续改善文物保存状况。创新文物保护修复技术，加强基础研究和关键共性技术攻关。宣传普及文物保护常识，提升文物保护意识。丰富展现形式，利用AR（增强现实）、VR（虚拟现实）等技术将文物通过故事化、立体化呈现，形象地展示文物所蕴含的历史价值。在做好遗址保护工作的基础上，推动国家考古遗址公园和省级文化遗址公园开放。

加快国家全域旅游示范省建设。加强"景点群"建设，梯次培育打造龙头景区，建设精品景区、高等级旅游度假区、旅游休闲街区等。

丰富文旅产品，推出乡村旅游、红色旅游、康养旅游、四季旅游、研学旅游等。推出文旅线路套餐，打造世界遗产、长城文化、黄河文化、大美太行、晋商家园、华夏之根、古建瑰宝、民俗大院、红色文化、文明探源10条品牌主题线路套餐。健全特色旅游城镇体系，创建特色文旅小镇和旅游名县。完善特色旅游住宿体系建设，建设具有地方特色的民宿民居。持续完善特色文旅餐饮、购物、娱乐等体系。

3.永和文旅产业发展状况

永和紧抓黄河国家文化公园建设的契机，有效整合区域内的自然、历史、文化等资源，积极推进文旅产业融合发展，将文旅产业打造为经济发展的支柱产业。

通过打造特色景区、完善文旅基础设施等措施，永和文旅产业取得显著成效。黄河一号公路获评全国"十大最美农村路"，乾坤湾成功创建AAAA级旅游景区，红军东征永和纪念馆成为全省党员教育示范基地，东征村入榜第三批全国乡村旅游重点村。

永和乾坤湾——国家标志性景观

乾坤湾由7个"S"形大湾构成，是神奇壮美、富有内涵的景区，是国家标志性品牌。

一幅以"黄河龙"命名的乾坤湾航拍照片，被作为国礼画册第一幅图片赠送给俄罗斯。在《大国崛起》《不忘初心、继续前进》等系列专题片中，以及外交部山西全球推介会上，都将乾坤湾作为国家标志性景观展示给大众。

4.加快发展文旅产业的建议

永和以全域旅游为抓手，提供优质的文旅产品或服务，健全文旅的管理机制体制，以文塑旅、以旅彰文，推进文旅与乡村建设、红色文化相结合，培育文旅发展新业态，实现由门票收入向综合收入转型，观光旅游为主向休闲康养转型，粗放型向标准化、特色化转型。

推进精品景区建设。积极创建乾坤湾国家AAAAA级旅游景区。分步骤推进沿黄公路建设，打造具有地域特色的沿线节点。重点推进乾坤湾游客服务中心、黄河蛇曲地质博物馆提升工程、马家湾国际生活小镇等项目。深入挖掘文旅资源内涵，继承发扬优秀传统文化。打造经典景区，推出精品旅游线路，加快全域旅游发展。融入乡村振兴、新型城镇化等元素，推进文化旅游深度融合。

活化利用文物资源。以文化创意丰富文物的存在形式，使其更加容易被人们接受。以数字技术加强文物保护，创新文物利用，使文物的一些特征能原汁原味地保持下来。以时尚化引领文物利用的新方向，让文物所蕴含的理念更容易深入人心。开展晋文化、古建筑、青铜文化等研究，挖掘名人、名胜中蕴藏的文化故事。完善城乡历史文化保护体系，加强历史建筑保护与活化利用。加强历史文化名城、名镇、名村、传统村落的保护，完善历史文化保护框架体系。实施文物数字化保护工程，完善文物资源大数据库。

加快推进全域旅游。以黄河一号公路建设为契机，加快建设外联内通的旅游通道网络。持续完善旅游基础设施，改造提升或新建旅游厕所、游客集散中心等，加强旅游标识建设。加快智慧旅游景区创建，提升游客的满足感幸福感。推进"旅游+文化""旅游+康养""旅游+会展"等深度融合，创新旅游新业态。

推进红色文化与旅游深度融合。完善红军东征永和纪念馆基础设施，重温东征红军两次进驻永和的历史。挖掘东征等红色资源，创作更好更多的红色文艺精品，以优秀作品讲好红色故事、传承红色基因。推出更多红色文化主题的精品路线，融入全域旅游网络中。开展红色旅游讲解员建设行动，让更多的人了解宣传红色文化。利用革命旧址、纪念馆等各类纪念设施，开展主题党日等活动，做好革命文物故事的宣传工作。

完善文旅管理体制机制。定期召开文旅深度融合发展工作会议，加强对文旅资源保护的动态管理。加强文旅资源保护的常态化执法，严厉打击破坏文旅资源的违法行为。开展文旅资源普查，科学分类整理，建立文旅资源数据档案。加大文旅宣传力度，在世界旅游日、中国旅游日、文化和自然遗产日等期间，通过悬挂标语、永和文旅一点通、微博、抖音等，开展线上线下宣传。

加大对文旅产业的扶持力度。加大对文旅产业的招商引资力度，对于文旅项目固定资产投资、文化创意产业园区改造建设、创建国家级旅游度假区等，给予一定金额的奖励。对于培育文旅产业主体、打造文旅集群、建设文旅园区取得明显效益的，给予针对性扶持政策。支持文旅产业数字化转型，在创作营销、平台建设等关键环节给予相应扶持。加大对发展潜力大的文旅企业的普惠金融支持力度，鼓励金融机构开展门票收入权质押、景区经营权等融资服务，开发旅游景区收益权贷款等信贷产品。鼓励文旅企业积极争取中央预算内资金或政府专项债券项目。

（九）大宁——加快推动工业转型发展

资源型经济转型的关键是工业成功转型。大宁工业基础薄弱，不足以支撑经济持续健康发展。要实现经济持续稳步发展，必须准确把握工业转型的发展趋势，深入分析不同战略性新兴产业的发展规律，慎重选择重点培育的产业，夯实工业发展基础，营造良好营商环境。

1.大宁经济社会总体情况

大宁贯彻各级经济工作会议精神，坚持稳中求进工作总基调，统筹疫情防控和经济社会发展，着力推动果业提升、项目建设、生态环保、城市更新和乡村建设等重点任务，确保经济稳定运行。

重视思想建设。开展"争先、进位、崛起"解放思想大讨论，通过持续解放思想，推动各项工作落实落细，实现全方位高质量发展。

推进重大项目建设。大宁紧抓项目建设年活动契机，2022年谋划重点项目24个，总投资达37.84亿元，年度投资18.89亿元。为了使得项目早落地、早投产，从以下几方面做起：一是强化思想认识，拿出"开春即开工、开局即决战、起步即冲刺"的干劲，抓细抓实、全力保障项目施工。二是做好协调配合，要素保障部门、手续办理部门等要主动服务，全力保障项目建设所需的各类要素，抓好项目资金审签和全过程管理。三是强化考核督查，将重点项目纳入县委、县政府督办重点，实施项目全过程管理，每月通报、每季评比，及时总结经验，进行推广宣传。四是树牢安全发展理念，坚持高标准、严要求，严防各类安全生产事故发生。

大力推动质量变革。以供给侧结构性改革为主线，增品种、提品质、创品牌，增加优质产品供给，满足人民群众日益增长的消费需求。借鉴华翔公司标准化创建经验，推进省级、市级标准化试点建设，以标准化提升产品质量。加大对质量工作的资金、人才投入，培育一批具有质量意识的劳动者大军。在提供优质产品的同时，要关注个性化需求，不断研发设计满足需求的特色产品。

积极推进乡村振兴。重视产业对乡村的支撑，大力推进农业产业化。以技术创新提升农产品质量，开展农机使用、果树修剪管理等各类培训。积极探索新型农业生产模式，探索农业生产托管方式，加快农业社会化服务步伐。大力推进苹果产业全链条发展，推进苹果苗木繁育，推进苹果标准化示范基地建设，实施苹果水利配套建设工程。培育引进水果精深加工企业，开发果酒、果醋等功能产品，着力打造"宁脆"苹果品牌，带动梨、葡萄等水果的发展，提升水果产业的综合利润率。巩固"厕所革命"成果，开展农村人居环境"六乱"整治，推进美丽乡村建设。充分发挥村党支部的引领作用，提升乡村治理水平。推进乡村振兴示范村创建工作，发挥示范作用。

加快发展文旅产业。高标准制定景区提档升级规划，打造景观亭、石凹壁画等特色景观，不断提升景区整体形象。对标国家标准化旅游景区要求，加快推进南山公园、马头关黄河仙子祠等配套设施建设。深入挖掘黄河文化和人文传说，讲好黄河仙子故事。紧抓黄河一号公路建设的契机，串联各类景点，设计多样化文旅产品，打造文化旅游板块，提升文化旅游供给能力。

2.工业转型发展方向

数字时代，只有准确把握科技发展趋势，才能在日益激烈的市场竞争中赢得一席之地。工业转型的趋势主要有数字化、网络化、智能化。

工业数字化是将产品的研发、制造、营销、回收利用等全过程用数字的形式来精确量化，加强品质控制，提升企业的核心竞争力。数字化不仅仅是科学技术领域的革命，更是思维与认知的革命。对制造业企业而言，数字化转型已经不是企业发展的"可选项"，而是"必选项"。加快工业企业的数字化转型，持续提升关键工序数控化率、数字化研发设计工具普及率等指标，提升劳动生产率。

工业网络化是将制造所需的设备、软件通过互联网进行社会化整合，充分发挥各类企业在咨询、金融等方面的优势，制造出高品质的产品。工业互联网是网络化的具体表现，我国著名企业海尔集团、美的集团依托网络分别打造了COSMOPlat、MeiCloud等平台，生产效率显著提高。

工业智能化是制造系统依托自身的知识资源，通过搜集整理周边的环境因素，进行自我学习、自我研判、自我实施的过程，并且在此过程中，根据环境的变化而做出相应的调整。要实现工业企业的智能化，必须科学制定智能制造标准，全力攻关智能制造技术，尤其是卡脖子的关键工业软件，建设智能制造示范工厂，持续推动"场景—车间—工厂—供应链"的智能化改造。

3.山西加快制造业数字化转型

加快工业转型是山西经济发展方式转变的关键所在，也是山西如期实现转型出雏形战略目标的必由之路。要把产业转型作为重点，培育新能源汽车、合成生物等战略性新兴产业，不断壮大新动能。整合数据资源，增强数据质量，提升数字技能，探索柔性制造、分享制造、智能制造等新模式新业态，加快制造业数字化转型步伐，增强山西经济发展新动能。

山西高度重视制造业数字化转型，召开全省数字化转型忻州现场会，认定一批省级智能制造试点示范企业，运用省级人工智能基础数据产业发展引导专项资金支持重大项目，持续优化数字产业政策体系和市场环境，加快山西制造业数字化转型。

山西制造数字化基础并不牢固，数字化研发设计工具普及率、关键工序数控化率等数字化相关指标均低于全国平均水平。制造业数字化进程中仍存在一些小微企业"不会用、不敢用、用不起"工业互联网等难题；有些企业认为还是人工成本比信息化改造成本低，不愿意推进信息化进程；朔州许多陶瓷企业利润较薄，不足以支撑数字化设备改造。

对于工业转型中存在的不足，应当从以下几方面做起：

加大数字化产品或服务的投入。基于企业发展需要和提高企业运营效率，认真选择CRM、EPR等不同种类的软件。做好线上业务与线下业务的衔接，更高效地服务客户，为客户创造价值。

加快建设具有自主知识产权的工业互联网，推进山西首批各市行业5G+工业互联网平台建设。根据制造业的不同行业，本领域龙头企业牵头，与同行业其他企业基于现有实力，有重点地攻克核心工业软件、底层操作系统、嵌入式芯片、工业传感器等技术，协同构建、完善本行业工业互联网。以工业互联网平台建设为契机，从供给侧和需求侧共同发力，打造开放共享、双向迭代的平台生态体系。

加快建设大数据产业基地[①]

大数据产业基地是重要的数字基础设施。它不仅可以赋能农业、工业、服务业，提高行业的发展水平，而且可以赋能社会治理，提升政府的治理效能。

打造面向全省、服务京津冀的综合型大数据产业基地，依托云时代、百度、清众科技、精英数智等龙头企业，发展先进计算、数据标注、软件服务、网络安全等主导产品。

打造大同数据基础服务产业基地，依托京东、中云智谷、秦淮数据等企业和数据中心，发展数据存储、工业互联网、云服务等主导产品。

打造阳泉数据基础服务和人工智能产业基地，依托阳泉百度、山西慧泉、众创网络等企业，发展数据存储、智能驾驶、云服务等主导产品。

积极争取工信部"制造业数字化转型标杆企业"，综合性强、带动面广的示范场景等。科学整合全流程的行业数据，加快制造设备的数字化改造，提升关键工序数控化率和数字化生产设备联网率。构建智能制造公共服务平台，加快建设具有代表性的智能工厂。

健全工业转型的创新网络。抢抓国家建设先进制造业集群的机遇，围绕共性技术、先进工艺技术等关键核心技术，完善国家实验室、省实验室、工程技术中心等创新平台体系，建设产业化促进机构、试验验证平台等载体，形成支撑行业、企业智能化发展的创新网络。加快建设一批智能工厂和智能车间。

4.大宁工业发展状况

大宁工业规模较小，效益尚可，规上企业数量不多。

从工业规模看，取得一定成效。2020年，工业增加值2.1亿元，仅占地区生产总值的19.6%。

从工业增速看，主要指标连续两年高速增长，2019年和2020年，规上工业增加值增速同比增长57.4%、141%，主营业务收入分别同比增

---

① 来自《山西省数字企业发展2022年行动计划》。

长70%、223%。

从规上工业企业数量看，培育效果明显。2020年规上工业企业4家，比2019年增加了3家。但是从工业对经济增长的促进作用看，仍需加快培育市场主体，鼓励企业"小升规、规改股、股上市"，持续增强市场活力。

大宁两家重点企业的发展情况如下：

山西鸿晋塑胶科技有限公司位于大宁县煤层气工业园区，主要生产PVC手套、丁腈手套、PE制品、医疗用品及器械等。公司生产的一次性防护手套等防疫物资不仅满足国内需求，而且出口国外。2020年出口创汇1.2亿美元。

山西宇良光电科技有限公司位于昕水镇工业园区，主要生产光学元件、光电镜头、光学仪器、光学辅助材料等。公司加强创新，推出高品质的光学器件等，2020年成为规上工业企业。

5.大宁加快工业转型的建议

在推动能源产业内涵式发展的同时，积极发展新能源、光电等新兴产业，构建质效提升、结构优化的现代工业体系，培育壮大新动能，促进新旧动能"无缝"衔接，推动经济高质量发展。

实施工业企业倍增计划。只有培育壮大市场主体，才能活跃市场，促进经济持续发展。按照行业性质和发展规模，分行业培育不同类别的企业。培育引进链主型企业，其在本领域的科技前沿、资金和人才储备等方面都具有绝对优势，鼓励企业加强创新，敢于在技术前沿投入大量人才、充裕资金等资源，以获得未来的发展优势。大力培育制造业冠军、专精特新"小巨人"企业等，支持企业加大在本行业细分领域关键环节的投入，积极申请核心专利等知识产权。加强企业集聚发展平台建设，打造"智创城"、双创示范基地、科技企业孵化器等平台。鼓励支持民营企业进入公用事业、基础设施、生态保护修复等领域，激发这些行业的竞争力。

培育壮大战略性新兴产业。根据大宁工业发展现状，从山西14个战略性新兴产业中科学选择一到两个优先发展的产业。加快新能源产业发展，推进远景能源10万千瓦风力发电项目建设，积极对接国家电力投资集团有限公司兆瓦级绿色制氢项目。加快培育光电产业，以科创产业园为平台，支持宇良光电等企业加强光电材料研发，与高校、科研院所联合攻关本领域的关键核心技术，优化工艺流程，提升产品生产率。

推进工业数字化转型。唯有适应第四次工业革命的趋势，才能在未来的竞争中赢得一席之地。加快5G等新型信息基础设施建设，推进与传统基础设施的融合发展。支持行业大数据公共服务平台建设，培育大数据产业基地。鼓励龙头企业牵头建设工业互联网等平台，攻克本行业的关键技术。支持企业发展与数字经济领域相关的产品、工业App、应用系统等自主创新项目。聚焦先进制造业集群和重点产业链，加快"智改数转"。鼓励企业加快建设智能制造示范车间、国家级或省级智能制造示范工程、5G全连接工厂等，持续提升企业的自动化、智能化水平。加大对企业数字化改造的财政、金融支持，从关键环节入手，再延伸至辅助环节。

加强工业运行的监测或预警。逐月监测大宁工业运行过程中的工业增加值、工业产品销售率、业务收入、利润总额等重点指标，分析数据变动较大的指标，找出原因，提出针对性解决方案。关注全国、全省、全市范围内的能源产业、光电产业等发展状况，通过监测产业增加值、重点产品产量及价格变化，为大宁适时调整产品产量，或优化产品结构提供及时、准确、全面的信息。

（十）吉县——建设全国苹果产业高质量发展示范区

吉县自古就有栽植果树的历史。因其海拔高、温差大、光照足，是苹果最佳优生区。近年来，通过标准化、特色化种植，苹果的种植面积、年产量、效益等显著提高，苹果的知名度美誉度进一步提升，苹果产业成为吉县的主导产业。

1.吉县经济社会总体情况

吉县认真落实国家、省、市各级经济工作会议精神，坚持县委"五个三"工作思路，以稳中求进为总基调，对照全方位推动高质量发展的目标要求和工作矩阵，推动经济社会全面发展，全力建设美丽吉县、幸福家园。

以重大项目建设推进产业发展。2022年吉县谋划项目51个，总投资达141.3亿元，其中，年度计划投资25.1亿元，产业类、基础设施类、社会民生类等项目分别为9个、14个、13个。举行项目集中复工活动，加快项目进展。

加快壶口AAAAA级景区创建。吉县定期召开壶口景区高质量发展会议，了解景区开发建设情况，研究创建过程中遇到的难题，集体讨论，妥善解决，并且要求各部门加强与上级部门对接，保证各项任务预期完成。

推进乡村振兴。通过月例会等制度，持续做好巩固拓展脱贫攻坚成果同乡村振兴有效衔接。实施种业振兴计划，将选育推广旱作良种作为重点，开展育种联合攻关，培育现代种业企业，示范推广抗旱品种，健全商业化育种体系。为推动农业高质量发展，吉县与山西农业大学公共管理学院签署县校战略合作协议。学校为吉县农业发展提供高素质人才、相关农业科研成果。与此同时，吉县为学校提供大学生实训基地、研究生培养创新基地、智库合作基地等。

积极发展工业和服务业。实施市场主体倍增工程，激发市场活力。推进产业集聚区建设，为产业发展提供功能完善的载体。大力发展新能源产业，推进能源产业转型。做强做优苹果产业，面向不断变化的市场，依托苹果试验示范站和龙头企业，采取"公司+集体+基地+农户"的产业化模式，开展苹果生产物资配送、果树修剪、冷藏物流等全过程服务，提升吉县苹果产业的市场竞争力。想方设法提升苹果品质，不断增强吉县苹果品牌影响力。积极发展药茶产业，依托人祖山，扩大药茶种植规模，优化药茶结构，提升药茶生产工艺，加强吉县药茶区域公共品牌建设。以黄河流域生态保护和高质量发展为契机，通过黄河一号公路串联典型景点，发展文化旅游产业。主动走出去，大力引进有效投资。积极发展风力发电产业，2022年2月，吉县与安徽省新能创业投资有限公司签署战略合作协议。

优化营商环境，打造良好经济生态。深化放管服效改革，推行"承诺制+标准地""领办+代办+专办"等机制。加快推进信用体系建设，健全信用承诺制度。紧抓重点领域、重点环节，以重点突破带动整体推进，完成各项任务。

2.吉县苹果产业发展现状

截至2020年，吉县苹果栽植面积28万亩，年产量达6700万千克以上。因果形端正高桩、果面光洁细腻、口感香脆甜爽，品质上乘，获得消费者的青睐。打造的"壶口牌"苹果闻名全国，并远销海外。吉县苹果既是地理标志证明商标，又是农产品地理标志产品。吉县苹果获得多项荣誉，曾获首届中国农博会苹果类唯一金奖，山西省第一、二、三届名优水果展评会金奖，还作为首批受欧盟保护的中国地理标志产品之一成功打入国际市场。

（1）吉县苹果的特点

从外表看，形状端正、果实较大，果实大小一等品率80%以上。果面光洁且颜色鲜艳，果实表面颜色一等品率90%以上。果实的重量一般在200—280克。

从内在看，果肉致密、细脆多汁、营养丰富、口感良好。果实的硬度为8.60—10.89千克/平方厘米，可溶性固形物含量为15.3%—16.0%。其所含的维生素C、含糖量、碳水化合物等分别高出普通苹果1.3倍、4%、3倍，锌、钙、钾、硒等含量均明显高于普通苹果。

吉县苹果品种主要有：红富士、嘎拉优系、美国八号、藤牧一号、红王将、凉香等。

（2）高效管理造就品质苹果

为栽种出高品质的苹果，吉县采取标准化的土肥水管理、花果管理、整形修剪、病虫害防治等。

关于土肥水管理。果园土地需平整，活土层在60厘米以上。每亩土地施无害化处理的有机肥料3000千克以上，其他肥料用有机复混肥等补充。每生产100千克苹果，施氮1.0—1.2千克、五氧化二磷0.5—0.75千克、氧化钾1.0—1.2千克。采用微喷灌、滴灌等技术，使土壤相对含水量保持在60%—80%。

关于花果管理。按照花和叶芽的比例1：3—4，对花芽多的树进行修剪。花期采用蜜蜂或人工授粉。根据树势强弱，坐果多少，确定适宜的留果间距，选留一个坐果的壮花序，留一个中心果，把多余的幼果全部疏除。谢花后30—40天开始套用纸袋，套袋前要喷一次杀菌剂。果实采收前7—10天去袋。先去外袋，3—4天后再去里袋。

关于整形修剪。采取以疏剪为主，缓、疏、缩相结合的修剪方法。主要树形有：自由纺锤形，树高3米左右，冠径2—3米，主枝12—15个，适用于株距2—3米的密植园；小冠疏层形，树高3—3.5米，冠径3—4米，主枝5—7个，树冠扁圆形，适用于株距3—4米果园。

关于病虫害防治。以预防为主、综合防治为原则，主要防治腐烂病、早期落叶病、金纹细蛾、蚜虫、叶螨、桃小食心虫、轮纹病等病虫害。

3.吉县苹果产业存在的问题

一是"同质化"较为严重。芮城、宜川等沿黄县都在发展苹果产业，且发展规模较大，标准化水平较高，具有较强的市场竞争力。这便需要吉县在"特""优"上下功夫，以农业科技创新赋予苹果特色，提升苹果品质。

二是苹果种植品种单一。优质品种较少。其中富士占到种植面积的70%以上，黄元帅、红元帅、秦冠、嘎拉等种植较少。品种分布上呈现出"早熟不足，中熟偏少，晚熟过多"的种植趋势。

三是专业化水平较低。由于吉县地处丘陵地带，果园较为分散，不利于机械化推广，苹果产业的机械化水平较低。一些苹果的分级、包装等仍由人工完成，加大了苹果的破损程度，影响整体收益。有些果农未能掌握现代化种植技术，存在不能合理使用农药种类、剂量等，造成农药过量或不足，影响苹果的最终品质。

四是缺乏苹果深加工企业。鼓励企业加强关于苹果相关产品的市场调研，创新开发深加工品种，以优质口感、丰富营养去赢得市场。积极引进深加工企业，延长苹果产业链，开发果汁、苹果丁、膨化苹果片等产品。

五是劳动力资源缺乏。由于农业劳动力人口老龄化程度严重，劳动力较为缺乏。与此同时，苹果种植的多个阶段都需要人力投入，尤其在套袋期和摘袋期，这便使得雇用劳动力的成本进一步增加，从而增加了苹果的生产成本。

4.推进吉县苹果产业发展的途径

要在阿克苏苹果、烟台苹果，以及从事苹果产业的沿黄县的激烈竞争中赢得一席之地，吉县必须下功夫探索苹果产业发展的规律，从源头上掌握苹果种业的"密码"，从栽植、分炼、深加工等方面，不断提升技术水平，规范果园管理，选择合适的发展模式，实施苹果种业振兴行动。苹果苗木的研究需要付出艰苦的、长久的努力，只有将源头的核心知识产权掌握在自己手中，才有发展苹果产业的底气。精心筛选适合本地栽植的优良苹果品种，妥善搭配早中晚熟品种，从源头确保苗木质量和成活数量。结合吉县自然环境，加大对苹果苗木的本地品种研究。加大对苹果需求的预测，前瞻性调整苹果的种植结构。

推进苹果深加工发展。大力实施苹果脆皮、果汁等精深加工项目，延伸苹果产业链。系统研究苹果深加工的若干可能，以落果、碰果等生产苹果白酒或食用酒精，以苹果汁为原料生产乳酸饮品和苹果酒，以苹果废渣生产膳食纤维、果胶或柠檬酸等。推进果汁、果酒等生产线的提档升级，引进专业设备将果核、果皮等再次加工利用转化为营养丰富的饲料。以集群形式推进苹果深加工产业发展，培育引进技术先进、管理规范的加工型龙头企业。

加快老果园改造，推进示范果园建设。对于栽植过密的老果园，以淘汰为主集中挖除，然后轮作粮食或瓜菜3—4年，重新建设果园。对于栽植适当的老果园，坚持间伐要狠、落头要准、疏枝要稳，不断提升苹果的品质和数量。改造老果园的过程中，要做好水肥管理、疏花疏果、病虫害防治等工作。积极创建以苹果为主的现代产业园，完善苹果标准示范园的基础设施建设，加快实施万亩果园项目。

积极探索苹果产业发展模式。因地制宜推进有机旱作、5G+智慧果业、果园社会化托管等模式，建设高水平的苹果产业园。有机旱作模式是高效利用水、肥等资源，循环利用关键营养物质，提高土壤有机含量等，以系统思维和生态思维促进生态环境可持续利用的一种模式。山西曾探索出保水、保土、保肥的"海绵田"技术。5G+智慧果业模式是充分运用现代科学技术，依托苹果产业大数据平台和吉县苹果试验示范站，实现苹果种植、贮藏保鲜、深加工、营销等全产业链信息的共享。果园社会化托管模式是社会化服务机构根据果农需求提供果树修剪、病虫害防治、施肥除草等专业化服务，以专业化提升水果的品质。

打造具有区域影响力的苹果品牌。良好的质量是品牌的保证。通过果树定型、苹果套袋、新型矮化密集等种植技术，提升苹果品质。健全苹果质量检测体系，加强苹果的种植、包装、加工、储存、营销等全过程的质量监督，强化质量追溯机制，打造过硬品质。鼓励使用高效低毒农药，加大绿色食品的开发力度，加强对获得使用无污染农产品、有机食品标签的权利。加强大众对苹果味道的跟踪调研，开发适应大众需求的苹果品种。借鉴烟台苹果等品牌打造的经验做法，逐步提升吉县苹果品牌的知名度。积极参加国内重点城市水果推荐会，甚至到海外举办推荐会，不断提升"吉县苹果"品牌形象。

加强政府对苹果产业的扶持力度。及时全面地为苹果栽植企业（或果农）提供不同地域的各类苹果的价格信息、需求状况等，增强企业栽植的针对性。通过科技下乡等活动或者果农专项培训工程，将先进的、适合本地的栽植技术传授给企业（或果农），培育一批肯学习、善管理、会经营的新型农业技术人才。落实政策性农业保险费补贴政策，减少自然灾害对苹果产业的冲击。与此同时，加强与周边地区的合作，与运城开展水果出口平台协作，拓展吉县苹果的销售。与宜川县关于共同做强苹果产业进行交流合作，共同探索发展黄河两岸的苹果产业。

（十一）乡宁——做大做强紫砂产业这一富民产业

为如期实现资源型经济转型发展的目标，乡宁在保持煤炭主导产业稳步发展的基础上，结合自身优势，积极发展紫砂产业、新能源产业等，培育发展新动能，推动经济持续稳步发展。

1.乡宁经济社会总体情况

乡宁深入贯彻国家、省、市各级经济工作会议精神，坚持稳中求进工作总基调，以"一六二"总体思路为引领，以"六抓促六转"为路径，做好"六稳""六保"工作，加快产业转型步伐，统筹疫情防控和经济社会发展，全方位推动高质量发展。

稳步发展工业。持续发展煤炭产业，稳住经济基本盘。加快惠源焦煤有限公司120万吨智能矿井建设，提升煤炭清洁高效利用水平。加快风电、太阳能等新能源发展，优化能源结构。培育打造一到两个战略性新兴产业，不断增强发展新动能，实现增长动力的顺利转换。

加快乡村振兴。推进乡村振兴示范创建工作，分级创建、分类示范，围绕乡村发展、乡村建设、乡村治理等重点，积极探索，打造富裕美丽乡村。坚决做到稳耕保粮，争取将饭碗牢牢掌握在自己手中。发展有机旱作农业，在"特""优"上下功夫，推进农产品精深加工，提升产品的市场竞争力。鼓励戎子酒庄、紫砂陶小镇采用现代化科学技术，优化生产流程，提升产品质量，擦亮紫砂文创"新名片"。开展"治六乱、靓家园"助力乡村振兴专项行动，改善村容村貌，打造美丽乡村。

推进全域旅游。以黄河流域生态保护和高质量发展为契机，加快打造沿黄生态样板区。挖掘黄河文化，紧密联系景区景点，将实施乡村振兴战略和推进全域旅游有机结合起来。加快推进戎子小镇建设，打造集"乡村民俗体验+农耕文化体验+沟壑文化+农业休闲+生态康养+研学旅行"为一体的特色文化旅游项目。完善云丘山景区基础设施，优化运营模式，提升民宿接待水平，深化文旅深度融合。

推进国企改革行动。稳步推进"六定"（定职数、定员额、定机构、定机制、定薪酬、定任期）改革，提升企业治理现代化水平。鼓励国企做到产权清晰、权责明确、政企分开、管理科学，真正成为社会主义市场经济的竞争主体。优化国有经济布局，发挥国企在经济发展中的引领作用。立足实际，按照先焦煤、后商贸、再民生类企业的思路，分类推进国企改革。积极探索混合所有制改革、国有资产集中统一监管等，激发企业的内生动力。努力解决改制企业历史遗留问题，释放更多的生产要素，进而有效发挥各类要素的作用。

2.我国重点地区紫砂产业发展状况

宜兴是我国紫砂产业发展最早的地区，也是重要的陶瓷产品生产地区。自紫砂壶文化兴起之后，紫砂产品不仅在国内享有名气，而且还远销国外，在当时的欧洲及日本被视为珍品，又被称为"朱砂瓷"。发展至今，紫砂产业已经成为宜兴地区重要的文化产业代表。

宜兴高度重视紫砂产业的发展，拥有独特的宜兴紫砂、高超的制作工艺等，着力将其打造为富民产业。在宜兴紫砂产业中，个体经营户有7000户左右，从业人员3万人左右。宜兴紫砂文化产品主要以紫砂壶为主，另产有紫砂杯、紫砂陶盘、紫砂花盆和紫砂雕塑等。其主要文化产品为：以量为主的日用陶瓷和以单件亮点为卖点的艺术品。产品的生产方式主要有四种：手工成型、注浆成型、机器压制和拉坯成型。

宜兴通过开展经营规范治理、实施质量提升行动、加强知识产权保护、推进紫砂人才队伍建设等措施，推进紫砂产业高质量发展。

开展经营规范治理。通过手册发放、座谈交流、案例讲解等方式对紫砂行业经营涉及的法律法规、政策意见进行细致解读宣讲。发放《致全市紫砂生产经营户的一封信》4000余份，鼓励企业诚信经营。要求所有紫砂经营企业对其产品一律明码标价，规范产品价格。

实施质量提升行动。印发《关于进一步加强紫砂陶行业产品质量监管的实施意见》，督促紫砂企业增强质量意识，完善质量制度。加强紫砂产品的抽检力度，严厉查处以次充好、以假充好等违法行为。加强对紫砂行业网络交易违法案件的监管和处理，督促企业加强网络平台主体责任。鼓励企业完善落实产品质量保障制度和产品溯源管理制度，制造绿色低碳的紫砂产品。

加强知识产权保护。推进筹建中国宜兴（陶瓷）知识产权快速维权中心，满足陶瓷行业外观设计快速申请、维权需求。完善知识产权运营服务平台建设，为紫砂企业提供高品质的服务。依法对紫砂行业商标侵权、擅自使用他人姓名、网络刷单、虚假宣传等违法行为进行查处。积极宣传"宜兴紫砂"国家地理标志证明商标，不断扩大其影响力和知名度。

推进紫砂人才队伍建设。加强非遗传承人队伍建设，截至目前，"宜兴紫砂陶制作技艺"项目已认定4名国家级非遗代表性传承人和10名省级传承人。在技术职称和荣誉职称的评定方面，给予一定的政策倾斜。推进乡土人才体制机制创新，为紫砂产业人才提供更优平台。

3.乡宁紫砂产业发展状况

乡宁发展紫砂产业有独特优势：一是紫砂陶土储量丰富，探明储量20亿吨以上。二是生产紫砂等日用品、花盆、茶具的历史悠久，早在仰韶文化期间便能生产陶器，到明清时，陶器列为贡品，到现在，仍有一些陶器出口东南亚。三是注重紫砂陶瓷品牌的塑造，素有"南宜兴，北乡宁"的美誉。

乡宁高度重视紫砂产业发展，科学规划紫砂陶小镇，创建紫砂文创集聚区，深入挖掘紫砂文化，将紫砂元素深度融入工业生产、日用生活、艺术创作等领域，研发制造品质精良、赏心悦目的工业陶瓷、日用陶瓷、艺术陶瓷等，着力打造中国北方紫砂之都。

乡宁紫砂陶小镇规划——"1轴5板块11分区"

1轴：1条发展轴。

5板块：紫砂小镇核心板块、紫砂工业板块、紫砂会展及配套服务板块、生态湿地板块、紫砂公园板块。

11分区：紫砂工业区、实用紫砂加工区、传统紫砂工坊区、创意品牌区、大师工作区、研学旅游区、滨水商业街区等。

加快紫砂陶小镇基础设施建设。推进紫砂陶小镇一期建设，完善水电气暖等设施建设。积极培育紫砂工艺人才，加大教育培训力度，开

展紫砂工艺培训活动。开展紫砂工艺大师传承人研培计划，培育一批工艺美术大师、紫砂人才。

积极培育引进紫砂龙头企业。鼓励龙头企业发挥其技术先进、管理规范的作用，在工业陶、日用陶、艺术陶等领域勇于探索、敢于创新，推出时代所需、人民喜爱的产品。与此同时，利用其雄厚的人才、资金等资源，主动与配套企业共同搭建紫砂发展的互联网平台，共同攻克紫砂产业的关键技术，不断提升本产业的生产效率。

加大政府扶持力度。出台扶持紫砂产业发展的若干制度：《紫砂陶产业招商引智优惠办法》《紫砂陶小镇入驻管理办法》等。在紫砂产业区推出"四零"服务，即小镇土地出让县政府零收益、县内行政服务零收费、小微企业入园孵化三年零租金、证照办理全程帮办零障碍。

与宜兴紫砂产业相比，乡宁紫砂产业存在以下短板：一是缺少具有较高文化价值、艺术价值的紫砂陶产品，大多产品属于中低端，竞争激烈。二是紫砂产业与城市建设、文化旅游的结合有限，融合程度不高。三是紫砂产业的市场主体数量不足，仅有10家左右，并且企业的规模较小、创新不足，产品的市场份额较小。四是紫砂陶瓷品牌影响力有限，需在加强产品质量的同时，深入挖掘其中的文化内涵。

4.乡宁发展紫砂产业的路径

在"十四五"期间，乡宁应当加快紫砂陶小镇建设，以小镇为平台，将文化、艺术等元素融入紫砂产品当中，推进紫砂与文旅、乡村振兴深度融合发展，借鉴宜兴紫砂产业发展经验，擦亮紫砂文创"新名片"，将紫砂产业打造成富民产业。

制定紫砂产品标准。以高质量的标准推进紫砂产业有序健康发展。紫砂矿是不可再生资源，物以稀为贵，可以通过给某系列产品进行标注乡宁标识泥料，来展现其稀缺性。与此同时，也可以标注注浆、拉胚等方法，来提升产品的识别度。鼓励乡宁的紫砂企业共同开展标准建立工作，申请泥料地域品牌，共享品牌带来的美誉度。

积极培育紫砂产业的市场主体。实施紫砂市场主体倍增工程，激发市场活力。鼓励作坊式的陶瓷生产商扩大规模，向专精特新发展，在激烈竞争的市场中赢得一席之地。主动引进本领域具有核心竞争力的龙头企业，整合本地的紫砂企业，协同发展。鼓励文创企业整合紫砂企业，以特色文化创意推动紫砂市场持续健康发展。

采取与时俱进的生产经营模式。由于科学技术的飞速发展，拉胚、辊压等新型成型方法逐步运用到紫砂陶瓷产品上，提升了生产效率，同时降低了生产成本。紫砂产品过去一般采用参加展销会或外地客来采购等传统销售模式。如今，则将直播平台、微商等线上销售与实体店等线下销售相结合，提升销售效率。

推进紫砂产业与茶文化的融合发展。茶壶、茶杯等器具对茶的品质有相当大的影响，比如陶瓷茶具可以保持茶的香气。深入挖掘我国博大精深的茶文化，研究饮茶者对紫砂陶具形状、颜色的爱好，针对性开发晋风晋韵具有紫砂特色的文创产品。开展紫砂陶具制造与饮茶文化的交流研讨，以茶会友、以壶交流，提升人们的人文素质。将饮茶文化带入到日常生活中，深入到更广大的人群当中，进而提升对陶瓷茶具的需求。

加强紫砂人才队伍建设。加强紫砂陶制作技艺非遗传承人队伍建设，积极培育国家级、省级传承人。加快紫砂文创人才的培养，要以"十年树木、百年树人"的精神培养文化创意人才队伍。在荣誉授予和职称评审方面向紫砂行业优秀人才倾斜。鼓励企业主动与山西大学、山西农业大学等高校交流合作，企业为高校提供大学生实践基地，与此同时，高校为企业提供前沿设计思路、先进制造技术等。

加强对紫砂产业的政策支持。制定完善扶持陶瓷文化企业发展的政策意见，发展与紫砂有关的特色文化产业。鼓励企业申报国家文旅专项资金，用于创新紫砂制作工艺、培育紫砂人才队伍、加强紫砂品牌建设等。持续加大对紫砂陶小镇基础设施的投入力度，并给予入驻企业优惠政策。对于主动参与或策划陶瓷文化、茶文化等宣传活动的企业，给予一定的财政扶持。

（十二）河津——加快推进新兴产业高质量发展

河津工业实力位居山西沿黄县之首。2021年，工业增加值达210.7亿元，同比增长9%，略快于地区生产总值增速0.7个百分点。煤炭开采和洗选业、炼焦业、黑色金属冶炼和压延加工业、有色金属冶炼和压延加工业等重点行业贡献了大部分工业产值以及利税，而汽车制造业、医药制造业等新兴产业占比较小。为实现绿色低碳发展，河津应当加快发展战略性新兴产业，培育壮大发展新动能，以工业转型推动资源型经济整体转型。

1.河津经济社会总体情况

河津稳健发展、积极创新，地区生产总值一直排沿黄县之首。近年来，克服新冠肺炎疫情的影响，保持发展定力，锐意培育发展新兴产业，加快构建现代产业体系。

树立"大抓项目、大抓产业"理念，加快产业转型，提升民生福祉。加快实施特种车辆装备产业园区项目，打造小批量、多品种、高技术含量的特种车辆产业集群。围绕市场需求，坚持科技创新，在关键领域和核心环节掌握自主知识产权，提升在特种车辆领域的话语权。积极推进市政务服务中心、主一路支六路等重点项目建设，严把施工各个环节，加强施工监管，建设精品工程。加快推进国道108线河津市过境改线（寺庄至龙门段）项目、杜家湾至固镇农村道路改线工程，持续完善道路基础设施。加强与上级部门沟通对接，围绕转型发展谋划一批专项债项目。加快村庄搬迁安置和新村建设，改善人民的住房条件。

大力推进河津经济开发区工作。充分发挥开发区作为河津经济发展的主战场，聚焦产业促转型，聚焦项目抓招商，聚焦堵点优环境，全力打造开发区"升级版"。深化开发区"三化三制"改革，使开发区真正成为社会主义市场经济中的竞争主体。推行"承诺制+标准地+全代办"，开发区管理人员真正回归到自身职责范围之内，优化办理流程，压缩审批环节，为企业提供高效服务。

落实黄河流域生态保护和高质量发展国家战略，推进黄河流域河津段百里生态廊道沿线环境整治提升改造项目。项目主要内容包括：绿化提升、立面改造、线路整理、108和209国道沿线房屋拆迁等。推进农村生活污水综合利用项目支管网建设，不断提升农村人居环境。

挖掘历史和文化价值，积极推进薛仁贵故里景区建设，促进文旅深度融合发展。挖掘地域文化，打造城市会客厅，完善城区的基础设施建设。

2.山西新兴产业发展情况

战略性新兴产业是指发展潜力大、带动能力强、综合效益好的产业，比如新能源、高端装备制造、新一代信息技术等。山西要实现资源型经济转型的目标，妥善应对碳达峰碳中和要求，必须积极培育战略性新兴产业，勇于追赶、跟跑，进而领跑，争取产业发展的话语权，赢得市场竞争新优势。

习近平总书记2017年视察山西时，提出"在转型发展上率先蹚出一条新路来"。山西深入学习贯彻习近平总书记视察山西重要讲话重要指示，积极探索资源型经济转型路径，聚焦"六新"，实施非均衡发展战略，打造战略性新兴产业集群，形成经济发展新动能，推进经济高质量发展。

近年来，山西实施千亿产业培育工程，出台新兴产业用电优惠政策，加大招商引资力度，新兴产业呈现快速健康发展的态势。主要特点

166

如下：一是规模快速增长，"十三五"期间，增加值年均增长7.8%。二是创新能力增强，成功研发制造手撕钢、T800等具有高技术含量的产品，打破国外垄断。三是呈现集群化发展，如以太原为主的轨道交通产业集群、以长治为主的紫外LED产业集群等。

晋能控股装备制造集团加快智能化改造

作为山西煤机装备制造领域的龙头企业，晋能控股牵头组建山西智能煤机装备产业技术联盟，加强装备数字化改造升级，推进装备的智能化改造。现已取得560余项自主知识产权，其中，17项国际专利。

集团所属公司加快装备智能化步伐：科大机械公司托辊支架焊接机器人按照预设指令进行非标工件焊接，金鼎公司焊接机器人熟练焊接液压支架配件，金鼎精密锻造公司锻压机旁的六轴机器人自动上下材料。[①]

推动新兴产业集群规模发展。以提升产业链水平和产业综合竞争力为核心，积极培育十四个标志性、引领性、战略性新兴产业集群。加快构建一批各具特色、优势互补、结构合理的战略性新兴产业增长引擎。坚持产业生态化发展，打造集创新、孵化、中试、产业化为一体的完整的生态培育体系。积极争取试点示范，储备一批具有山西特色的战略性新兴产业，培育和打造一批具有全国影响力的产业基地，争取第二批国家级战略性新兴产业集群建设试点。

3.河津新兴产业发展情况

河津是山西沿黄县中工业实力最强的县。煤炭、钢铁、焦化等产业是河津的重点产业，为经济平稳发展提供坚实基础。在巩固、提高传统产业的同时，以"六新"为突破，坚持创新驱动，实施产业基础再造工程，加快培育碳基新材料、高端装备等新兴产业，壮大发展新动能，

---

① 来源于《山西日报》2021年12月21日。

构建起绿色低碳、多元发展的现代产业体系。

河津重视新兴产业发展，加大政策、资金等扶持，积极引进具有标志性、带动性的新兴产业项目，新兴产业呈现积极向上、稳步健康的发展态势。截至2021年底，河津有规模以上战略性新兴产业企业19家，高新技术企业10家，科技型中小企业19家，省级企业技术中心6家，市级企业技术中心10家。

河津的新兴产业企业主要有：昕煜碳纤维、龙清活性炭、锦浩陶瓷等。加快培育引进新材料、高端装备领域的项目，支持潞安太阳能光伏发电、阳光华泰炭黑及尾气发电等新兴产业项目高效运行。

4.河津培育壮大新兴产业的路径

河津围绕山西重点打造的十四个战略性新兴产业，结合本区域新兴产业发展的实际情况，科学谋划新兴产业，认真选择率先发展的产业，通过夯实产业发展基础、完善产业链、优化产业生态等，打造若干具有区域影响力的新兴产业集群，推动河津经济高质量发展。

夯实产业发展基础。实施产业基础再造工程，以碳基新材料产业、先进制造业等发展过程中的实际需求为导向，在基础材料、基础零部件、基础工艺、基础软件等领域攻关核心技术。建立产业基础技术清单，通过联盟、招标等方式逐项突破，增强企业的创新底气。加强技术创新平台建设，以企业技术中心为基础，充分运用国家级重点实验室、省级工程研究中心的资源，重点解决遇到的技术难题。鼓励企业主动加强与山西大学、太原理工大学等高校的合作交流，共同开展重点领域的基础研究。

重点打造碳基新材料产业。以昕煜、正帆等企业为主，实施昕煜碳纤维毡及复合材料、正帆科技股份有限公司炭黑等项目。加强技术创新，重点突破碳基新材料的核心技术和关键工艺。推进煤炭、焦化领域延链强链，开发低成本高性能煤基电容炭、低成本煤基石墨烯、制造高性能沥青基碳纤维等高附加值材料。支持阳光焦化构建煤（焦炉煤气）、全合成润滑油、高端蜡等产业链条，着力向产业链中高端延伸，提升煤炭作为原料和材料使用的比例。

重点打造先进装备制造产业。以三联顺驰汽车配件有限公司、魏强汽车制造有限公司等为重点，实施三联顺驰高性能发动机缸体缸盖铸造及机械加工、魏强高端越野房车和特种汽车底盘制造、宝森科技智慧路灯等项目。深化5G、人工智能等现代科技与装备制造融合发展，加快装备制造数字化转型，提升智能化水平。

大力发展节能环保产业。以阳光焦化、怡霖建材等企业为主，实施阳光煤矸石制岩棉、怡霖建材掺合料、永吉环保铝灰铝渣综合利用等项目。加强节能装备和技术的研发，建设绿色低碳循环利用产业园，推进煤矸石、赤泥等工业废弃物的资源化利用。以赤泥为原料，针对不同市场需求开发制造修建房屋、铺路筑坝的材料。充分运用石灰石资源和工业废气，制造二氧化碳基全降解塑料制品。

加快培育新兴产业集群。以集群化推进新兴产业发展，争取国家先进制造业集群建设试点，形成协同发展的产业生态。培育引进新兴产业领域的龙头企业，充分利用其技术、资金、人才等优势，加强与配套企业的协作，提升产业链水平和自主可控能力。大力发展专精特新的零部件企业，鼓励企业在产业链重点领域的核心环节持久投入，通过拥有专利等知识产权树立市场竞争优势。发展各类投资、专业运营、科技服务等公司，丰富产业生态，加快科研成果转化，促进产业生态持续健康发展。

完善支持战略性新兴产业发展的服务体系。攻克关键核心技术通常要投入大量人才和巨额资金，还要耗费较长时间，才能在某一细分领域取得些许突破。完善风险投资、科技债券等科技金融服务体系，为技术创新提供资金支持。健全技术评估、技术交易等技术转移服务体系，从而实现技术的市场化价值。完善资源共享、协同发展的各类平台，比如行业互联网、公有云、大数据生态圈等。完善管理咨询和综合评价服务体系，通过定量分析和定性分析、外部诊断和自我诊断相结合，评价企业的技术创新、风险防控、经营发展等能力，找准改进点，采取针对性措施，促进企业持续健康发展。

（十三）万荣——加快发展外加剂产业

在资源型经济转型的关键期，万荣坚持把做强做优实体经济作为主攻方向，在稳步发展煤炭、电力等产业的基础上，积极培育外加剂和防水建材、新材料、新能源、医药等战略性新兴产业，加快产业数字化、智能化、集群化发展，推进产业基础高级化、产业链现代化，不断增强发展新动能。

1.万荣经济社会总体情况

万荣全面贯彻落实党的十九大和十九届系列全会精神，深入贯彻习近平总书记视察山西重要讲话重要指示精神，按照全方位推动高质量发展的目标要求，围绕县委"五个三"[①]总体思路，锚定"十个基本定位"[②]，奋力推进黄河流域万荣段生态保护和高质量发展"四区"建设（建设生态示范区、新型工业集聚区、国家级现代农业示范区、文旅融合区）"三年上台阶"。

---

① 三大任务：黄河流域生态保护和高质量发展先行区、乡村振兴排头兵、农文旅融合新标杆；三大布局：创新发展示范带、现代农业高质高效示范带、脱贫攻坚与乡村振兴有效衔接示范带；三大行动：美丽城乡提质行动、文化强县创建行动、全民健康促进行动；三大支撑：改革创新驱动、市场主体带动、项目建设拉动；三大保障：党的建设、营商环境、社会治理。
② 即建设全国优质果品生产基地、全国具有影响力的外加剂产业集聚区、全省黄河旅游重要目的地、全省黄河（汾河）流域生态涵养地、全省乡村振兴排头兵、全省美丽乡村建设样板县、全省脱贫攻坚与乡村振兴有效衔接示范县、全市具有浓郁黄河农耕文化的特色县城、全市农副产品加工示范基地、全市中医药加工示范基地。

加快新型工业集群化、集约化发展。坚持外加剂、中医药、新材料、农副产品加工"四轮驱动"，打造新型工业集聚区。截至2021年底，规上企业达42家，亿元产值的外加剂企业数突破9家。工业园区建设稳步推进，荣河工业园区获评山西省新型工业化产业示范基地，形成全链条集群化发展态势。加快发展风电等产业，与国家电力投资集团五凌电力签订了200兆瓦风力发电项目合作协议，加强在水电、火电、风电、光伏发电等新能源方面的协作。加快"对位芳纶"新材料项目建设，政府提供全方位服务，量身定制前期手续办理服务手册，积极指导项目单位按照市级要求准备项目申请报告等资料，现场指导项目并提出合理建议。推进中医药文化保护传承基地建设，传承和发扬中医药优秀传统文化，推动中医药事业发展。

推进农业现代化。做大做强苹果产业，持续提升"万荣苹果"的知名度和美誉度。一是加强宣传，万荣现代农业发展中心发放《农业机械质量投诉监督管理办法》《农业机械质量宣传手册》《农机质量投诉服务卡》等宣传资料，通过微信群、网络平台宣传农机质量相关政策、法规等业务知识。二是专家指导，通过科技下乡等活动，教会农民如何选择、使用、维护农业机械，提升农业机械化水平。三是加快农业示范区建设，推进标准化厂房建设，完善各类生活配套设施，培育农产品精深加工产业集群，提升园区平台功能和承载力。鼓励壹鲁长虹农业公司升级改造果蔬冻干机器设备，研发适应市场需求的农产品。四是加快南阳村中药材种植加工、北阳堡设施葡萄种植、里望乡上井村香菇产业基地等项目建设，延长农业产业链，打造更多的农业初深加工、贸易物流等农业产业综合体。五是推进农业生产托管试点建设，积极培育主体多元、竞争充分的农业生产社会化服务市场，加快小农户和现代农业发展有机衔接，提高农业综合效益。

加快服务业提质增效。整合各类旅游资源，挖掘黄河文化、后土文化、笑话文化的丰富内涵，大力发展文化旅游产业。坚持"四梁八柱、满天繁星、系列活动"发展思路，以文塑旅、以旅彰文，以黄河国家文化公园创建为抓手，改造升级旅游基础设施，精心打造旅游景区和旅游线路，运用多种媒体推进全域旅游，打造"全省黄河旅游重要目的地"。完善黄河农耕文明博览园会展中心和黄河文化雕塑园、北辛舍利塔观景平台等，高起点规划、高标准建设、高水平运营，有机"串联"各个景点，推动文旅产业高质量发展。积极创建李家大院孤峰山联动ＡＡＡＡＡ级景区，建设万泉文庙文化产业园、飞云楼文化产业园、古中国文化雕塑博览园，提升贾村苹果、袁家杏果、西村中药材、通化小水果等一批农旅融合主题公园。创编《汾南壮歌》《万象争荣》《黄河娃》等一批优秀文艺作品，探索李家大院"夜游经济""研学经济"新业态。支持建设一批总部经济平台，培育具有影响力的电子商务企业。打造商业综合体，合理增设乡村蔬菜店、粮油店等，构建城市10分钟商业圈和乡村5分钟便民圈。

加快重点工程项目建设。开展重点工程项目前期手续办理对接培训会，重点讲解政府投资审批类（或投资备案类）建设项目全流程、政府投资项目立项、企业投资项目备案和网上申报、建设项目环境影响评价、申报材料注意事项等。做好后续服务，与项目单位通力协作，积极解决审批过程中的难点、堵点问题，提供全过程服务，使得重点工程项目尽快投产达效。

大力培育市场主体。"一花独放不是春，百花齐放春满园。"只有激发众多市场主体活力，才能提升区域竞争力。要摸清底数，掌握不同行业的市场主体数量和优惠政策。要根据不同领域特点，进行分类施策。农业、工业、服务业的市场主体有不同的特点，这就需要根据产业特点、发展现状，提出针对性措施。要优化营商环境，推进政务服务领域改革，打造市场化法治化营商环境，促进劳动力、资金、数据等生产要素自由流动。要加强宣传。万荣现代农业发展中心积极宣传、组织引导，支持家庭农场、各类合作社发展。2022年3月18日，24名农机操作手和新购机农民在汉薛镇便民服务中心进行市场主体登记。万荣县市场监督管理局为推进市场主体培育工作，着力实施四项措施：一是班子带头讲创新，深入基层搞调研。二是政银企加强协调，激励个体户开办。三是宣传工作全覆盖，提高群众知晓率。四是加大摸排查工作，变无照为有照。

加强生态文明建设。大力推进国土绿化，因地制宜设计绿化方案，着力打造乔灌结合、层次分明、绿树成荫的绿化景观。整合现有树种，补齐断档，连接成片，增加道路绿量和绿化厚度。推进道路绿化和文化旅游深度融合，建设具有浓郁黄河农耕文化的特色县域。实施汾河入黄口生态修复和保护工程、生物多样性保育区建设工程等，提升黄河流域（万荣段）生态稳定性。强化大气、水、土壤污染防治，升级改造污水处理基础设施，打造"全省黄河流域生态涵养地"。

2.混凝土外加剂发展现状和发展方向

混凝土外加剂是由高浓度减水剂母液根据工程需要稀释，并根据使用需求掺加早强剂、引气剂、缓凝剂等其他外加剂，复配得到的产品。外加剂在保证混凝土和易性及性能调节方面起到重要作用，成为混凝土中不可或缺的材料。

2020年，我国混凝土外加剂产量为1694万吨。外加剂产量主要受经济运行、季节变换、发展水平等影响。加强基础设施建设，推动新型城镇化建设，就会拉动对外加剂的需求。在北方地区，由于受气候影响，每年十一月至次年三月会大幅减少对外加剂的需求。长三角、珠三角、环渤海等经济发达地区对混凝土需求较多，从而拉动对外加剂的需求。

外加剂产品结构主要由减水剂构成，其中，高效能减水剂（以聚羧酸系减水剂为主）占到全部产品的一半以上，其次是高效减水剂（以萘系减水剂、脂肪族系减水剂和氨基磺酸盐减水剂为主）、速凝剂、膨胀剂等。不同种类的外加剂有不同的功能：减水剂主要是延缓水泥硬化时间；泵送剂、引气剂等产品主要改善混凝土拌合物流变性能；速凝剂、早强剂等产品主要调节混凝土凝结时间、硬化性能等；防水剂、阻锈剂等产品主要改善混凝土耐久性能。

我国外加剂市场属于竞争型，呈现由分散竞争型向低集中竞争型发展，行业集中度逐步提高。混凝土外加剂产业链主要有上游的石化企业或煤化工企业，代表企业有中国石油、中国石化、科隆股份等。中游是合成型、复配型企业，代表企业有福建科之杰、江苏苏博特和广东红墙等。下游由建筑施工、商品混凝土等企业构成，代表企业有中国建筑、中国铁建、中国建材、西部建设等。上游企业所供应的工业萘、环氧乙烷、甲醛、丙烯酸等原材料完全能够满足外加剂企业的需求。受原材料价格上涨的影响，一定程度上会减少外加剂企业的利润。得益于新型城镇化建设和"两重一新"基础设施建设，对混凝土的需求有效拉动了外加剂产业的发展。

混凝土外加剂发展方向：一是由于外加剂独特作用，在确保混凝土性能的基础上，增加外加剂的使用比例。二是加强理论研究，探讨外加剂技术前沿理论，深入挖掘复合型外加剂的作用机理，研制适合各类需求的外加剂。三是针对特定需求加强外加剂研发，由于特殊环境对建筑工程所需混凝土有独特的要求，需要特定性能的外加剂，所以在外加剂原有功能基础上要加强研发。

3.万荣外加剂产业发展状况

万荣重视并推动战略性新兴产业发展，新动能持续增强，取得明显成效。2020年，战略性新兴产业增加值占到规上工业增加值的70%，其中，外加剂产业贡献了大部分增加值。多年来，外加剂产业规模持续扩大，形成集聚发展态势。2019年，混凝土外加剂企业有65家，主要生产聚羧酸、速凝剂、萘系高效减水剂3大系列100多种产品，亿元以上产值的外加剂企业突破9家（2021年）。

万荣是"中国建筑防水之乡"，很早便开始外加剂的研发制造，掌握了部分关键核心技术，积极开拓全国市场，在外加剂市场有一定的知名度。如今，万荣以山西省出口混凝土外加剂产品质量安全示范区建设为契机，以外加剂为核心，通过延链补链强链，加快产业提档升级，建设具有全国影响力的外加剂产业集聚区，推进外加剂及建材产业的高质量发展。

园区化发展取得显著成效。荣河建材工业园区通过科学规划、稳步建设，建材产业集群稳步发展。园区拥有省级、市级研发机构4个，获批省级出口外加剂产品质量安全示范区，形成了以混凝土外加剂、新型节能建材生产为主导的防水建材生产基地。截至2021年5月，园区集聚建材企业20家，形成了年产50万吨聚羧酸、30万吨速凝剂、40万吨萘系的生产能力。

加强质量制度建设。完善并实施产品质量安全责任追溯制度，健全不合格产品召回制度，持续完善产品质量安全控制体系。

加强知识产权保护和运用。加强对外加剂专利技术的保护，鼓励企业加强创新，申请更多关键核心技术。开展法律护航专项行动，万荣司法局在"中国（万荣）砼外加剂网"上开通"法律服务"专题窗口。

举办混凝土外加剂产业发展大会，促进业界交流，加快万荣外加剂产业技术创新、集群发展。加大外加剂领域人才培养。举办"外加剂产品适应性技能大赛"，提高人才探索技术的积极性、主动性。为解决受原材料价格上涨影响而造成的企业资金压力大的问题，积极组织外加剂原材料采购政银企对接会。政府各部门和金融机构要主动深入企业，准确把握企业的融资需求，针对性提供优惠政策和优质金融产品等。

加快外加剂标准化建设。充分利用万荣县混凝土外加剂协会成为国家第二批团体标准试点的契机，成立试点工作领导组，制定混凝土外加剂国家团体标准试点实施方案，建立外加剂国家团体标准化相关制度，提出团体标准的服务、规范和监督的建议。稳步推进国家级出口混凝土外加剂质量安全示范区工作任务，以高质量的标准提升外加剂品质，做大做强外加剂产业。与此同时，关注RCEP、"一带一路"相关国家对外加剂产品的需求，加强标准对接，更好地满足客户的不同需求。

4.加快外加剂产业发展的建议

万荣将外加剂产业作为富民产业来打造，锐意创新攻克外加剂的核心技术，拓展开放合作路径，完善外加剂产业链，打造协同共赢的产业生态，推动外加剂产业高质量发展。

加强外加剂产业技术创新。鼓励企业与高校、科研机构协同攻关外加剂使用过程中的难题，掌握外加剂产业链中关键环节的话语权。鼓励企业通过自建或联合等方式建设高性能减水剂、功能型水泥基材料、交通工程材料等专业研究测试中心，搭建科研成果转化平台。面向建筑领域的实际需求，在裂缝控制、高层泵送等混凝土领域或流变性能调控、水泥水化历程调控等领域积累具有市场竞争力的专利成果。

持续办好以技术交流、协同共赢为目的的外加剂产业发展大会。采取技术比武大赛、高峰论坛等形式共同探讨研究外加剂新技术及其运用，着力延长外加剂产业链，为客户提供整套优质解决方案。

推进外加剂产业集群高水平发展。加快培育外加剂市场主体，形成龙头企业与中小企业协同发展格局，打造具有影响力的外加剂产业集聚区。积极培育引进龙头企业，整合本地外加剂企业及相关服务中介，推进外加剂产业稳步健康发展。

以外加剂为基础形成新型建材产业链。紧抓首批特色产业新型建材集聚区试点建设的机遇，打造示范带动效应明显的新型建材集聚区。

以技术创新为驱动，研制高品质的聚羧酸、速凝剂、减水剂、高级涂料、新型防水建材等，打造以混凝土外加剂为基础、以节能新型建材为拓展的建材工业园区。大力开展招商引资，主要引进混凝土外加剂系列产品生产项目、新型防水建材项目等。鼓励建筑企业联合重组，创新合作方式，向价值链的高端发展。

持续创新产品或服务。以高品质的外加剂产品为基础，提供高质量的建材产品，为客户创造价值。要与时俱进改进观念，不仅为客户提供优质产品，而且以先进的技术能力、周到的服务态度为客户提供整体解决方案。未来的市场竞争，并非仅靠一两种重点产品，便可赢得市场，而是要及时准确掌握混凝土企业的需求，针对性研发制造外加剂产品，并提供全流程的服务，切实为客户提供超出预期的方案。针对性研发、定制化生产、配套技术服务、完善售后服务等将会成为外加剂企业取得竞争优势、赢得市场竞争的发展方向。

（十四）临猗——加快推进农业全产业链发展

农业是国民经济的基础。临猗坚持农业农村优先发展，实施种业振兴行动，发展有机旱作农业，推进果业高质量发展，加快农业智能化转型，创建现代农业产业示范区，深化农业农村重点改革，推进农业农村现代化。

1.临猗经济社会总体情况

临猗全面贯彻落实习近平总书记视察山西重要讲话重要指示精神，认真落实省委全方位推动高质量发展的目标要求和工作矩阵、市委"一区两城三强市三高地"目标定位，加快建设"一园三区四个临猗"，全方位推动经济社会高质量发展。

推进产业集群化发展。以鑫晟新材料等企业为引领，积极发展新材料产业。以华恩实业等为引领，打造汽车零部件产业集群。加快推进北京天润风电、一洲印染年产8000万米高档服装面料等项目。推进工业集聚区、智能电子产业园区建设，为产业发展提供优质平台。

加强现代农业示范区建设。加大招商引资力度，加快重大项目建设，持续完善园区基础设施，不断优化营商环境。滚动实施"三个一批"活动，不断扩大开发区经济规模。持续优化产业结构，有效提升发展速度。加快推进新型基础设施建设，促进信息基础设施和传统基础设施融合发展。要不断壮大农村集体经济，适应社会化大生产和人民需求多样化的需要。持续提升农村人居环境，推进农村整治"六乱"工作。美化亮化农村环境，建设美丽乡村。

加强生态保护和修复。持续开展大规模国土绿化行动，提升森林覆盖率。实施双"1+5"示范带工程，推进黄河及涑水河流域保护治理。统筹山水林田湖草沙综合治理，建设黄河流域（临猗段）生态保护和高质量发展先行区。以建设"五条绿色走廊"为牵引，深入开展乡村建设行动。实行河道堤防安全包保责任制，主要内容是日常巡查、养护、加密汛期巡查频次等。

推进重点项目建设。加快推进鑫晟新材料、清泽环保、恒鼎置业、乐禾食品科技产业园等项目建设，保质量、抢工期，科学调度、挂图作战，确保早日投产见效。持续落实周通报制度，及时发现问题、解决问题。对于已开工项目，要明确时间表、路线图，确保项目稳步推进。对存在难点、堵点的项目，要明确责任主体和解决时限，做到解决一项销号一项。强化关键要素保障，助推重点项目建设。

实施市场主体倍增工程。大幅放宽市场准入限制，鼓励社会资本进入公共服务和公用事业、生态环保等领域。打造开发区、双创基地、文旅康养小镇等各类平台，做大做强产业集聚区。提供普惠金融，解决融资难、融资贵问题。落实各项减税降费政策，减轻市场主体负担。市场主体培育成效显著，2021年新增市场主体9096户，位居运城市第一，与此同时，净增规模以上企业14家、省级"专精特新"企业4家、高新技术企业3家，在"晋兴板"成功挂牌企业5家。

推动文旅融合发展。大力保护弘扬黄河文化，运用现有文化资源和旅游景点，推进全域旅游发展。加强临晋县衙AAA级景区建设，加快大成殿修缮、文庙地面抬升等续建项目建设，完善"吃、住、行、游、购、娱"，力争将临猗建设成国家级全域旅游示范县。

2.山西农业发展现状

山西深入学习贯彻落实习近平总书记关于"三农"工作重要论述，实施农产品特优战略，推进农产品精深加工，着力打造具有区域影响力的农产品品牌，推进数字化在农业全产业链的运用，积极发展智慧农业，农业技术和物质装备水平明显提升，山西农业竞争力明显增强。

山西农业发展平稳有序。从种植面积看，2021年，粮食种植面积313.81万公顷，同比增加0.80万公顷。从产量看，粮食产量达1421.2万吨，同比略降0.2%，其中，小麦、薯类产量分别增长2.9%、4.9%，而玉米、谷子、豆类产量则分别下降0.2%、6.9%、29.3%。油料、蔬菜及食用菌、水果等产量呈增长趋势，分别增长8.0%、13.4%、7.2%。

保障重要农产品供给安全。严格落实"米袋子"省长负责制和"菜篮子"市长负责制。实施种业振兴行动，开展农业资源普查，开展玉米、谷子、牛、羊等物种的良种联合攻关，大力扶持种业企业，推进省级南繁育种基地建设，完善商业化育种体系。持续推进高标准农田建设，大力发展设施农业，加快大中型灌区续建配套和现代化改造项目。加强金融保险对农业发展的支持力度，开发覆盖农产品全产业链的针对性多品种农业保险。

实施省级三大战略。一是推进晋中国家农高区建设，将其建设成科技产业孵化示范区、特色农产品优势区、全国健康食品和功能农业综合示范区。二是深化雁门关农牧交错带示范区建设，实施六大工程（粮

179

食稳定发展、特色产业提质、饲草饲料发展、畜牧业产业提升、生态安全保护、社会化服务体系建设），打造北方农牧交错带结构优化样板区。三是加快运城水果出口平台建设，培育出口企业集群，扩大出口品种和规模，打造具有影响力的水果品牌。

深化农业农村改革。深入推进农村土地制度改革，落实农村承包地所有权、承包权、经营权"三权分置"制度。推进农村宅基地制度改革，健全城乡统一的建设用地市场。推进农村集体产权制度改革，探索农民股份权能有效实现形式，深入推进集体林权、农业水利设施产权等领域改革，加强集体资产监管。推进农技、农经、农机"三支队伍"改革，发挥市场配置资源的决定性作用。

3.临猗农业发展现状

农业经济在临猗经济发展中占主要地位。临猗积极推进高标准农田建设，推广先进的农业技术，打造高标准的农业示范园，打造具有区域影响力的农业品牌，农业生产取得明显成效。2021年，以农业为主的第一产业增加值同比增长8.8%，占地区生产总值的比重达35.2%。主要农作物种植面积呈增长态势，小麦、玉米等种植面积分别同比增长1.9%、2.3%，蔬菜、药材、瓜果等种植面积分别同比增长37.6%、135.3%、25%。与此同时，棉花、油料等种植面积分别同比下降3.1%、9.7%。

大力实施"特""优"战略。紧盯农产品市场需求，发展苹果、鲜桃、冬枣等特色产品。实施种业振兴行动，加强种质资源保护利用，创建国家级育种重点实验室。推广使用优质轻简高效栽培等技术，推动果业生产二次革命。加快新技术应用，培育"一抗双脱"新优苗木。加快农产品深加工，创新开发功能食品和休闲食品。

大力培育农业品牌。发布"猗顿农品"区域公用品牌，提升"临猗冬枣""临猗鲜桃"等品牌价值。鼓励农业企业注册驰名商标，打造具有区域影响力的商标。规范统一包装、统一标识，提升临猗区域品牌价值。完成"临猗苹果"马德里国际商标注册，获得"中国特色农产品优势区""中国鲜枣之乡""全国农作物病虫害绿色防控示范县"等荣誉。加强品牌宣传，举办果品文化节暨"运才兴运"专场活动、鲜枣文化节等。

推进智慧农业建设。探索研制农业经营主体在不同应用场景下所需的智能机械，包括作业装备系统、测控系统、管控云平台系统等。加快试点示范，推进耽子镇省级5G智慧农业产业示范基地建设。健全数字果园大数据平台，实时了解果树生长情况、病虫害管理情况、销售情况等。开展数字农业基础设施建设，推动物联网、人工智能等新一代信息技术与农业生产经营深度融合。完善临猗农村市场供求信息系统，及时准确提供价格、技术、政策及气象等信息。

4.临猗推进农业全产业链发展的路径

临猗农业发展取得了明显成效，但是与农业强县相比，仍存在具有全国影响力的新型农业经营主体数量不足、农业科技研发能力欠缺、农产品精深加工程度有限、农产品物流服务体系不完善等问题，需要加快市场主体培育，加强农技队伍建设，推进农产品精深加工，推动农业高质量发展。

坚持稳粮保供。手中有粮，心中不慌，始终将饭碗牢牢掌握在自己手中。稳定粮食种植面积和产量，加强耕地保护，守住耕地保护红线。持续推进高标准农田建设，建成一批"田成方、土成型、渠成网、路相通、土壤肥、产量高"的高标准粮食生产区。打造优质专用粮食示范片，加快建设孙吉镇、牛杜镇两个万亩优质专用小麦生产核心区。发展有机旱作农业，逐步以有机肥替代化肥。

加强农业科技的研发和运用。围绕黄河滩涂优质水稻种植，攻关关键核心技术。整合农业科技人才、资金、政策等资源，推进F型杂交小麦繁育基地建设。通过试验、比较不同品种的小麦和玉米，适时推广一批品质优良、高产稳产的耐密玉米、专用小麦新品种。探索整合农业各类技术，加强机械化深松整地、小麦"一喷三防"、膜下滴灌、秸秆综合利用等关键技术的集成应用。

发展特色蔬菜产业。以猗氏镇、临晋镇、楚侯乡、牛杜镇、北辛乡为主发展设施蔬菜和露地蔬菜。以角杯镇和孙吉镇为主发展滩涂蔬菜，各打造1个万亩白莲生产基地。巩固提升蔬菜基础设施，新建一批高标准大棚蔬菜基地。加强对蔬菜市场的监测，准确把握大众对蔬菜的需求变化，及时调整蔬菜种植结构，引进优质蔬菜品种，增加叶菜类、茄果类品种，保障新鲜优质蔬菜供应。

积极培育新型农业市场主体。大力发展家庭农场、专业大户、农民合作社等，推动新型农业经营主体倍增。鼓励国家级示范合作社、省级农业产业龙头企业等主动分享经营管理经验，带动其他农业经营主体高质量发展。大力发展专业化市场化农事服务组织，为育种、播种、植保、收割、交易等一个环节或几个环节提供专业服务，山西正在推进农业生产托管服务，这项服务能充分发挥专业化农业服务组织的作用，有效提升农业生产效率。

创建国家现代农业产业园。推进四大基地建设，即农业科研技术创新基地、区域性良种繁育基地、华北果品物流集散基地和优质农产品出口生产基地。加快六大各具特色的现代农业综合示范片区建设，即城郊现代农业综合示范片区、峨嵋岭现代农业示范片区、峨嵋岭半坡地带农文旅融合发展示范片区、涑水河现代农业综合示范片区、黄河经济带现代农业综合示范片区和黄河经济带农文旅融合发展示范片区。加强试点示范，打造十个百亩连片"三新"示范园。

推进果业全产业链发展。打造以苹果、鲜桃、枣为特色的果品生产、加工、销售的全产业链，增强抵御市场风险的能力。加快建设优质果品生产基地，以北辛乡、北景乡、耽子镇等乡镇为主打造优良苹果基地，以嵋阳镇为主打造优质鲜桃基地，以庙上乡为主打造特色鲜枣基地。加快国家果业公园建设，推进水果主体文旅区、综合博览区等项目建设。推进果品深加工，鼓励企业推出果酒、核桃露、枣汁等适应大众口味的产品，打造集生产加工、检验检测于一体的食品工业园区。建设综合性农产品物流园区，以冷链物流、仓储电商物流为主，建成集产品集散、配送、仓储、农资服务于一体的物流园区。

（十五）永济——大力发展轨道交通装备制造业

实体经济是一国（地区）经济的立身之本、财富之源。工业是实体经济的主战场，应当着力加快工业转型发展，从而实现资源型经济转型目标。永济坚持工业强市，做优传统工业存量，培植新兴工业增量，既要做强机电制造产业、铝精深加工产业、农副产品加工产业、风电设备制造维修产业、化工装备制造产业、高端印染包装业等优势产业，又要加快培育新能源汽车、航天科技、光电、生物制药等战略性新兴产业，加快新旧动能转换，健全现代产业体系，推动永济经济高质量发展。

1.永济经济社会总体情况

永济全面贯彻党的十九大和十九届系列全会精神，深入贯彻落实习近平总书记视察山西重要讲话重要指示精神，以"一城五区"建设为牵引，持续用好"五抓一优一促"经济工作主抓手，继续抓好"六稳""六保"工作，保持经济社会稳步发展。

加快产业转型。产业转型是经济高质量发展的重点。按照工作矩阵的要求，在工业上打造 "六强五新"产业矩阵，在农业上打造"8+4"产业矩阵（八大农业优势基地+四大特色精深加工集群），在文旅商贸产业上打造"3+X"产业矩阵。打造开发区升级版，持续深化开发区改革，重点打造"三个区中园"。

优化工业结构。培育壮大战略性新兴产业，以集群化发展高端装备制造、新材料等产业，积极争取国家先进制造业集群。依托中车永济电机等"链主"企业，发展轨道交通装备制造产业，打造轨道交通装备制造产业园。实施蓝科途锂电池隔膜二期、华鑫锂电池正极材料等项目，发展新能源汽车产业，打造新能源材料产业园。实施穿越光电OLED发光材料二期项目，发展光电产业，打造柔性电子材料产业园。实施碳达峰碳中和山西行动，加快传统产业改造升级，提升煤炭、电力等行业的市场竞争力。

加快推进乡村振兴。大力发展有机旱作农业，建设有机旱作小麦基地、小麦绿色高质高效核心示范区等。实施千亩茭白青虾混养湿地生态开发、意粒香农业科技观光园等项目，推动农业旅游融合发展。加快牧原生猪养殖等项目建设，创建国家级生猪养殖大县。申报永济黄河鲤鱼等3个农产品地理标志和"永济葡萄"等4个地理标志商标，强化"三品一标"认证。编制实用性村庄规划，整治农村人居环境，建设特色小镇，扎实开展美丽乡村建设。推广社会生产托管模式，做好农村宅基地改革，发展乡村集体经济，以制度改革推进乡村振兴。

推进文旅深度融合发展。提升改造鹳雀楼景区，围绕"一环一轴一楼多点"布局，打造花海民宿、景观循环圈、文创产品等，丰富拓展文旅新业态。积极创建五老峰AAAAA级景区，深入挖掘道教文化，承办各类道教活动，持续提升五老峰的知名度。深入挖掘普救寺、万固寺、西厢村等的文化内涵，完善文物保护利用及维护机制，以文塑旅、以旅彰文，彰显永济深厚的文化底蕴。积极对接引进具有影响力的文旅企业，鼓励嘉德旅文投资集团、汇通建设集团打造具有特色、富有吸引力的文旅产品，做大做强文旅产业。

推进重点项目建设。用好"四库管理"模式和"五个一"推进机制，推进项目建设。推进希尔顿酒店项目、轨道交通工程（技术）研发中心项目等建设，支持德耐电气机械有限公司复工复产，保持稳步健康发展。

加强生态保护修复。推进涑水河的保护修复，打造沿涑水河田园风光带。合理开发山西最大淡水湖——伍姓湖，加快推进伍姓湖岸坡与湿地修复、中条山旅游绿道、蒲津渡与蒲州故城遗址、黄河滩渔业基地等项目建设，不断绿化美化永济。持续开展国土绿化行动，一体推进治山治水治气治城。驰而不息开展水土治理，持续改善大气环境质量，加强土壤环境保护修复，构建现代环境治理体系，将永济建设成为黄河流域生态保护和高质量发展示范区。

增强社会治理能力。思想站位要高，站在捍卫"两个确立"、做到"两个维护"的政治高度，采取合适的治理方式，提升治理能力。加强党建引领，完善基层治理机制，夯实基层治理基础工作，加强乡镇执法队伍建设。抓好基层治理主体培训，针对群众反映的最关心最迫切的重点难点，提升基层干部的治理水平。加强网格化管理，建优网格党组织，配强网格队伍，提升治理效能。以考核考评推进基层治理能力提升，完善考核奖惩办法，进行先进评比，激励先进、鼓励后进。

2.山西轨道交通装备制造业发展状况

先进轨道交通装备产业集群是山西"十四五"着力打造的十四个战略性新兴产业集群之一。围绕电机机车、高速列车、城市轨道车辆等，加强技术研发，制造新一代制动系统、高铁轮轴轮对等关键零部件，营造龙头企业与配套企业协同发展的产业生态，打造全国轨道交通装备重要零部件生产基地。

经过多年发展，山西轨道交通装备产业以集群化发展，培育了中车太原、中车大同、晋西车轴、智奇铁路、永济电机等企业，初步形成了以原材料、轨道基建配套设备制造为上游，以轨道交通零部件、车辆制造为中游，以车辆维护、安全检测等为下游的全产业链。上游企业有太钢不锈、山西铁路装备制造集团有限公司等企业，主要生产轨道交通的车体、道岔及线上料等。中游企业有中车太原、晋西车轴、智奇铁路、永济电机等，主要生产各类货车、车轴、轮对、各型大功率电力机车等。下游企业有中车太原、中车大同等，主要维修各型货运车辆，打造电力机车维护保养平台等。

山西轨道交通装备制造业主要分布在太原、大同、运城三地，太原轨道交通装备产业集群以铁路货车、工程作业车、关键零部件为主导，建设国内种类齐全、技术领先的电力机车检修、货车新造与检修、铁路工程作业车制造园区。大同轨道交通装备产业集群以重载电力机车为主导，打造国内领先的重载电力机车及牵引变压器制造基地。运城轨道交通装备产业集群以机车车辆电传动系统为主导，打造具有自主知识产权、国内较大的机车车辆电传动系统研发制造基地。

山西轨道交通装备制造企业重视技术创新，业务稳步发展，在细分领域取得显著成效。太重轨道车轮、车轴和轮对技术均处于国内领先水平，中车大同掌握了HXD2、HXD2B等多款机车的核心技术，中车永济在350公里标准动车电传动系统关键技术实现突破。智奇铁路高速动车组轮对生产和检修业务市场占有率达70%—80%，永济电机在中车系统内市场占有率近70%，中车太原铁路漏斗车国内市场占有率在50%以上。

3.永济轨道交通装备制造发展现状

永济轨道交通装备制造以中车永济电机有限公司（简称永济电机公司）为龙头，整合车体生产、检验检测等资源，推进轨道交通装备全产业链建设，提升区域轨道交通产业的竞争力。

加快发展龙头企业——永济电机公司。永济电机公司是专业研制电气传动产品，为全球用户提供电传动系统解决方案的国家级创新型企业。在动力牵引系统领域占有绝对优势，其电传动产品覆盖了中国铁路主力运营的13种型号高速动车组和9种型号大功率电力机车，市场占有率76%，占据大功率和谐2型、和谐3型电力机车80%以上的市场份额。公司以高品质的产品服务北京冬奥会，性能好、体积小的牵引电机为新型奥运版复兴号智能动车提供强劲动力，风电电机助力冬奥会场馆实现"绿电"供应。

公司取得如此成绩，主要得益于以下因素：

重视技术创新。建设锐意进取、积极创新的电气领域科研队伍，完善中国–捷克牵引与控制"一带一路"联合实验室、动车组和机车牵引和控制国家重点实验室等高水平的创新平台体系。开展轨道交通电气核心技术研究及应用，推进智能电网高压芯片封装与模块技术研究及产业化等项目建设。截至目前，累计获得授权专利2000余项。

研制不同场景下的电机产品。在轨道交通领域，开发大功率电力机车、多型内燃机车和城轨车辆。在风力发电领域，研发制造不同功率等级的双馈型、永磁直驱、半直驱传动系统等系列的风力发电机。在工程机械装备领域，能够研发制造1000—12000米油田钻机全套电机、300—1000千瓦重型轨道车、350马力（1马力=735.499瓦）内燃电传动轮式拖拉机等。

为客户提供整体解决方案。不满足于提供高品质的电机产品，而是围绕产品提供全生命周期服务，提供前期咨询、定制化制造、高效售后等全流程服务，加快向服务型制造转型，为客户提供超出其预期的价值。

积极拓展国外市场。面向"一带一路"、RCEP相关国家，推广我国优质的轨道交通装备。2021年，中车永济电机的空压机变流器获得欧洲市场认可，实现了欧洲市场订单零突破。

4.加快永济轨道交通装备发展的路径

以中车永济电机为龙头，整合运城的轨道交通装备制造资源，攻克关键核心技术，完善自主研发、配套完整、设备先进的轨道交通装备制造体系和服务体系，加快服务型制造，推动轨道交通装备制造向数字化、智能化发展。

基于实际应用加快技术创新。利用国家工程实验室、企业工程技术研究中心等创新平台，攻克轨道交通装备领域的关键核心技术。聚焦高铁轮对材料，开展高速铁路车体用合金材料、轮轴材料等研究。聚焦机车牵引控制，开展轨道交通永磁交流牵引系统、高速动车组电传动系统核心部件等研制。聚焦高铁轮轴成形装备及工艺关键技术，开展轨道交通车轴及钢坯制造与检测、大直径复杂结构机车车轮制造、时速350公里高铁轮对国产化制造等技术研究。加强与株洲电力机车有限公司、洛阳轴承、中国铁道科学研究院等在车辆连接装置、轴承、牵引变流系统等领域的合作。

夯实轨道交通装备发展基础。聚焦基础材料、基础元器件、基础软件，以局部优化逐步提升整体功能。优化基础工艺，推行先进的焊接、涂漆等工艺，减少烟尘污染和漆雾排放污染。加快推进宽轨电力机车关键技术及系统集成、大型轴类楔横轧制机器人化生产线及其应用示范、轨道交通大型关键复杂铸件绿色制造工艺及先进数字化成套装备等项目。加强轨道交通装备质量检验检测能力建设，培育专业检验检测和认证机构。完善中国轨道交通装备制造的标准体系建设，并积极与世界标准对接。

培育引进轨道交通装备领域的市场主体。鼓励永济中车公司发挥龙头企业的引领带动作用，打造具有全国乃至全球影响力的产业集群。大力培育关键零部件、运营维护等领域的"专精特新"企业，鼓励企业在细分领域加强创新、深耕细作，拥有自主可控的知识产权，提升核心竞争力。开展轨道交通领域全产业链招商，完善招商引资重大项目协调机制，引进一批标志性、牵引性的项目。

加快轨道交通装备智能化发展。实施智能化试点示范，开展绿色智能轨道交通系统集成工程示范和基于物联网的轨道交通装备全生命周期服务体系示范。开展列车定位、制动性能监测、车内环境监测等技术研究及应用。研发运用5G、人工智能等科学技术打造安全、及时、准时的信息传输技术，满足调度中心和列车群之间信息传输的需要。持续完善集成软件开发平台，将各类信息整理汇总转化为图形化人机界面，从而有效监控管理整个系统的运作情况。通过车载微机实现列车辅助和自动驾驶，提升列车行驶的智能化水平。完善远程监控及维护系统，对状态信息及故障信息进行远程动态监控，及时处置远程故障。

积极开展国际化经营。鼓励企业利用先进轨道交通装备和完善的服务体系，在"一带一路"沿线国家和RCEP相关国家，为轨道交通建设提供整体解决方案。鼓励通过联合投资、并购等方式，建设生产制造基地、技术研发中心等。采用技术合作、出口贸易等模式，积极参与全球轨道交通装备制造的大分工。接轨国际标准，提升轨道交通装备品牌的知名度、美誉度，在世界范围内赢得一席之地。

（十六）芮城——加快建设黄河流域能源革命引领区

能源是工业的粮食，是发展国民经济的命脉，也是提高人民生活水平的重要物质基础。习近平总书记曾指出：能源的饭碗必须端在自己手中。山西深入贯彻"四个革命一个合作"的能源安全战略，大力推进能源革命综合试点示范任务，积极实施碳达峰碳中和行动，着力打造新型综合能源基地，为保障全国能源安全做出山西贡献。芮城认真落实国家能源战略，按照山西能源发展部署，发展清洁能源，探索能源利用新模式，加快建设黄河流域能源革命引领区。

1.芮城经济社会总体情况

芮城深入贯彻习近平总书记视察山西重要讲话重要指示精神，以建设黄河流域（芮城段）生态保护和高质量发展示范区为总牵引，继续抓好"六稳""六保"工作，全力建设"两园四区"，保持经济社会稳步发展。

加快工业转型。处理好传统产业和新兴产业的关系。发展六个百亿元产业集群，构建新型工业格局。做优做强水泥、玻璃、建材等产业，支持中联水泥、宏光高品质医用玻璃、派尔门窗、西建集团等绿色化发展，发展装配式建筑，提升装配式建筑比例。大力发展现代医药、通用航空等新兴产业，推进德瑞宝新型医药中间体、维尔富兽药开展新版GMP改造、通用机场建设等项目建设。

推进风陵渡经济开发区建设。在27.6平方公里的土地上科学规划，重点发展现代医药及医药包装、新材料、商贸物流等产业。截至2020年底，开发区共有各类企业428家，其中，工业企业55家，国家级高新技术企业6家。2020年主要经济指标表现良好，园区生产总值、工业总产值、固定资产投资、实际利用外资分别同比增长25.6%、24.4%、38.0%、12.1%。加快推进证道锂电池负极材料、恒固水性纳米新材料、邦威消防灭火剂等项目建设。组建重点项目"五个一"推进指挥部，实行周调度、旬预警、季考核，加快项目建成投产。通过组建招商突击队、健全招商机制、创新招商方式，不断提升招商引资水平。营商环境持续优化，推进行政审批制度改革，推行三人小组工作机制，实行利企惠企政策。

风陵渡经济开发区的重点企业

现代医药及医药包装产业：亚宝药业集团股份有限公司、山西千岫制药有限公司。

新材料产业：山西金水河金属材料有限公司、山西嘉生医药化工有限公司、山西海泰电子材料有限公司、山西义诺电子材料有限公司。

其他：山西大唐国际运城发电有限责任公司、田园纺织有限公司、山西银莹顺化工有限公司、山西升佳化工有限公司、山西新核能肥业有限公司。

加快推进乡村振兴。抓好小麦、玉米、大豆等粮食生产，打造优质基地稳定粮食产能。加快农业生产、营销等过程数字化改造升级，打造优质精品苹果基地。因地制宜发展"一村一品"和"一乡一业"。永乐镇科学种植莲藕，优化莲藕加工流程，提升莲藕的综合经济效益。大王镇依托运强香椿国家级专业合作社，打造香椿特色产业示范园。阳城镇建设高标准红枣丰产示范园区，打造现代农业红枣观光旅游循环圈。开展良种攻关，净化种业市场，加快推进种业振兴。做大村集体经济，积极探索合作社+农户、农业托管等方式，做大做强红枣产业。科学规划村庄建设，持续推进道路绿化、污水处理等项目，健全绿色低碳的乡村生态，建设美丽乡村。深化县校合作，与河海大学农业科学和工程学院达成县校合作协议，与华中科技大学管理学院县校合作洽谈，构建高校科研平台延伸基地、智库合作基地、高校科技成果转化基地等，通过务实创新、灵活多样的合作形式，推动乡村振兴。

推进文旅深度融合发展。以大禹渡景区太空舱及房车露营基地建设等重大项目为牵引，打造旅游新亮点。深化省级古建筑文物保护利用示范区创建工作，统筹做好广仁王庙、城隍庙数字化保护和安防工程。加大永乐宫文化保护力度，活化利用文物资源，让更多的人了解壁画艺术、建筑风格等。启动西侯度大遗址保护规划编制，加快东桥泰山庙、景耀月故居等文保单位的抢救性修复。加强文物保护修复领域的专业人才培养，主动与科研机构、高校协作，组建专业的文物保护队伍。推进吕祖康养，发展大健康产业。建设"城景通、景景通"全域旅游公共交通服务体系，研发文旅产品，打造"大河仙境·风度芮城"文旅品牌。

持续提升生态环境质量。实施荒山荒坡造林、园林绿化、乡镇公园建设等项目，推进东沿山路两侧绿化，提升芮城的绿化率。加快新建淤地坝项目，加强水土保持。持续推进扬尘、柴油货车、"散乱污"企业等重点领域污染防治，提升大气环境质量。强化各类园区水污染治理，推进黄河芮城段入河水质改善综合治理项目，严厉打击偷排乱排行为，确保入黄断面达标。分级分类推进土壤污染防控，开展农村面源污染治理，开展绿色矿山建设，提升土壤环境质量安全保障。

加强科技创新。强化企业的主体地位，支持企业联合科研院所、高校攻克重点领域的关键核心技术。加强创新平台建设，发展省级实验室、企业技术创新中心等，推进战略性新兴产业中试熟化基地建设。加快山西大禹生物科技创新平台、亚宝药业"市揭榜挂帅"项目、山西国臣直流配电生产基地等建设。大力培育科技型企业，提升科研成果的转化率。创设一流创新生态，健全知识产权保护运用体制，完善科技成果转化服务体系。

积极发展民营经济。民营经济在解决就业、增加税收等方面都发挥了不可替代的作用。宣传落实支持民营经济发展的政策措施，降低企业的运营成本。鼓励华济药业、兆易生物、宝升电力等企业实施创新驱动战略，在所属行业努力掌握核心关键技术，增强市场竞争力。主动沟通、积极解决民营企业在发展过程中存在的困难和诉求，为企业健康发展提供良好的营商环境。

2.山西能源革命发展状况

自2019年5月，中央全面深化改革委员会第八次会议审议通过《关于在山西开展能源革命综合改革试点的意见》，山西深入贯彻落实意见，大力发展清洁能源，推进煤炭开采利用方式、电力建设运营体制、能源商品流通机制等变革，加快建设煤炭绿色开发利用基地、非常规天然气基地、电力外送基地、现代煤化工示范基地、煤基科技创新成果转化基地"五大基地"，推动能耗"双控"向碳排放总量和强度"双控"转变。

加快煤炭绿色低碳清洁高效开发利用。加快"5G+"智慧矿山建设，推进智能综采工作面建设试点，提升智能化矿山比例。推广矸石返井、无煤柱开采、保水开采、充填开采等开采技术，推动绿色开发。加强煤炭深加工技术创新，加快推进煤制油、煤制天然气、煤制化学品等重点项目示范。加强技术创新，推动煤矸石、粉煤灰等生产水泥或制造建筑材料，提升工业固体废物的资源化利用程度。

大力发展清洁能源。合理开采煤层气，推进鄂尔多斯盆地东缘和沁水盆地两大产业化基地建设。发展风电、光伏发电等产业，推进平遥南山二期50兆瓦风电场、吕梁岚县大蛇头二期25兆瓦风电、盂县100兆瓦光伏发电、襄垣经开区风光储一体化光伏100兆瓦+风电100兆瓦等项目。推进"新能源+储能"试点建设，加快建设大同浑源100兆瓦光伏发电+10%储能、右玉牛心堡100兆瓦光伏发电+储能、运城垣曲抽水蓄能电站等项目。

加强能源科技创新。攻关储能、煤层气勘探开发等领域的关键核心技术和二氧化碳捕集利用封存技术等。构建供需动态平衡的智慧能源体系，深度融合电力电子技术和数字技术，推动能源数字化转型。开展能源互联网试点建设，推进电网基础设施智能化改造，加快智能微电网建设，加强源网荷储顺畅衔接。打造能源科技创新策源地。鼓励能源企业与中国工程院、C9高校等开展技术合作，着力攻克能源生产过程中的关键核心技术，探索能源领域高端前沿技术。打造能源科技创新战略平台，建设能源领域国家重点实验室、国家工程技术研究中心等创新平台。围绕煤炭清洁高效利用、煤层气开采、储能等领域，健全若干能源科技成果转化基地。

优化电力外送布局，提升电力供给效率。以华中、华北等受电地区为重点，重点推进山西—河南、山西—河北南网、山西—京津唐等输电通道建设。主动与用电大户沟通协作，科学制定电力输送规划。探索先进煤电项目与光伏、风电、储能项目一体化布局，实施多能互补和深度调峰。推进电力建设运营体制变革，提高电力市场化程度。

做好现代煤化工示范。以潞安集团、晋煤集团等企业为主，在煤制油领域开展适用于当地高硫煤的3000吨级干粉煤气化技术工业化示范、费托合成及高端油品和化学品生产技术示范等任务。以同煤集团、中煤平朔等企业为主，在煤制天然气领域开展固定床与气流床组合气化工艺示范、自主甲烷化技术工业化示范、高浓盐水杂盐纯化和结晶盐分离技术应用示范等任务。以焦煤集团、阳煤集团等为主，在煤制化学品领域开展研发新一代甲醇制烯烃、合成气一步法制乙醇等任务。

加强能源合作交流。支持能源企业参与"一带一路"、RCEP等国际合作，推动能源装备、技术和服务"引进来""走出去"。主动融入京津冀能源协同发展，更大范围内优化能源供给。充分利用太原能源低碳发展论坛、中国（太原）国际能源产业博览会等平台，加强与能源企业、研究机构的合作。

开展碳达峰碳中和山西行动。加强顶层设计，山西出台《关于完整准确全面贯彻新发展理念 切实做好碳达峰碳中和工作的实施意见》。完善碳达峰碳中和的政策体系，落实能源、工业、交通、农业农村、城乡建设、科技、生态7个重点领域的专项方案。开展重点行业能耗双控行动，谋划一批标志性、牵引性的改革举措。开展气候投融资、近零碳排放等各类试点示范。加快大同绿色金融改革创新试验区建设，适时推动碳税改革试点。

3.芮城能源革命发展情况

芮城深入落实国家、省、市关于能耗总量和强度双控、碳达峰碳中和等要求，持续优化能源结构，实施重点行业节能减排行动，推行绿色生产生活方式，从而实现能源革命综合改革的预期目标。

控制能耗总量和强度。加快推进新能源产业发展，推进光伏技术领跑基地建设、陌南镇庄上村"光储直柔"项目等，优化能源结构。2021年，清洁能源总装机规模达到132万千瓦，清洁能源体量居全省前列。大力发展低碳绿色的信创、新材料等产业，改造提升传统产业，有效控制能耗总量，降低能耗强度。

加快推进"风光水火储一体化"。以分布式光伏为主体、以直流配电技术为核心，打造县域直流微网。鼓励存量煤电机组改造提升调节能力，就近打捆新能源电力。优化储能布局，实施一批配套储能设施项目，充分发挥储能设施的调峰、调频作用。

积极争取省级能源项目。2021年底，在芮城建设的山西展源储能科技有限公司50兆瓦/100兆瓦时独立调峰调频储能项目入选山西首批"新能源+储能"试点示范项目。项目所采用的磷酸铁锂+飞轮储能的技术填补了山西电化学储能和机械储能大规模混合储能的空白。

4.芮城加快黄河流域能源革命引领区建设的路径

芮城加快推进能源消费、能源供给、能源技术创新、能源制度等革命，加强与周边县区、能源强县的交流合作，鼓励中广核风电、中电光伏等企业加强能源技术创新，探索能源互联网合作新模式，稳步推进能源革命示范，积极创建国家能源革命和碳中和示范县。

推进能源消费革命。加快构建能源消费体系，优化能源消费结构和消费方式。开展工业节能行动，加快推动煤炭、钢铁等重点领域技术创新及装备改造，加快重点用能单位能耗在线监测系统建设。推进电能替代，构建以电力为中心的终端能源消费格局。加强能源消费精细化管理，完善清洁取暖监测平台，推进公共机构节能工作。推进"光伏+农业""光伏+交通"等模式，促进光伏发电设施与铁路、公路、机场等基础设施的融合发展。

加快优化能源供给。完善风光电等综合能源供应体系，根据需求科学配置各类能源比例。积极发展风电、光伏、生物质等新能源，推进智特清浩风电场、阳城风电、吉电茂阳10万千瓦光伏、3万千瓦生物质热电联产等项目建设。加强能源输配网络、储备设施等建设，以5G、人工智能等现代科技推进能源基础设施智能化，提升能源利用效率。积极发展绿电，提高清洁能源并网发电比例。加快储能项目发展，推进展源储能、华能"源网荷储"等建设。

延伸清洁能源产业链。以直流配电技术为核心，延伸发展直流家电、支流双向充电桩、电动汽车等产业，探索"装备制造—新能源发电—配售电—储能—智慧能源"全产业链模式。鼓励中电光伏、中广核风电等牵头引领发展清洁能源产业集群，谋划一批抽水蓄能、生物质发电等项目。加快建设智慧能源中心，推进源网荷储一体化和多能互补。

开展碳达峰碳中和芮城行动。芮城是全国较早编制县级碳中和整体规划的城市。规划已经通过评审，正按规划的重点任务稳步推进。积极争取中央及省市的双碳领域项目和资金。推广户用分布式直流配电模式，打造陌南庄上"中国零碳村"。积极推进既有建筑节能改造，加快推广节能环保新技术、新材料和新工艺。

（十七）平陆——加快项目建设，推动经济高质量发展

加快选择、引进标志性重大项目是推动经济高质量发展的有效途径。以黄河流域生态保护和高质量发展、促进中部崛起等国家战略实施为契机，平陆系统谋划项目，积极争取中央、地方等各类资金，健全项目推进机制，创新项目建设方式，优化项目审批（备案）程序，促进项目早日落地投产，推动经济社会高质量发展。

1.平陆经济社会总体情况

平陆坚持稳中求进工作总基调，深入实施"一三三五"总体发展思路，做好"六稳""六保"工作，推动平陆全方位高质量发展。

促进工业转型发展。加快晨虹（山西）汽车新材料产业园区建设，推进汽车产业发展。推进年产10万吨精密研磨材料、年加工200万吨砂石骨料等项目建设，发展建筑新材料产业。加快年产3000万件太阳

能光伏支架零部件等项目建设，发展新能源装备制造业。实施轴瓦加工生产线技术改造、群力钢结构生产线技术改造等，加快传统产业改造升级。

推进乡村振兴。加快张郭村乡村振兴综合示范园项目，重点建设有机农业区、养老康养区、活力养老区等。加快推进平陆县黄河金三角农副产品交易中心项目建设，构建现代化农业物流模式。主动对接北京新发地农产品股份有限公司，在共建物流市场、拓宽销售渠道等方面展开合作交流。

加快现代化城市建设。合理规划城市布局，改造老旧小区，科学谋划城市新区。突出平陆县城特色，建设品牌景观，打造"城市客厅"。加大城区绿地、公园建设，加快智慧城市建设，创建卫生县城，提升城市内涵品质。改善交通基础设施，加快实施黄河一号旅游公路三湾至茅津工程、向阳街西延伸道路工程、西外环（运三高速引线）道路（含绿化）升级改造工程等。增强法治、德治、自治的基层治理能力，提升城市治理水平。

推进文旅深度融合发展。深入挖掘本地的自然禀赋和文化内涵，打造茅津古渡、平陆成语故事、三湾天鹅、马泉沟红叶等名片。加强历史遗址和文保单位的保护，实施虞国古城遗址、黄河古栈道、流庆寺等保护修复工程。科学设计庭里沟、九龙沟景区，高标准建设旅游基础设施，围绕"吃住行游购娱"延长产业链。举办马泉沟红叶节、部官桃花艺术节等活动，拓展平陆文旅的影响力。主动对接中益老龄事业发展中心，在为老年人提供服务、开展社会公益等方面开展合作。

积极推进重点项目建设。创新实行县级领导包联项目"二人机制"，优化重点项目调度机制，加快项目建设进度。支持新能源与农业融合发展，推进100兆瓦农光互补光伏发电项目。项目预期经济效益和生态效益显著，年均上网电量约1.6亿度，可节约标煤约4.95万吨，减少二氧化碳和灰渣排放，显著改善生态环境。

加强生态保护修复。加强黄河流域（平陆段）生态保护修复，统筹山水林田湖草沙综合治理。持续开展国土绿化，提升营造林成活率。开展绿色矿山建设，加快推进晋虞公司三神庙矿区等矿山生态修复进度。扎实推进河长制，推动窑坪国考断面水质稳定达标。推进曹河污染治理，做好入黄排污口整治。督促矿山生态修复的责任主体科学制定生态治理规划，高标准推进重点措施，取得预期生态效益。因地制宜开展造林绿化，推进国储林项目落地，提高森林覆盖率。

2.山西项目建设概况

山西高度重视项目建设，完善项目服务机制，创新项目服务方式，提供强有力的保障，推进重点项目建设，加快经济转型发展。2021年，招商引资开工项目超过2200个，到位资金1650亿元。2022年，在持续充实储备项目库的同时，积极推进286项省级重点工程项目建设，项目涉及产业、基础设施、科技创新、社会民生等领域。

落实项目服务各类机制，提供高水平服务。深化简洁简便审批机制、部门领办机制、重点项目"比亮晒"机制、协同调度机制、三级联动机制、监督考核机制，为项目主体提供高效服务，为省级重点工程提供土地、用能、资金等保障，加快项目建设进度。推进招商引资市场化改革，加强与招商中介机构联系，开展代理招商、委托招商。

以转型发展为导向，引进重点项目。分类施策，聚焦战略性新兴产业发展、能源革命综合改革、农产品精深加工等领域，选择综合效益好、带动性强的项目。以山西转型综改示范区和太忻经济区为主战场，引进新兴产业、未来产业的重点项目。

坚持问题导向，推进项目建设。开展项目集中开工活动，提高新建项目的开工率和年度投资完成率。围绕项目建设过程中的痛点堵点，主要领导要深入调研了解实际情况，协调各部门通力协作、并联办理。

对重点项目实行全流程服务，制定个性化招商政策，强化政策的合理利用，提升项目落地率。

坚持结果导向，推动项目建设取得实效。健全项目分级管理制度，优化项目管理工作机制。开展项目建设"比赶超"活动，互相借鉴好的做法。

坚持创新发展，创新招商引资理念和方法。与时俱进更新招商理念，既要扩大对外开放，引进所需项目，又要激活内部活力，积极争取各方资金。根据山西产业发展现状和招商引资图谱，通过产业链招商、龙头企业招商、股权招商等方式，举办中国500强企业、"独角兽"企业山西行活动，开展精准招商，着力补齐缺乏新兴产业项目这一短板，增强经济发展新动能。采取线上招商会与线下对接会相结合，举办或参与高质量的综合性或专题性招商引资活动，积极开展精准化、专业化招商。培育打造一支既掌握国家产业政策又熟悉市场规律的专业化招商队伍，以专业的人才队伍引进高质量产业项目。

近年来，山西招商工作取得明显进展，但是对照资源型经济转型目标对招商引资的要求，仍有一定的差距：一是仍以政府为主体招商，缺乏以企业为主体主动引进配套项目。二是招商途径仍是单纯的走出去和引进来，对于如何将两者融合起来思考较少。与此同时，面对数字经济，招商方式创新不足。三是项目前期工作精细化程度不够，虽然已经出台了山西省招商引资图谱，确定十二个主要招商方向，但是与县域经济发展现状的结合不紧密，需要进一步细化。

3.平陆项目建设状况

平陆将项目建设作为经济工作的重要支撑，加大招商力度，完善项目全流程服务机制，大力建设促进资源型经济转型发展的项目，增强经济发展新动能。

项目建设成效显著。茅津电灌站、黄河流域（西段）治理与保护等项目建成投产。2021年，签约项目34个，总投资246.89亿元，其中，当年开工30个，总投资69.89亿元。积极争取中央预算内投资和专项债券，共完成投资13.89亿元。

固定资产投资稳步增长。从总量上看，2021年，第二产业、第三产业固定资产投资分别占总投资的41.1%、46.4%。从增速上看，2021年，固定资产投资同比增长14.8%，其中，第一产业、第二产业、第三产业的投资分别同比增长22.5%、5.3%、22.6%。

加快推动农业项目，提升农业生产效益。为了稳定粮食供给，推进新建1.41万亩高标准农田、杜马万亩苹果示范基地、年出栏10万头雷香种猪生态示范园等项目。

加快工业转型项目建设，培育发展新动能。以集群化打造新能源、新材料、先进制造等产业，推进年产8万台清洁供热设备、年产15万套电动汽车充电配套设施、晨虹年产200万套新型汽车内饰材料、5万吨土壤调理剂、新环年产10万套新能源光伏等项目建设。

加快服务业项目建设，提高人民获得感、幸福感。深入实施服务业提质增效行动，发展电子商务、无人零售等新业态，推进周仓文化园、晋风置业茅津文旅康养、黄河魂沙滩风情园等项目建设。

4.加快项目建设的途径

聚焦项目建设，整合人员、资金、政策等要素，精心做好招商项目前期论证工作，实行清单化管理、专班式服务，促进项目尽快投产达效。

加强项目的谋划储备。要实现经济转型发展，就要谋划培育一批具有引领性、标志性的新兴产业项目。围绕"两重一新"、新型城镇化等领域，结合平陆发展实际，引进一批补链、延链、强链项目。围绕数字经济，引进电子商务产业链、网商群体生态链等项目。围绕中央预算内投资、专项债券等资金，谋划一批重点项目。加强项目库建设，筛选年度重大项目和重大前期项目，分解落实，并做好相应的储备工作。

做好项目的全流程服务。项目建设前期，相关部门要主动靠前服务，根据项目建设过程中可能遇到问题，制订好工作预案。项目建设期间，实施一季一签约、一季一开工、一季一观摩、一季一考核、一季一通报"五个一"项目推进机制，推进项目建设。与此同时，优化项目审批（备案）流程，利用投资项目在线审批平台，推行并联审批、不见面办理等，提升审批效率，让项目方有更多的时间专注做好项目建设。项目建设结束后，要及时全面总结建设过程中所遇到的难题以及解决的过程，提炼经验或总结教训，为以后同类项目建设提供可借鉴的做法。

推进项目清单化管理。对列入清单的项目实行动态化管理，促进谋划项目尽快落地，在建项目加快进度，建成项目稳步发展。对中央预算内项目、省重大项目等实施周调度，主动调研，及时发现项目推进过程中的难题，协调相关部门解决。对于其他重点投资项目实施旬调度，进行分类整理，系统分析，提出针对性解决方案。实施"一把手"高位抓招商，全面协调招商引资过程中的难题，提升项目的落地率。实施领导包联制度，筛选包联的重点项目，明确项目的负责领导、责任部门等，领导定期深入现场进行调研，听取项目进展情况，尤其是在征地拆迁、项目审批、要素保障等方面的难题，积极协调解决，推进项目建设。健全考核激励机制。对包抓部门进行考核排名，严格奖惩兑现。把招商引资工作作为创先评优、干部提拔的重要依据。

积极争取项目资金。围绕战略性新兴产业、现代农业、新型城镇化建设、黄河流域生态保护等领域，邀请专家就如何申请中央预算内资金、专项债券等进行培训，解读最新投资政策，积极谋划申请项目。鼓励企业开展政府和社会资本合作试点示范。加大招商引资力度，创新招商理念和方式，县级领导带头招商，专业化招商队伍针对性招商，采取以驻点招商、以企招商、以商招商、以产业链招商等多种方式，引进新兴产业的龙头企业或引领性重大项目。重视加强与外地客商、外出创业人士、山西籍老乡的联系，主动与外地招商机构协作，健全对外联系网络。守住政策底线，坚决不引进高污染和高耗能项目、不符合产业政策的项目。动态调整优惠政策和奖励办法，激励企业来平陆投资建设。

（十八）夏县——深度融入盐临夏一体化发展

信息时代，城市之间的竞争与合作日益紧密。只有主动参与到城市群、城市圈的发展中，才能充分发挥自身优势。夏县主动与山西中部城市群、中原城市群等合作交流，顺势而为、乘势而上，积极参与产业分工，加快新兴产业发展，推动生态文明建设，发展全域旅游，实施新型城镇化战略，推动大县城建设，在基础设施、产业布局、城乡区域、公共服务等领域与盐湖区、临猗县加强合作，推进盐临夏一体化发展。

1.夏县经济社会总体情况

夏县深入贯彻习近平总书记视察山西重要讲话重要指示精神，落实各级经济工作精神，以建设黄河流域生态保护和高质量发展示范区为总牵引，既要促进经济社会稳步健康发展，又要推进生态文明建设，做好"六稳""六保"工作，全方位推动夏县高质量发展。

加快工业转型发展。积极发展汽车配件加工产业，研发制造优质配件产品，加强产业链上下游合作交流。根据本地产业发展实际和产业发展规律，支持广鑫、广宝、晨丰等企业加快升级改造，扩大生产规模，推动汽车配件产业集聚发展。培育技术含量高的科技企业，鼓励禹盾科技、好大夫等申请省级科技型中小企业，鼓励鑫点科技、宇达等企业申请制造业单项冠军企业、瞪羚企业。

加快农业现代化。以胡张乡为核心打造万亩核心示范区，推进有机旱作优质小麦示范县建设。推进高标准农田建设，提升粮食生产效率。重视科技强农，引进实施水肥一体化、植保无人机飞防等新技术，推广小麦、蔬菜等良种良法。推进现代农业（高油酸油菜）全产业链标准化基地、"夏乐"西瓜培植基地、泗交茶叶基地等建设，发展特色优质农产品。鼓励格瑞特、晋星牧业等龙头企业加强农业科技创新，推动农产品精深加工，提升农产品的市场竞争力。积极推进"三品一标"认证，建立"区域品牌+企业品牌+产品品牌"矩阵，扩大鲁因手工空心挂面、泗交黑木耳等的市场影响力。

创建国家全域旅游示范区。做好文物保护发掘工作，编制完善西阴遗址、禹王城遗址保护规划，推进司马光墓彩塑壁画保护修复和数字化保护项目。深入挖掘夏都文化内涵，推进夏都雕塑、介子推、卫夫人文化园建设。打造龙头景区景点，实施泗交特色康养小镇、泗交街集散服务中心等项目，打造避暑度假胜地。积极创建堆云洞国家AAAA级景区，合理开发果老沟旅游。改造提升景区景点的基础设施，创新文创产品，为旅客提供贴心服务。实施王家河民宿改造工程，创新设计夏都陶、宇达青铜等文创产品，加强司马光、瑶台山、堆云洞等景区标准化、智慧化建设。

积极培育各类市场主体。实施市场主体倍增工程，落实减税降费政策，激发社会活力。根据产业的不同特点分类施策，有计划、有步骤地培育龙头企业、中小企业等。在农业领域，培育引进家庭农场、专业大户、农民合作社等，鼓励专业化组织提供农业托管社会化服务，提升农业经营效益。在工业领域，围绕装备制造、新材料、新能源等重点行业，培育规上工业企业、"专精特新"企业、制造业单项冠军企业、上市企业等，壮大行业竞争力。在服务业领域，发展具有区域影响力的现代物流企业，推进恒盛时代、新兴国际等商业综合体建设运营，推进国家电子商务进农村综合示范县建设。2021年，市场主体培育卓有成效。宏伟瓜业入选中国农民合作社500强，规上工业企业新增8家，战略性新兴产业企业新增6家，挂牌"晋兴板"企业5家。

加强生态建设。持续开展生态保护修复治理，实施小流域综合治理工程、尊村引黄灌区兴南片区水源置换工程、历史遗留矿山生态修复工程等，加强白沙河水库、寨里河等水源地生态修复保护。加强黄河流域夏县段保护，推进黄河流域防护林屏障建设。深入推进污染防治，加强散煤、工业排污、扬尘等专项整治，深化重污染天气绩效分级和差异化管控，加强崔家河水库除险加固，加强农村面源污染综合治理，推进固体废物污染整治和重金属污染防控等。倡导绿色低碳的生活方式，创建绿色家庭、绿色社区、绿色单位等。

2.区域经济一体化发展

区域经济一体化，是指区域内的国家（地区）让渡部分其至全部经济主权，采取共同的经济政策并形成排他性的经济集团的过程。区域经济一体化是经济发展的必然趋势。通过拓展成员、升级现有经济合作形式，缔结区域贸易协议等方式，推动经济一体化发展。发展至今，一体化程度较高的区域有欧盟、东盟、北美、RCEP等。

3.山西区域一体化发展情况

在经济联系日益密切的时代，山西积极探索太榆同城化、中部盆地城市群等经济发展方式，并取得一些成绩。山西第十二次党代会提出"一群两区三圈"区域发展新布局，以中部城市群发展为引领，加快发展山西转型综改示范区和太忻经济区，积极建设晋北、晋南、晋东南高质量城镇圈。

重点发展中部城市群。紧抓山西中部城市群发展进入国家规划的重大机遇，以太原为中心，带动其他四市协同发展。太原加快构建以先进制造业为支撑、生产性服务业为主体的现代产业体系，打造创新高地、产业高地、人才高地、开放高地。晋中集聚科技和人才，建设全方位推动高质量发展先行区。忻州加快南融东进，建设开放发展前沿城市。阳泉建设融入京津冀协同发展的重要节点，打造城乡一体共同富裕的市域样板。吕梁统筹山区平川均衡发展，打造离柳中方、交汾文孝城镇组群。

重点建设太忻经济区和山西转型综改示范区。将太忻经济区打造为全国知名的新材料产业集群、世界级旅游康养目的地，将山西转型综改示范区建设为战略性新兴产业和现代服务业发展高地。

建设晋北、晋南、晋东南高质量城镇圈。晋北城镇圈要与山西中部及京津冀、呼包鄂榆城市群内外联动，深化蒙晋冀长城金三角区域合作。晋南城镇圈要与山西中部及关中平原城市群内外联动，深化晋陕豫黄河金三角区域合作。晋东南城镇圈要与山西中部及中原城市群内外联动，申建国家级承接产业转移示范区。

4.夏县积极融入盐临夏一体化的路径

为加快盐临夏一体化进程，提出如下发展路径：基于盐湖、临猗、夏县的资源禀赋和发展基础，科学分工、相互配合，以产业协同发展为基础，以发展思路一体化提升顶层设计水平，以科技创新一体化提升发展新动能，以产业一体化和基础设施一体化提升要素配置效率，以公共服务一体化推动协同治理，推动盐临夏高质量发展。

（1）发展思路一体化

树立"发展一盘棋"思想，明确站位、树立理念、制定规划，从而推动盐临夏有序稳步发展。合理优化空间布局，推进布局一体化规划。加强顶层设计，加快国土空间规划与中心城市控制性详细规划衔接。实施城市更新行动，统筹做好新城建设和老城改造，推进东关西关城中村改造、公交客运总站、公共停车场等项目建设。实施雨污分流改造，建设地下综合管廊，加快建设海绵城市。挖掘城市文化，延续城市文脉，打造具有夏县特色的城市客厅。

（2）科技创新一体化

以协同创新为引擎，建设区域科技创新中心，完善省级实验室、工程研发中心等创新平台体系，为盐临夏一体化发展增添动力。加快盐临夏创新平台建设，设立各类产业协同创新中心，打造高能级、高质量的重大创新平台。一是以智创城为主，集聚知识、政策等要素，营造良好的创新创业氛围。二是建设一批高水平的协同合作产业平台，加快建设新能源、新材料等产业的省级实验室，努力打造国家重点实验室，提升盐临夏的创新活力。三是打造共同对外合作的开放平台，推进盐临夏的开发区、工业区协同创新，积极引进先进理念、合作伙伴，提升开发区、工业区的管理运营水平。

（3）产业发展一体化

以构建现代产业体系为目标，科学布局重点产业，推动产业结构高级化、合理化，支持先进制造业与关联性较强的生产性服务业协同集聚，加快推进产业协作一体化，持续优化产业链供应链，以数字化推进产业网络化、智能化、集群化发展。

合理布局重点产业。支持盐临夏根据区域发展规划，结合自身产业发展情况，积极"错位发展"。夏县重点发展先进装备制造、新能源、生物医药等新兴产业，推进晨丰交通专用车生产线、广鑫机械汽车零部件、畅达科技交通设备制造、200兆瓦分散式光伏发电、中药材三产联动产业园等项目建设。临猗重点发展装备制造、纺织印染等，推进华恩实业技术改造、鑫得利纺织高端女装面料生产线等项目。盐湖重点发展新材料、生物医药，以中磁科技等企业为主，做大永磁新材料产业。以石药银湖为主，加快仲和生物、百特辉医疗器械等项目建设。

推进产业集群化发展。以具有相对竞争优势的制造业集群为载体，推进产业高端化发展。首先，确立共同发展目标，即要打造哪一类新兴产业，如新能源汽车、新能源，或是信息技术创新等。其次，加强组织模式创新，积极引进新兴产业领域的龙头企业，以龙头企业吸引各类配套，逐步构建起相对完整的产业集群。再次，坚持企业主体地位，鼓励企业与高校、科研院所、金融机构等合作，攻关本行业的关键共性技术，共同编制"山西盐临夏产业地图"，打造自主可控、完整顺畅的产业链，构建起互帮互助、共同发展的产业生态。最后，营造良好的企业发展环境，界定清楚政府与市场的关系，为各类企业提供及时、优质的服务。

（4）基础设施一体化

基础设施是区域一体化发展的基石。着力加强硬件——基础设施的互联互通，推进软件——制度的对接互用，并且提升两者的融合水平，促进劳动力、资本、技术等生产要素在区域内自由流动，发挥基础设施的虹吸效应和扩散效应。

构建一体化的基础设施。一是以盐湖区为核心，打通盐临夏之间仍存在未完全连通的公路，推进铁路、公路、机场、地铁等传统基础设施与新型基础设施深度融合，推动基础设施的互联互通。二是构建统一的大数据平台，以现代技术赋能传统设施，提升生产效率。

加快城乡一体化融合。加快大县城建设。实施基础设施改造工程，优化配置教育、医疗、环保等资源。加快县域产业向园区集聚，促进产业规模化、集约化发展。加快建设产城融合的特色小镇，打造西村"夏都陶"特色小镇、埝掌花椒小镇、尉郭畜牧小镇、泗交特色康养小镇等。

推进各类制度创新。一是完善盐临夏各城市间利益分配制度，创新产业和项目跨区转移布局的财税分配等机制。二是项目谋划"一盘棋"，统筹各城市之间的项目布局、引进、落地等，在更高层面、更深层次推进土地、劳动、资本的高效配置。三是试点推进，选择合适的工业园区建立产业协同发展试验区，积极探索可操作性、可复制的合作经验，从而在盐临夏内部推广应用。

（5）公共服务一体化

公共服务一体化是人们共享发展成果的重要举措。积极推进公共服务供给侧改革，深化教育、医疗、社会保障等改革，优化公共服务质量，促进公共资源共享，提升人民的获得感、幸福感、安全感。

实施学校基础设施改造工程，完善数字化教学设备。深化县校合作联盟办学，巩固拓展实验中学加盟康杰教育集团成果。

深化县域医疗卫生一体化改革，赋予县级医疗集团管理自主权。整合盐临夏的医疗卫生资源，完善协作机制，提升医疗服务能力。完善医疗基础设施，推进县人民医院迁建、妇幼保健中心迁建、中医院急诊急救大楼等项目。

健全社会保险制度，实施城乡居民补充养老保险、重大疾病医疗保险和救助制度、失业保险制度等。做好社会救助工作，精准识别救助对象，推进救助信息化建设，精准实施救助政策，实时评估救助效果，继而完善救助政策和改进救助方式，持续提高人民的满意度。

（十九）垣曲——积极探索绿水青山就是金山银山的路径

垣曲是小浪底水库淹没重点县，黄河干流从这里流出山西。通过积极植树种草、持续绿化，垣曲荣获国家园林县城、全国绿化模范县等称号。在碳达峰碳中和的目标要求下，垣曲可以充分利用绿水青山资源，着力将生态资源转化为经济增长的动力，促进经济社会持续发展。

1.垣曲经济社会发展情况

垣曲以建设黄河流域生态保护和高质量发展示范区为总牵引，做好"六稳""六保"工作，加快工业转型升级，推进农业提质增效，促进生态优先发展，深化文旅融合，完善城乡功能，增进民生福祉，推动全方位高质量发展，打造实力强、生态美、百姓富的垣曲。

加快工业转型发展。改造提升焦煤、有色金属采选冶炼等传统产业，实施五龙干熄焦技改、国泰矿业选矿工艺提升、五龙镁业智能监测控制系统等项目。培育发展新材料、新能源等新兴产业，推进年产3万吨锂电池碳基新材料、金刚砂非金属矿物制品、威顿新能源屋顶分布式光伏发电、100兆瓦多能互补等项目建设。推进工业废弃物的综合利用，推进年处理30万吨铜冶炼弃渣综合利用等项目。发展新型建材，推进东鹏智能家居产业园二期、山东俱安发泡陶瓷、铭城环保轻质建材等项目。加快推进山西垣曲抽水蓄能项目建设，提升电力系统调峰调频能力。以垣曲经济技术开发区为载体，加快新型ACC轻质建材、锂电池负极材料、高纯铁等项目建设。

发展特优农业。大力发展食用菌、核桃、花椒等特色产业，加快推进香菇种植基地、羊肚菌种植基地、有机核桃科技园等建设，发展食用菌深加工，打造具有影响力的菌类品牌。推进高标准农田建设，推广有机旱作农业，提升农业生产力。结合本地特色农产品，开展现代种业提升工程。推进农产品精深加工，创新加工技术，优化制造流程，提升农产品的附加值。打造"垣曲小米"等品牌，提升其区域知名度和美誉度。鼓励润茂科牧、温氏畜牧等重点企业牵头，带动当地农民通过农业技术创新提高收入。

加强生态建设。持续开展国土绿化行动，实施荒山造林、河道疏浚、退耕还湿等工程。推进五龙沟山洪沟防洪治理工程、毫清河下游河道疏浚提升工程等，提升水土治理水平。整治入黄排污口，实施湿地公园、湿地自然保护区等保护，提升入黄河水的水质。坚持精准治污和依法治污相结合，加强交通运输、餐饮等重点行业污染管控，实施毫清河、板涧河等水环境治理，重点加强高污染高排放行业土壤污染防控，加强工业固废堆场监管，改善大气、水、土壤的生态环境质量。

推进文旅深度融合。以望仙大峡谷国家AAAA级景区为核心，精心设计经典旅游线路，创建国家级全域旅游示范区。完善旅游公路、游客集散中心、智慧旅游大数据平台、旅游管理体制机制等，提升旅游硬件基础设施能力和软件服务水平。强化文物资源保护，加快历山舜王庙、东峰山戏台、朱家沟退坂庙等修缮工程。推进文旅康养融合发展，打造药茶、有机食品养生、健康养老等康养产业。加强乡村旅游示范村建设，推进山水游、红色游、康养游等项目建设。

促进城乡融合发展。提升城市规划能力，科学规划城市新区，推进老旧小区、棚户区改造。以城市大脑建设为契机，以党建为引领，建设智能交通、智慧社区等，推进城市精细化管理"十大专项行动"，不断完善城市治理体系。实施城市更新行动，推进公园东路、中铜路、东环路二期、财兵路、纵六路等道路畅通工程。加强乡村建设，建设农产品冷链物流体系，改造提升建制镇生活污水处理设施，加强行政村人居环境整治，推进沿黄旅游公路美丽乡村示范带建设。

增进民生福祉。优化学校布局，提升教育质量，办好人民满意的教育。普惠发展学前教育，优质均衡发展义务教育，提质发展高中教育，特色发展职业教育。实施订单式培训，增强居民的就业能力。通过政府购买岗位、鼓励创业、实施失业保险稳岗返还政策等措施，拓展就业渠道。抓好高校毕业生、农民工等重点人群的就业服务和援助。深化县域医疗卫生一体化改革，实施中条山集团医院、疾控中心综合楼等改扩建工程。加强体育设施建设，推进滨河北路至左家湾健走步道、石龙山登山步道建设。开展全面健身运动，增强人民体质。健全基本医疗保险、大病医疗保险等多层次医保体系，完善以基本生活救助、专项社会救助、急难社会救助为主体的社会救助体系。

2.垣曲保护绿水青山的实践

垣曲认真贯彻习近平总书记在黄河流域生态保护和高质量发展座谈会上的讲话精神，深入落实国家黄河规划，坚持以水定城、以水定地、以水定人、以水定产，着力抓好水污染防治、水资源管理、水生态修复，将绿色低碳观念融入生产、生活、生态中，以水资源的科学利用推进垣曲高质量发展。

大力推进国土绿化行动。以创建国家森林城市为抓手，不断提升垣曲的绿化率。实施荒山绿化工程、通道绿化升级工程、绿地提档升级工程、特色园林村庄建设等，垣曲绿化质量显著提升。持续推进人造林建设，把握"种、养、管、防"造林绿化规律，提升成活率。加快森林村庄建设，在沿黄一号公路、亳清河旅游长廊高标准打造若干森林村庄标杆村。2015年，获得"国家绿化模范县"的称号。

推进黄河垣曲段生态保护和高质量发展。垣曲境内，黄河干流长40公里，流经解峪乡、古城镇、华峰乡、蒲掌乡、英言乡等，流域面积达1620平方公里。坚持保护优先原则，保护修复境内30余条黄河支流生态，加强对古城国家湿地公园的保护力度。持续造林绿化，增强固碳能力。加大工业重点领域污染治理，加强矿区生态环境综合治理，减少污染物入河。加强重点山洪沟道防洪治理，提升堤防标准。实施小浪底水库清淤扩容工程，发挥水库的拦沙能力。深入挖掘黄河文化，推动文化旅游深度融合。

妥善保护和科学利用亳清河生态旅游长廊。长廊范围主要包括新城、长直、皋落、古城、王茅等乡（镇）。认真保护长廊内的水体、动植物和各类设施等。严禁开山、采砂、开荒、放牧等活动。之前占用、破坏的河滩地要恢复为湿地，积极保护长廊内的野生动植物。挖掘民间传统文化，传播普及特色文化，开展文旅游览观光。规范长廊内的经营活动，推进旅游资源的可持续利用。合理设置路标、安全警示等标牌，有序组织旅游，完善应急处置方案。

加快小浪底引黄工程建设。此项工程是山西大水网的第九横，主要包括引水干线、灌区供水、工业和城镇供水等。工程建成后，可以有效解决垣曲、绛县、夏县、盐湖、闻喜五地的生产生活用水、为涑水河生态供水。水库自2003年以来淤积大量泥沙，库容减少，影响黄河的防洪防汛安全。清淤势在必行，在采用排、挖等措施的同时，积极探索泥沙资源利用技术及装备，推进黄河泥沙资源综合利用。现已推出蒸压砖、建筑陶粒、微晶玻璃等产品，与此同时，加强技术研发，研制以泥沙为原料的绿色建材。

严厉打击涉河湖违法行为。围绕历山、华峰、长直等区域的露天矿山开采、砂石厂等重点行业企业，开展非法违法采矿采砂整治。为确保生态环境执法有效，运城市生态环境局垣曲分局全面推行行政执法公示制度、执法全过程记录制度和重大执法决定法制审核制度。对于违法行为，做到规范公正执法。由于少比沟铜矿有限公司尾矿输送管道破裂导致选矿废水残留，且有排入沙金河痕迹，导致河水灰黑浑浊。运城市生态环境局垣曲分局根据水污染防治等法律条款，做出责令改正违法行为和处以罚款的决定。

3.山西积极探索绿水青山就是金山银山的路径

习近平总书记关于绿水青山就是金山银山的关系，有非常明确清晰的论述："中国明确把生态环境保护摆在更加突出的位置。我们既要绿水青山，也要金山银山。宁要绿水青山，不要金山银山，而且绿水青山就是金山银山。"[①]绿水青山既是自然财富，又是经济财富。如何将绿水青山变为金山银山，我们应当坚定不移勇于探索出一条路径。

加强生态产品价值实现机制的顶层设计。山西制定《关于建立健全生态产品价值实现机制的实施意见》。意见指出以建设黄河流域生态保护和高质量发展重要实验区为牵引，积极探索政府主导、社会参与、市场化运作的实现路径。

摸清生态产品底数。健全自然资源数据库，动态更新森林、草

---

① 2013年9月7日，习近平主席在哈萨克斯坦纳扎尔巴耶夫大学发表重要演讲。

地、湿地等资源信息。做精做细自然资源确权登记，清晰界定自然资源资产产权主体。开展生态产品信息普查，确定常见的生态产品类型，并且记录相应的特征。

探索建立生态产品价值评价机制。创新面向生态产品的统计方法，构建区域单元生态产品价值评价体系。优先在山西黄河流域重要实验区开展生态产品价值核算评估试点。健全生态产品经营开发机制，打造具有地域特色的公用品牌，扩大生态产品的知名度。制定生态产品交易机制，加快建设生态产品交易平台。

探索生态产品保护补偿机制。在生态产品核算的基础上，合理分配生态保护基金，制定奖惩措施。根据生态产品核算结果，完善补偿资金分配机制。积极探索汾河流域上下游生态补偿，提高汾河源头所在地对生态保护的积极性。

4.垣曲探索绿水青山就是金山银山的路径

垣曲牢固树立绿水青山就是金山银山的理念，持续推进山水林田湖草系统治理，打造良好生态环境，并积极探索生态产品价值实现的机制及路径，打造美丽富裕垣曲。

统筹推进经济发展与生态保护。实施抽水蓄能电站、小浪底库区泥沙综合利用等项目。充分利用生态优美的亳清河，深入挖掘皋落古镇、汤王故都遗址、世纪曙猿等资源，打造文化旅游廊带。发展以采摘休闲、观光体验、教育科普等为主导的业态，推进经济高质量发展。

持续加强水污染防治。推进河床清理、拦洪坝修建等工程，开展亳清河、板涧河等河流生态保护修复。加大对入黄排污口的整治力度，确保国考断面水质不断提升。强化铜铁冶炼等重点行业的污染防治，推进废水治理设施升级改造。加强黑臭水体整治，实施城市雨污分流改造工程。强化农灌退水管理，加大农村面源污染管理，提升养殖场粪污处理设施功能。持续推进沿线荒山绿化、生态防护林等建设，减少水土流失。

实施水资源精准管理。从某种意义上讲，水资源是一种战略资源。制定完善更加严格的水资源管理制度，比如用水总量和强度、单位GDP用水等控制性指标，严格管控农业、工业等重点行业用水，停止建设高耗水、高污染的项目。规范生活用水，实施与经济发展水平相适应的阶梯式水费标准，鼓励使用节水生活设施，培养人们的节水意识。检查各类水利设施，开展影响河道行洪等问题的整治行动，及时加固病险设施和修整河道。健全防灾救灾机制，完善现代化防灾救灾工程。

持续开展水生态修复行动。按照宜宽则宽、宜弯则弯、宜深则深、宜浅则浅的原则，保持河道的多形态、水流的多样化。增强水中、水边生物多样性，探索在水下种植适宜水草，在水中养殖食草、食肉或杂食等鱼、龟动物，在水上养殖荷花等植物，在水边、河坡上根据不同条件种植草坪或灌木等。构建河道中产生者—消费者—还原者的生物链，保持水生态动态平衡。

严格落实河湖长制。县委或县政府的主要负责同志担任河长，负责亳清河等河流的管理和保护。发挥河长制办公室的作用，确定年度具体事项，推动水利、林草等相关部门实施并落实见效。严守生态保护红线、环境质量底线、资源利用上线三条红线，始终将保护放在首位。严格水域、岸线等水生态空间管控，提升水环境质量。整治水上、岸上污染，加大对污染源的排查，推进污染物的资源化利用。

探索生态产品价值实现途径。加快亳清河等良好生态与文化、旅游、休闲深度融合，形成相互促进的发展态势。积极参与生态产品的价值核算和评估考核，科学合理确定产品价值，为产品交易提供科学标准。探索河流上下游横向生态补偿机制，以水质水量等指标的优劣实施奖惩。积极探索湿地生态效益补偿制度，发挥湿地在生态平衡中的重要作用。

八、山西沿黄县高质量发展的思路及建议

通过基本情况梳理、数学模型分析、相邻县比较分析、重点事项分析等，提出沿黄县发展的若干建议。

（一）沿黄县发展思路

基于沿黄县发展现状，结合大北干流（偏关至河津）沟壑纵深、小北干流（河津至芮城）游荡型河道、黄河干流段（芮城到垣曲）水势较缓等特点，提出沿黄县高质量发展的总体思路：夯实发展基础，坚决贯彻落实"四个不摘"政策，巩固拓展脱贫攻坚成果同乡村振兴有效衔接；找准发展定位，将19个沿黄县划分为三大发展区，重点从经济、生态两方面来研究高质量发展路径。

由于山西沿黄县覆盖区域较广，且发展情况各不相同，需要根据经济发展规律和山西转型目标来合理划分发展区域。一是偏关至乡宁的11县，主要以生态保护为主，通过改造升级煤炭、电解铝等传统产业和培育引进新材料、新能源等新兴产业，夯实工业发展基础。二是河津至永济的4县，主要以发展新兴产业为主，加快培育汽车零部件、生物医药等战略性产业，增强发展新动能。三是芮城到垣曲的4县，聚焦汽车、轨道交通、通用航空等领域，持续创新有色金属冶炼技术，提供高质量的零部件。

1.沿黄县高质量发展的原则

紧抓第四次工业革命的契机，加快发展步伐，苦干实干加巧干，

逐步缩小山西沿黄县与经济实力强的县，尤其是与百强县的差距。

坚持"制造业立县"的理念。找准发展方向，梳理沿黄县制造业发展基础，结合制造行业发展趋势，选择适合本地发展的细分行业。明确发展定位，认真分析产业链供应链，确定本地产业在链中的位置。重视技术创新，攻坚关键领域的核心环节，争取拥有自主可控的技术专利。精准分类实施，工业发展基础较弱的石楼（2020年，其第二产业增加值占地区生产总值的比重只有9.5%）等县，可以适当发展劳动密集型的制造业。工业发展基础较好的河津、永济等县可以大力发展先进制造业。

坚持绿水青山就是金山银山的理念。以水土保持和污染治理为重点，开展以小流域为单元的山水林草田路综合治理、系统治理、源头治理，加强对淤地坝风险隐患的排查和病险淤地坝的加固，推进坡耕地水土流失综合整治，实施坡沟兼治、保土蓄水、植树造林、坡耕地改梯田淤地坝等工程。因地制宜建设水平梯田，配套开展水土保持林、排洪设施等工程建设。持续加强对水、土壤、大气污染检查，强化污染源治理，实时监测汾河入黄口水质、城市空气质量等，及时采取针对性措施。

坚持以人民为中心的理念。改善教育、医疗、卫生等条件，增强人民的获得感、幸福感、安全感。加大人才、资金投入力度，补齐教育、医疗、社会保障能力等民生短板。在沿黄县选择基础较好的学校，开展校际学科共建、人才联合培养等试点。以产学共建等方式推动完善沿黄县高职院校职业教育发展，支持有条件的沿黄县建设国家产教融合实训基地。补齐沿黄县医疗卫生短板，加强基层公共卫生服务体系建设。推进沿黄县积极参与基本养老保险全国统筹，健全县级养老服务体系。

加快转变观念。力争从自以为是的观念转变为自以为非的观念。

有什么样的观念，便有什么样的行为，继而得到什么样的结果。若将全部技改资金、其他发展要素都投入到煤炭等传统能源，便无法蹚出其他发展新路。自以为是主要表现在：认为现阶段仍是以煤炭为主的能源结构，只要做好煤炭的清洁低碳发展，便可以实现碳达峰碳中和的目标；只会从事自己熟悉的领域，不主动探索经济增长新路径，比如新材料、新一代信息技术等。自以为非主要表现在：以辩证的眼光审视当前经济结构，逐步降低对煤炭、电解铝等传统产业的依赖，积极探索新一代金属材料、新能源汽车等战略性新兴产业；摒弃经济发展囿于本地或周边区域，主动走出国门，了解国外市场的真实需求，深入思考本地发展如何融入国内国际双循环中。从自以为是到自以为非，虽然只有一字之变，却需要通过艰辛探索、审慎思考、团队研究、试点示范等过程来实现。可以说，观念之变是实现经济社会变化的第一步，也是最难迈出的一步。

夸实发展基础。巩固脱贫成果，加快乡村振兴，促进经济社会发展。实施"四个不摘"政策，有效防止已脱贫人口再次陷于贫困。加快乡村振兴步伐，尽量缩短农村与城市的发展差距。加快智慧城市建设，运用大数据、人工智能等现代科技推进城市精细化治理。一要夯实经济发展基础。沿黄19个县中有15个县曾是贫困县，发展基础薄弱，需要加快制造业发展，加快工业化进程。要从制造业的30多个行业中慎重选择适合本地区发展的行业，要勇于下苦功、下笨功夫，认定发展行业，驰而不息发展下去。二要持续优化生态环境。良好生态为经济发展提供了发展空间，从某种意义上讲，保护修复生态环境也是发展生产力。吕梁山地区原先是生态较为脆弱的地区，虽然生态环境有大幅改善，但是三川河等河流的污染仍需花大力气治理。三是夯实民生保障。在推进就业、教育、医疗、住房等基本公共服务均等化、优质化的过程中，尤其要关注教育。没有良好的教育，就无法改变思想、掌握先进的专业技术，等，无法提升人的综合素质。人是所有生产要素中最活跃的因素，无论是土地、资本，还是数据、知识，都需要人去运用市场经济规律去科学配置，从而实现更高质量的发展。四是夯实社会治理。坚定不移推进社会治理法治化。激发人民群众"我为人人、人人为我"的积极性，构建共建共治共享的社会治理格局。以县域社会治理为重点，加快社会治理体系和能力建设，提升社会治理的法治化水平。

勇于改革开放。以拿来主义的精神学习先进县市的发展经验。一要加强与周边县市的合作。保德县要主动加强与府谷县（府谷县是综合实力百强县之一、是第二批节水型社会建设达标县等）的经济、社会合作交流，尤其是在产业合作方面要力争形成互补结构，从而推进两县持续发展。二要积极深度融入山西经济发展。围绕信创、新能源、新材料等战略性新兴产业，主动与山西中部城市群对接，以一县或多县为区域培育发展具有相对优势的新兴产业。三要主动融入国家发展。积极参与"一带一路"、粤港澳大湾区、京津冀协同发展等国家战略，尤其要以雄忻铁路为媒介，承接京津冀有发展潜力的产业，促进山西沿黄县的产业发展。四是敢于走出去。要积极参与RCEP，与成员国互动，寻找发展机遇，比如研制开发各类海上风电装备等。

2.沿黄县高质量发展的主体

在中国特色社会主义制度下，推进区域经济发展主要有两种思路：一是以企业为主导，整合区域劳动、资本等生产要素，构建统一有序的市场。二是调整行政区划，使得行政区与经济区尽可能一致，推动各类生产要素在区域内自由流动。

毫无疑问，企业是生产力的主要代表，是市场经济的主体。龙头企业牵头，与配套企业共同整合本领域的劳动力、资本、技术等资源，可以形成具有区域竞争力的产业集群。但是，调整优化一二三产业结构、每个产业内部的行业结构等，仅靠企业自身是难以完成的。

一方面，为促进生产力持续发展，要充分发挥企业主体地位，发挥企业家在企业发展中的主导作用。推动企业成为技术创新决策、研发投入和成果转化的主体。企业在激烈的竞争中能够生存、发展，很大程度上取决于具有敏锐洞察力和超强执行力的企业家。企业家应有敢为天下先的勇气，有对商业成功的渴望，敢于探索新领域并乐在其中，从而在本行业中拥有一定的话语权。

打造以市场为核心的企业家队伍。在科技变革的时代，亟须培育一支能敏锐把握大众需求、及时提供所需产品或服务的企业家队伍。一些国有企业的效益不佳，一定程度上是因为没有一批具有创新精神的企业家。可以通过公开招聘、著名企业家举荐等方式，选择国有企业领导人。鼓励、支持民营经济发展，从经营团队中重点培育一批具有成为企业家潜力的骨干成员，不断壮大企业家队伍。

企业家要善于创造性破坏。首先，要勇于观念更新。在瞬息万变的时代，唯有以新理论指导实践，才能解决出现的新问题新挑战。企业家应当具有前瞻性，能够把握本行业的发展趋势，抓住发展机会，带领企业从一个胜利走向下一个胜利。其次，要勇于方式创新。企业家的职能之一就是探索从来没有过的关于生产要素和生产条件的新组合，比如产品创新、生产方式创新、市场创新、供应创新、组织创新等，提高全要素生产率，推进生产力发展。最后，要善于"排兵布阵"。寻找合适的人才，组建相对稳定的经营团队，以专业化经营达成预期目标。

另一方面，县委、县政府是生产关系的主导方，是弥补市场失灵的主体。县委、县政府是行政区域的主导者，统筹区域内的政治、经济、社会、文化、生态等各领域。通过撤县改区、省直管县等措施调整行政区划，尽量使得行政区与经济区一致。由于行政区域的形成有其历史成因，具有一定的刚性，不应当仅仅根据经济这一领域发展的需求做调整，而应当综合考虑经济发展、生态保护、民生保障等综合领域慎重做出调整。

为了有效调整生产关系，应当打造强有力的县委。而县委班子的选择是重中之重。

选优配强县委班子。认真选择政治坚定、专业互补、结构合理的团队，尤其要选好县委书记。县委书记是党执政兴国的"一线指挥部"的总指挥，要始终做到心中有党、心中有民、心中有责、心中有戒[①]，带头维护班子团结，要学会弹钢琴，推进经济、政治、文化、社会、生态全面发展。班子成员要做到心中有党、对党忠诚，带头学习党的理论创新成果，尤其是党的十八大以来的理论成果，勇于并善于用新理论解决发展中的新问题。班子成员之间应当年龄结构适当、专业结构互补，能够取长补短，执行民主集中制，发挥集体的智慧，推动本地区持续健康发展。

坚持依法治县。县委班子要善于运用法治思维解决县域治理过程中的问题，积极打造法治化的营商环境。"春江水暖鸭先知。"营商环境好不好，企业最有发言权。营商环境的竞争已逐渐由"九通一平""标准化厂房"等硬件比拼向规则、规制等软件比拼转变。

坚持深化改革。县委班子要因地制宜调整产业结构，加快转变经济发展方式，推动新型工业化、农村现代化、城镇化同步发展。山西一些沿黄县严重依赖煤炭产业，县委班子需要认真面对碳达峰碳中和带来的挑战，深入思考转型发展的方向，积极探索达成目标的路径，坚定不移稳步前进。

综上所述，在社会主义市场经济体制不断完善的态势下，仅靠企业主导的市场力量，或者仅靠政府调整生产关系，都不可能推动区域经济持续健康发展。推进山西沿黄县高质量发展，应当以县委、县政府为

① 来源于习近平总书记讲话《做焦裕禄式的县委书记》。

引导，构建与生产力发展相匹配的区域合作机制，以企业为主导，构建统一开放、竞争有序的社会主义市场体系，激发高校、科研院所、金融机构等各类主体参与市场竞争的积极性主动性。

（二）沿黄县高质量发展对策建议

基于以上分析，提出沿黄县高质量发展的若干建议。

1.因地制宜分区发展

沿黄19县基本上是经济欠发达地区，普遍具有工业经济实力不强、生态环保投入有限、人民收入相对较少、基础设施相对落后等共性问题。针对沿黄县不同的资源禀赋、地理特征、产业基础等情况，将山西沿黄19县分为大北干流发展区、小北干流发展区、交流合作发展区等三个地区，从经济（制造业）、生态两个领域分别提出发展建议。

（1）大北干流发展区

大北干流发展区，主要包括偏关至乡宁的11县，处于晋陕大峡谷，是产生泥沙的主要地区。

——经济领域发展建议

加快能源清洁化发展。在保障国家能源安全的基础上，推进能源结构持续优化。推进煤炭全过程（开采、运输、利用等领域）的清洁高效利用。加快焦煤集团毛则渠煤业等煤矿智能化改造，延伸煤炭产业链，推进煤炭的清洁高效利用。加快保德等地"公转铁"进展，有效控制煤炭运输污染。加强煤炭深加工核心技术的研发，争取实现煤炭由燃料向原料的转变。加快天然气等清洁能源的发展，在天然气产业发展有相对优势的永和县优化布局液化天然气调峰站、压缩天然气母站、液化天然气加气站等，完善天然气全产业链。

适度承接中低端光电产业。承接中低端光电产业是权宜之计，也是必经之路。大力发展光电产业，积累资金、学得技术和管理后，再有计划、有步骤地向高端光电产业发展。支持宇良、鑫辉、治诚等中小企业加强研发、引进技术，积极承接以电子元件、光学材料加工制造为主的劳动密集型企业。与光电产业发展有相对优势的长治"结对"，完善高效协同、自主可控的光电产业链体系，提升山西光电产业的市场竞争力。积极培育引进龙头企业、关键配套企业、中介服务机构等功能互补的各类企业，以价值链提升产业链，健全产业链，构建产业集群，形成各类企业共生、与社会良性互动的光电产业生态。

——生态领域发展建议

推进大北干流水土流失治理。鉴于大北干流是产生泥沙的主要区段，山西沿黄县应继续加强塬面保护，实施塬面径流集蓄利用与排导工程，统筹安排塬面、塬坡、侵蚀沟综合治理，重点实施晋西太德塬固沟保塬项目。在有条件的地方建设旱作梯田、淤地坝等，对现有病险淤地坝进行除险加固。开展以小流域为单元的山水田林路综合治理，合理配置工程、林草、耕作等措施，形成综合防治体系。以保德、兴县、永和、大宁为重点，推进坡耕地水土流失综合治理。大力植树种草，尤其在黄河干流河岸根据不同特性选种树木或草，持续减少入黄泥沙。

强化环境综合治理。坚持治山、治水、治气、治城一体推进，坚决打赢水、大气、土壤污染攻坚战。实施入黄排污口整治工程，加强对重点排污口的监测，严控入黄排污总量。加强岚漪河、湫水河、三川河、屈产河等河流的生态保护修复，持续做好入河排污口整治和水污染防治重点工程。在兴县、临县、柳林、石楼等重点国考断面涉及的城镇污水处理厂出水口建设人工湿地工程。完善重污染天气监测预警、预报、信息通报等机制，加强生产生活领域的污染治理，持续改善大气环境质量应对重污染天气。加快城镇生活垃圾分类和处理设施短板建设，健全农村垃圾收运处置体系。实施农业面源污染治理工程，推进秸秆综合利用、化肥农药减量增效等具体措施。

（2）小北干流发展区

小北干流发展区，主要包括河津、万荣、临猗、永济等4县，这一区域的工业发展基础较好，生态治理卓有成效。

——经济领域发展建议

大力发展先进装备制造业。河津、永济相对其他沿黄县，工业基础相对雄厚，以永济中车为龙头，整合河津、临猗等县的资源，大力发展轨道交通等先进制造业。深入研究山西重点发展的十四个产业集群，重点培育先进轨道交通装备、节能环保等产业。围绕电力机车、城轨车辆，加快新一代制动系统、高铁轮轴轮对等高端产品产业化。以循环利用产业园等工程为牵引，加快节能装备、先进环保装备的研发制造。推进工业化与信息化深度融合，重视新一代信息技术在装备中的应用，推进高端装备数字化、智能化。

优化提升传统产业。以信息化赋能传统产业，推动传统产业绿色化、智能化发展。以煤电铝材、煤焦钢化两大产业链条为主导的河津，要着力在终端产品满足市场需求上下功夫，推进产品的智能化、品牌化。围绕焦炉煤气、粗苯精深加工等，发展碳基新材料。鼓励企业攻关核心技术，发展高性能、高品质的先进钢铁材料。有"中国建筑防水之乡"之称的万荣县要持续在防水领域创新，构建具有核心竞争优势的自主知识产权体系。永济要加快千军铝业设备改造、凯通印染智能制造等项目建设，提升企业智能化水平。

——生态领域发展建议

加强游荡型河道的综合治理。开展游荡型河道河势演变机理与整治方案研究，优化河道整治方案，积极开展游荡型河道整治工程。加强畸形散乱河势治理，研发仿生态工程新材料与新坝型等。合理采用增大流速和减小河宽两种途径，稳定游荡型河道河势。加快开展游荡型河段控导工程续建，进一步增强河道整治工程体系对枯水流路的控制能力。

要坚定不移保持河道畅通，不随意取河沙，不随意变道，不随意堵塞河道，不允许开荒种地、乱建乱占等。

推进滩区综合治理。加快完成河道管理范围划界工作，明确滩区范围，科学规划滩区发展。加强滩区水源和优质土地保护修复，有序开发利用滩区土地资源，依法打击盗挖河沙、私搭乱建等行为。要处理好经济发展与生态保护的关系，在不影响黄河生态的前提下，科学开发滩涂资源。紧盯市场，慎重选择发展项目。临猗探索出一条行之有效的路径。之前，临猗在滩地上种植棉花、玉米等农作物，未能让人民富起来。通过市场考察，决定种植莲藕，制定莲藕发展计划，引导农民科学施肥，引进莲藕新品种，建设标准化莲藕种植基地等。与此同时，延长莲菜产业链，打造高标准的莲菜标准园，设立莲藕加工厂，打造属于自己的品牌，形成一条集种植、加工、销售于一体的产业链，促进莲菜产业蓬勃发展。莲菜产业不仅带动了当地经济的发展，而且人民收入也显著增加。

加强湿地生态的保护修复。加大湿地自然保护区的保护力度，配以工程技术和生物技术进行修复。对点状分布的小面积自然湿地和具有生态价值的人工湿地，实行优先保护和修复。在污染较严重的支流河口建设具有净化水质功能的河口湿地。严格控制污染源，减少生产生活污染物直接排放。严禁在湿地附近建设高污染企业。加强湿地保护修复制度建设，健全湿地监测评价体系，完善湿地保护修复保障机制等。

（3）交流合作发展区

交流合作发展区，主要包括芮城、平陆、夏县、垣曲等4县，这一区域与陕西、河南交界，可以加强互动，共同发展。

——经济领域发展建议

加快发展现代生物医药。以亚宝药业、大禹生物、宏光医玻等为龙头，加强中医药研发，发展现代医药。积极发展道地药材，推进中药

224

材种植基地标准化、有机化建设。加强植物提取物研发，完善中药配方颗粒产业链质量体系，提升现代中药提纯技术和制剂技术开发应用水平。研发具有自主知识产权的功能食品、保健食品等，推进中药产业与中医药健康服务业融合发展。鼓励大禹生物等企业加快基因工程疫苗、多联多价联合疫苗关键技术攻关，积极发展生物疫苗。

推进铝、镁、铜等金属材料的绿色化发展。着力在铝、镁、铜等产业的强链延链上下功夫，提升铝镁合金、铜合金等功能性，不断满足市场对产品独特性能的需求。以复晟铝业为主，构建镁铝深加工产业链，形成相互协作、共同发展的镁铝产业集群，打造国家级铝镁合金产业基地。支持平陆推进曹川新材料园区基础设施建设，打造全国最大的净水材料研发和生产基地。鼓励五龙镁业、中条山集团铜矿峪矿、北方铜业垣曲冶炼厂、国泰矿业等企业持续优化生产流程，改造升级环保设施。

加强与潼关、三门峡等地区的合作交流。依托风陵渡经济开发区，加强黄河金三角次区域合作，发展现代医药、建材等产业集群。推进芮城—灵宝—潼关、永济—大荔—华阴等次区域县（市）间融合发展，打造中西部区域协作发展的示范区和增长极。创新晋陕豫黄河金三角的合作机制，谋划重点项目，以项目促进合作共赢。

——生态领域发展建议

四县共建打造生态文明示范带。持续建设淤地坝，加强病险淤地坝的除险加固。加强黄河工程的维修养护，加快板涧河小流域水土保持综合治理、匼河控导下延等工程。开展大禹渡、马崖灌区配套与节水改造，提升用水效率，改善生态环境。以国家生态文明建设示范县建设为契机，支持芮城持续抓好水土保持和污染治理。以黄河国家文化公园建设为契机，深入挖掘永乐宫、西阴遗址等文化内涵，总结提炼山西黄河文化精神，讲好具有山西特色的黄河文化故事。

225

2.夯实沿黄县制造业基础

基础不牢，地动山摇。山西沿黄县制造业发展相对滞后，重点发展能源、有色等行业，行业竞争力与全国平均水平有一定差距。为加快沿黄县制造业发展，应当从以下几方面做起：

坚定不移实施产业基础再造工程。以5G、人工智能等科技加快推进基础材料、基础零部件、基础工艺、基础关键技术高级化。系统规划基础再造工程，坚持以市场为导向，结合沿黄县制造业实力，确定突破的方向。分类实施、重点推进，鼓励有条件的企业在某些基础工艺或基础材料等领域争取打破国外垄断。对标国家制造业标准，积极参与国家质量基础设施建设，在计量、检验检测、认证认可等方面取得一定的话语权。对标行业最高标准，实施一批关键技术、关键零部件等制造业强基重点项目。充分利用智创城、产业联盟、行业互联网等平台，整合创新资源，构建良好的产业生态。

加强制造业全面质量管理。对标一流，运用科技加快行业质量变革。学习运用先进的质量管理理念及技术，提升企业的管理效率。充分利用工业互联网、人工智能等技术，增强质量管理的精确性、及时性，使整个生产过程即时检测、质量追溯，构建完善的质量管控体系。加强高端计量装置研发制造，打造标准、计量、认证认可等综合性质量基础设施平台，健全先进标准体系、现代先进测量体系。完善制造业企业研发、制造质量管理和审核制度，健全客观公正的质量评价体系。

培育发展先进制造业集群。分类、逐步培育布局合理、创新突出、竞争力强的先进制造业集群。对于偏关、河曲、保德等工业基础薄弱的地区，发展绿色低碳、高附加值的资源深加工产业。对于河津、平陆等有一定工业发展基础的地区，加强铝合金新材料、航空等高端铝产品、光伏太阳能铜带、军工用热交换器散热铜带等产品的研发、制造，打造特种金属材料产业。对于芮城、永济等，依托亚宝药业集团等龙头企业，加强对原料药、中西药制剂等的研发，加快发展现代医药和大健康产业。对于石楼等地区，当务之急是以数字化等现代科技加快传统产业的升级改造，夯实制造业发展基础。

积极承接京津冀等地区转移的新兴产业。加快改造山西沿黄县工业园区的基础设施，推进5G等新型基础设施与公路、铁路等传统基础设施深度融合。健全省级实验室、工程研究中心、产业孵化基地等创新平台功能，从而为企业协同创新提供良好氛围。慎重选择新兴产业，并非要引进全球最前沿的资金和技术密集型先进制造业，而是要引进能够巩固脱贫成果的、夯实制造业基础的产业。可以考虑先引进绿色低碳的劳动密集型产业，待资本、技术积累到一定程度时，再引进技术和资金密集型产业。采取"飞地经济"、共建合作园区等方式，有效发挥沿黄县人力资本低、土地价格便宜的相对优势，有序引进建材、轻工等产业。

3.打造自主可控的产业链供应链

以企业为主体，联合科研院所、高校等，协同攻关产业链供应链中的关键核心技术，提升企业在产业链中的话语权。基于山西制造业发展规划和沿黄县制造业发展现状分析，通过兼并重组、引进先进制造业的龙头企业等方式，调整优化生产力布局。通过保留闲置生产线、改造通用生产线、制订应急物资预案等方式，持续优化涉及国计民生的应急物资生产能力。加强与山西中部城市群、中原城市群、关中平原城市群等在制造领域的合作交流，力争在产业链中关键领域的核心技术取得领先优势，从而掌握区域产业链循环中的主动权。有条件的沿黄县主动融入国家重大区域战略，紧抓RCEP生效带来的机遇，深度参与到更广范围、更高水平的国内国际大循环当中。

为了增强沿黄县产业链供应链的自主可控能力，需从以下方面提升产业链供应链的韧性。

要有决心、有能力应对各种突发事件的考验，合理配置设备、人才等生产要素，生产或提供社会所需的产品或服务。面对2020年突如其来的新冠肺炎疫情，我国著名汽车厂商——比亚迪面临如何使生产正常化的难题，甚至还要面对员工没有口罩的问题。这时，比亚迪强大的组织能力、积累的生产能力在构建口罩生产线的过程中充分体现出来。比亚迪动员3万名工程师协同设计、制造，创造了3天画设计图，攻克口罩的核心领域——过滤熔喷布的核心技术，7天做出第一条口罩生产线，2个月后日产量便达到2000万只的辉煌成绩。这充分体现了中国制造蕴含着巨大的潜力，只要我们科学规划、协同创新，便一定能够创造更大的成绩。比亚迪创始人王传福说生产口罩是社会所需，是一种责任。责任需要坚实能力的支撑，而坚实能力来自平时点点滴滴的积累。

韧性体现在卓越的设计能力上。汽车厂商比亚迪之前并未生产过口罩，但是其积累的汽车生产经验帮助其能迅速设计、制造生产线，并迅速应用于口罩生产中。要深入了解产品的构成与功能，从物理、化学、性价比等方面来选择最佳原材料。要加大对产品核心技术的研发力度，掌握更多的专利，将知识产权作为核心产品来用心打磨。要关注并预测消费者需求，鼓励消费者参与产品设计，选择市场最欢迎的款式。

韧性体现在超常的创新实力上。比亚迪造口罩，就必须解决过滤熔喷布这一原材料的设计生产问题。解决这一难题比亚迪用了不到7天，体现出工程师深厚的专业素养、团队协作等素质。但是在许多领域，比如5纳米芯片制造、航空发动机的研制，是不可能仅靠一两家公司在几天或几月的时间便能研制成功的。这便需要产业链上下游公司在专注各自领域的同时，加大协作力度，年复一年、久久为功，才能在芯片制造、发动机研发等方面取得令人欣喜的进步。要充分发挥创新平台的集聚作用，凝聚各类公司的智慧，攻克本领域内的关键核心技术。要始终面向市场，面向企业或消费者不断升级的需求，从客户抱怨中寻找产品或服务改进提升的"金点子"，创新便在其中。

韧性体现在良好的产业生态上。要有良好的供应链弹性，在遭遇突发事件时，依然能够持续为客户提供高品质的产品或服务。对于关系经济社会发展的重点行业，要加强自主可控的国内生产供应体系建设。加强供应链上中下游企业的协同发展，以本领域的工业互联网等为平台，促进制造、物流等信息的交流。对于供应链的核心企业，鼓励企业做好关键技术和资金储备，应对不期而至的危机。鼓励"链主"头部企业，主动构建与配套企业合作的信息共享平台，与行业协会、融资机构共同应对市场风险。鼓励制造业龙头企业主动"走出去"，科学配置原材料、人才等要素，增强供应链的发展弹性。

4.主动融入山西中部城市群

信息时代的竞争，是基于城市群、产业集群等形态的产业链、产业生态的竞争。以山西中部城市群列入国家发展战略为契机，增强省会太原的增长极作用，加快带动山西沿黄县高质量发展。

山西中部城市群是以省会太原为中心，忻州、晋中、阳泉、吕梁等4市共同发展的区域，是山西人才、资金、数据等生产要素的聚集地。山西中部城市群已纳入国家规划，将来会成为引领区域发展的主体。山西沿黄地区中忻州的偏关、河曲、保德3县和吕梁的兴县、临县、柳林、石楼4县属于山西中部城市群的城市，并且承担一部分功能。忻州3县主动对接雄安新区建设。依托太原—忻州高速，在产业转移对接、科学技术创新等领域与雄安新区分享国家政策红利。吕梁4县加强与汾阳、孝义等平原县的联系，找准自身定位，积极参与到中部城市群的发展中。

发挥城市群和中心城市等的集聚效应和扩散效应。加强对劳动力、资本、数据等生产要素的集聚，要保持正常的人口增长，优化人口结构；要健全金融市场，筹集转型发展所需资金；要全面、及时、准确地收集分析数据，以不断优化的数据推进智能化生产和品质化生活。健全咨询等中间服务机构的建设，为区域核心产业提供相应的支撑。重视关键核心技术向周边城市扩散，行业龙头企业协助配套企业提升专业研发或制造能力，以产业集群的方式提升区域竞争力。

要推动山西沿黄县向经济一体化发展，区域内的行政主体（政府）要以区域整体利益为重，打破地方保护主义，组建跨行政区的组织协调机构，构建统一的区域产业规划，打造一体化的基础设施体系，构建统一协调的市场竞争规则等。

组建跨行政区的组织协调机构。机构的主要功能是协调行政区之间的利益，达到区域利益最大化。以带动性强的战略性新兴产业项目为抓手，引领推进区域发展的重大项目、重大工程，培育发展新动能。以提升人民的获得感、幸福感为目标，促进区域教育、医疗、体育的一体化进程。

构建统一的区域产业规划。根据本区域的资源禀赋、发展现状、产业发展情况，制定未来五年、十年的经济社会发展规划。在严格执行国家产业政策的基础上，制定统一的区域产业政策。建立健全产业发展协调机制，深入研究、科学选择适合本区域经济发展的主导产业。重视现代科技对产业的促进作用，以数字化、网络化、智能化推进本区域合理分工，加强合作，形成行政区域协作的产业网络。

打造一体化的基础设施体系。加快铁路、公路等传统基础设施的互联互通，以黄河一号旅游公路为主线，串联起山西沿黄地区。加快5G等新型基础设施建设，构建区域公共数字共享平台，使数据这一关键生产要素在本地区自由流动。推进新型基础设施与传统基础设施的融合，以现代科学技术赋能升级传统基础设施，提升基础设施的通达性和功能性。统筹规划和统一管理区域重点基础设施，促进基础设施的共建共享。

构建统一协调的市场竞争规则。应当根据统一的市场准入、公平贸易、透明度等原则，逐步取消妨碍生产要素流动的区域壁垒。区域内行政区政府应当以区域利益为重，克制盲目重复建设的冲动，找准自身地位，为市场主体充分竞争提供良好环境。以政府为主导，加快规则、规制、标准等制度型开放步伐，提升产业核心竞争力。

循序渐进提升区域经济一体化水平。首先，推动有形商品在区域内自由流动，加快贸易一体化进程。其次，推动资本、数据等生产要素的自由流动，加快各类生产要素一体化进程。再次，统筹提升区域产业竞争力的经济政策和重要规划，制定实施统一的经济政策、社会政策、科技政策等，实现最高水平的区域一体化。

5.加快沿黄县新型城镇化

加强沿黄县城乡统筹、产城互动、生态宜居、和谐发展，发挥城市的集聚效应和扩散效应，促进城市、城镇、新型农村社区协调发展，加快新型城镇化进程。

统筹城乡发展。县城要差异化、特色化发展，加快新兴产业培育，实施公共服务设施提标扩面工程，完善教育、医疗、环保等领域的公共服务体系，建设具有地域特色和时代气息的县城。乡镇要向就地化、特色化发展，不是所有的乡镇都要转化为社区，纳入城市，这便需要根据资源承载能力、发展沿革等实际情况就地进行城镇化，要着力做强做精主导产业，比如在雁门关农牧交错带打造生态牧场，促进饲草饲料、畜牧业发展。根据区域特点打造一批文化旅游类、科技创新类、体育运动类等不同类别的特色小镇。

推进产城深度融合。合理规划生产空间和生活空间，实现土地集约化。整合沿黄县工业园区，构建龙头企业、配套企业、咨询公司、金融公司等各类市场主体共生的产业生态。统筹沿黄县的基础设施、环境治理与产业发展，整合优化生产、生活、生态空间，以产业持续发展促进城镇化建设，以新型城镇化振兴产业，协同推进产业发展与城镇建设。以黄河流域生态保护和高质量发展国家战略实施为契机，大力实施国土绿化行动，持续推进小流域治理，提升沿黄县的资源环境承载力，为产业发展提供拓展空间。

加强创新力度。凝聚沿黄县区域内的人才、数据等创新资源，推进特色的创新工程，构建高效的创新平台，培育自主的创新主体，厚植包容的创新文化，形成大众创业万众创新的创新生态。以国家级（省级）实验室、技术创新中心等为平台，跟踪并攻克新材料、新能源等领域的前沿技术，推进产业高水平发展。强化企业作为创新主体的核心，健全大中小企业融通发展平台，健全与科研院所、高校的协同创新机制，提升企业的核心竞争力。营造包容、公平的创新氛围，健全创新容错机制，完善科研诚信承诺和报告制度，健全科技伦理审查制度。

加快农业转移人口市民化步伐。健全农业转移人口市民化的各种机制，建立由政府、企业、个人共同参与的农业转移人口市民化成本分担机制，健全基础设施投资补助机制（尤其是对于吸纳农业人口较多的城市），健全农业转移人口的职业培训机制，完善落户城市农民的"三权"（农村土地承包权、宅基地使用权、集体收益分配权）退出机制及配套政策。自身技能强弱是农业转移人口能否在城市生存发展的基础。重点关注职业培训，提高民众素质，适应市场所需。由于农业转移人口大多是学历不高、技能不高的群体，政府要"授之于渔"，下功夫为这些群体提供免费的谋生技能培训，或给予技能学习补助等。

建立健全城镇一体化公共服务。打造公共服务平台，加强沿黄县之间的文化、体育、社会保障等领域的共建共享。充分运用互联网、人工智能等技术，加快建设数字共享馆藏文物、书籍等资料平台，提升图书馆、博物馆、文化馆等资源的共享水平。实施文艺作品质量提升工程，创作一批站位高、接地气的精品。持续实施"五个一批"群众文化惠民工程，打造具有区域特色的文化品牌。实施健康山西行动，建设全民健身场地基础设施。大力发展体育产业，鼓励民众参与各类健身赛事活动。落实养老、失业、工伤等国家保险政策，提升省级统筹保险基金能力。

6.巩固拓展脱贫攻坚成果同乡村振兴有效衔接

山西沿黄地区有79%的县经过不懈努力，已于2020年全部脱贫，但是仍有部分地区可能因病、因学等返贫，需要实施针对性措施巩固来之不易的成果。在顶层设计方面，要坚持"四个不摘"，保持脱贫队伍相对稳定，继续执行脱贫主要政策，完善防治返贫监测机制，为精准扶贫提供有效的信息。在措施方面，要深入梳理返贫原因，根据具体原因实施相应措施。若是因病返贫，通过大病医疗、新型农村合作医疗等政策，帮助农民尽快恢复健康。若是因学返贫，通过设立资助贫困农民户的专项资金等措施，让孩子享受基本公共服务。

巩固沿黄地区15县的脱贫攻坚成果。落实"四个不摘"，保持异地扶贫搬迁后续扶持、"三保障"等政策力度只增不减。大力推进产业发展、教育培训等"造血式"帮扶，发展有机旱作农业，推进农业生产与文化旅游深度融合，探索创新型乡村产业发展模式。鼓励农民主动掌握劳动技能、参与市场分工，比如掌握护工相关知识技能，持续打造"吕梁山护工"品牌，进一步提高经营性收入和工资性收入，降低对财政性转移收入的依赖。发展壮大农村集体经济，根据土地资源、人员素质、管理水平等因素，通过自主经营、引入职业经理人、资本化运营等方式，推动农村经济高质量发展。加强与东部发达地区的协作，通过劳务协作、供销合作、飞地经济等模式，主动融于区域发展中。

推进巩固拓展脱贫攻坚成果同乡村振兴有效衔接，应当从以下方面做起：

一是政策配套衔接。适时精准的政策是乡村振兴的"推进剂"。脱贫地区自脱贫之日起设立5年过渡期，根据实际情况或延续、或调整、或优化原先帮扶政策，在"两不愁三保障"的基础上，落实好教育、医疗等普惠性政策，保持救助类政策持续稳定。

二是产业顺畅衔接。产业扶贫是乡村振兴的主要方式。根据实际情况，制定本地区产业发展规划，尤其是制造业规划，推动农村一、二、三产业融合发展。要持续发展在脱贫攻坚阶段培育的特色产业，以运城水果出口平台建设为契机，积极发展农产品加工业。以市场需求为导向，强链延链，构建自主可控的产业链供应链。加强项目帮扶力度，采取以工代赈、劳务补助、生产奖补等方式，组织农民参与项目实施。

三是工作机制衔接。好的机制是乡村振兴的"加速器"。总结脱贫过程中的经验和机制，提炼形成行之有效的制度成果。在精细化管理扶贫对象和精确化配置扶贫资源的过程中，梳理要素保障、协作帮扶等工作机制，结合乡村振兴的需要，将现有机制融入乡村振兴工作体系。重视现代科技在工作机制中的运用，健全政府、社会组织、农民等各类主体协同推动重大工程的数字化运作平台，从而提升项目的实施效果。

四是工作队伍衔接。人才队伍建设是乡村振兴的有力保障。做好扶贫工作队向乡村振兴工作队的转换，结合乡村振兴的目标，思想上要有延续性，实施措施也应有一定的继承创新。着力打造一支能带领本地区致富的队伍，尤其要选优配强村"两委"班子，发挥班子的先进模范作用。鼓励具有一技之长、丰富经营管理经验的外出务工人员返乡创业，带动本地区农民增收致富。善于借助外脑，聘请经济发展、生态保护、社会治理等领域的专家参与本地区规划的制定和实施，提升本地区的发展水平。

五是社会治理衔接。良好的社会治理是推进乡村发展的基础。在欠发达地区，尤其是易地扶贫搬迁的安置区，完善法治、自治、德治相结合的治理体系。鼓励各类群体参与社会治理，鼓励社会组织通过发展经济增加物质财富，通过设立教育、医疗、生态等领域的专项扶持资金来履行社会责任。推进平安乡村建设，做好对公共卫生、自然灾害等的风险评估、预案制订、应急处理等。

7.健全生态产品价值实现机制

坚持绿水青山就是金山银山的理念，生产优质生态产品，提供品质生态服务，构建绿色、低碳的产业链供应链，促进生态产品或服务的价值实现，持续改善区域生态环境。

大力"生产"生态产品。一般来讲，清新空气、清洁水源等都是大众期盼的优质生态产品。生态产品往往通过植树种草、环保设备的投入等措施来形成，需要政府、社会、个人共同维护，才能保持产品的高品质。在原先生态环境较差的吕梁山部分区域，要持续实施国土绿化行动、小流域治理等，下大力气巩固来之不易的生态保护成果。加大水土流失治理力度，完善大中小型淤地坝体系，在沟壑纵深的地方种植侧柏、荆条等树种，减少泥沙入黄。

加快制定生态产品的统一标准。对于生态农业产品，健全有关绿色、有机等标准体系，不仅在农产品的种子、生产等环节，而且在运输、消费、回收等环节，都应建立完善相关标准体系。对于生态工业产品，尤其是快速迭代的电子产品，重视产品生产、制造、消费、回收等的全生命周期管理，实现资源利用最有效、环境污染最小化。对于生态文旅产品，要重在体验当地的风俗文化，购买当地特色产品要尽可能选用可回收、能重复利用的产品。

健全生态产品价值评价体系。根据生态产品的不同功能属性，准确界定本类产品的数量和质量，确定相应的核算方法和技术规范。开展以生态产品实物量为重点的核算工作，通过试点示范、经济补偿等措施，完善核算办法。逐步规范生态产品价值核算的指标体系、数据来源、具体算法等，推进核算的标准化。构建与其他实体产品相互比较的统计制度，探索将生态产品价值核算数据纳入国民经济核算体系。加强生态产品价值核算结果在生态保护补偿、生态资源权益交易、经营开发融资等方面的应用。

完善生态环境保护利益导向机制。探索有利于生态产品价值实现的财政税收政策，出台一批鼓励公众消费生态产品的激励方案，推进资源税改革。探索土地、数据等生产要素供给，为生态产品可持续经营开发提供条件。探索构建覆盖政府、社会、个人的生态积分体系，按贡献获取相应的优惠服务。鼓励各类主体设立生态公益基金，推进生态产品的合理开发与价值实现。鼓励企业或个人开展产品订单抵押、使用权抵押等绿色信贷业务，推进区域内绿色产业发展。

参考文献

［1］马茹.中国区域经济高质量发展评价指标体系及测度研究［J］.中国软科学，2019（7）：60—67.

［2］吴珊.长三角区域经济发展不平衡测度与优化研究［D］.安徽大学，2019：52—68.

［3］潘桔，王青.基于TOPSIS方法的多指标区域经济不平衡的定量测度［J］.沈阳大学学报（自然科学版），2020，32（2）：167—172.

［4］黄庆华，时培豪，刘晗.区域经济高质量发展测度研究:重庆例证［J］.重庆社会科学，2020（9）：82—92.

［5］欧阳鑫，郭昱江，黄敬宝.中国地方区域经济高质量发展的测度与研究——以浙江省为例［J］.当代经济，2020（10）：50—55.

［6］李馨.我国省际区域经济高质量发展的测度与分析——基于30个省份相关数据［J］.无锡商业职业技术学院学报，2018（18）：20—24.

［7］刘彬斌.长株潭区域经济差异研究［J］.合作经济与科技，2016（4）：15—17.

［8］钟茂初.黄河流域发展中的生态承载状态和生态功能区保护责任［J］.河北学刊，2021，41（5）：182—189.

［9］宋艳华，王令超，王自威.基于开放式生态足迹模型的土地生态承载力研究——以黄河河南段地区为例［J］.江苏农业科学，2021，49（22）：210—218.

［10］陈志刚，姚娟.生态足迹时空分异及生态与经济贡献实证研

究——以北部湾城市群为例［J］.生态经济，2021，37（11）：156—162.

［11］温飞，邵月花，谈存峰.渭河干流甘肃段生态足迹与承载力评价分析［J］.环境工程技术学报，2021，11（5）：983—991.

附录1:

加快培育市场主体　激发市场活力

实施企业梯度培育工程，是促进就业、增加税收、增强经济活力的有力抓手，是山西实现转型出雏型的主要途径。梯度培育市场主体既要遵循社会主义市场经济发展的客观规律，激发各类市场主体的积极性主动性，又要推进"放管服"改革、优化营商环境，以有为政府推进有效市场的规范化、法治化发展。

一、培育壮大市场主体的现状

主要从市场主体的数量和质量来分析。

（一）市场主体数量分析

总体来看，山西每千人拥有市场主体81户，与全国100户/千人有一定差距。

（1）各类工业企业数量分析。

从微型企业单位数看，2011年至2015年，单位数呈上升趋势，并于2015年达到296个。

从小型企业单位数看，单位数从2011年的2297个增至2015年的2476个，增长了7.8%，在"十二五"期间，市场主体数量虽然增加了，但没有得到有效提升。2016年，出现较大幅度的下降，下降了6.6%，之后经过两年的发展，又得到恢复。到2018年，小型企业单位数达2600个。

从大中型企业单位数看：单位数由2015年的1073个增加至2019年的1193个，占全国的2.4%。

（2）截至2021年8月20日，已遴选出340个制造业单项冠军企业，而山西仅有3个，只占全国的0.9%。

（3）截至2021年8月20日，A股、B股中山西仅41只，占总数的1%左右。

（4）山西进入2020年中国500强的企业数量仅9家，占全国的1.8%。其中，只有1家非资源型企业——山西建设投资集团有限公司，其他8家都是钢铁、煤炭等企业。

（二）市场主体质量分析

主要从经济指标和企业协作来分析。

1.经济指标

（1）微型企业经营情况：2011—2015年，微型企业的经营状况呈上升趋势。到2014年，主营业务收入最高，达1708171万元。2015年较2011年增长了134.3%。进入2016年，呈现下降趋势。2016年，主营业务收入同比下降16.7%。之后两年，呈波动发展。到2018年，主营业务收入同比下降29.7%。在2011—2018年期间，利润总额有3年出现负值，其中，2013年下降至91500.8万元。山西要转型发展就必须重点关注微型企业的发展，尤其是新兴产业的微型企业。

（2）小型企业经营情况：2011—2015年，小型企业的经营状况呈现"过山车"形态，2015年的主营业务收入和主营业务成本，均低于2011年。"十二五"期间，小型企业发展不尽如人意，未能有效发挥小型企业灵活、容易转型的特长。从利润总额来看，这五年也呈现逐步下降的趋势。自2016年开始，小型企业的经营状况有所改善，主营业务收入连续三年增长，2018年较2015年增长了31.8%，利润总额增长了189.3%。

（3）大中型工业企业经营情况：2016—2019年，营业收入同比上升、下降、上升、下降，呈波浪形发展，营业收入绝对值2019年达到最高为16566亿元。利润总额2015年由负转正之后，整体呈增长趋势，

2018年最高增至1199亿元，2019年略有下降。与全国平均水平相比，单个大中型工业企业的营业收入、利润总额分别低0.5亿元、0.1亿元。

2.企业协作

一些同行企业未能形成密切协作、共同发展的态势，虽然同处一地，但交流甚少。在铸造领域，天巨重工和晟特恒两家企业都在晋城，两家技术出自同一个企业，但两家企业联系较少。

二、培育壮大市场主体存在的问题

市场主体数量方面主要存在以下问题：总体数量少，其中，龙头企业（进入中国500强、上市公司）、"专精特新"企业（制造业单项冠军企业）等数量，均落后于全国水平，大中型企业、小型企业、微型企业数量少。

市场主体质量方面主要存在以下问题：制造业结构不尽合理，仍以钢铁、煤炭等行业为主。大中型工业企业的盈利能力较差。同行企业间密切协作不够，未能形成协作顺畅、效益高效的产业集群。

三、梯度培育的影响因素

成功梯度培育各类市场主体。首先，要认识、把握、遵守企业所属行业的发展规律，钢铁、煤炭等准寡头市场与食品、烟酒等完全竞争市场有不同的特点，根据不同特性培育相应的市场主体。其次，要科学制定产业政策，许多行业属于资金、技术密集型，这便需要政府在行业培育阶段做好规划引导、加大财政支持、提供金融服务等。再次，完善"智创城"、省级实验室、工程技术研究中心等创新体系，推进开放性科技成果中试基地建设，构建良性互动、融合发展的创新生态。最后，持续营造公平公正的营商环境，加强知识产权的保护力度，落实市场公平竞争审查制度，健全以信用监管为基础的新型市场监管机制等。

四、梯度培育的内容

根据企业人员、资金、技术等资源，以规模和市场竞争力为标

附录一

准，将市场主体分为五类，分别是：个体工商户、中小微企业、规上企业、上市企业、中国500强企业。

五、国家及兄弟省份相关政策

充分借鉴国家及兄弟省份关于培育个体工商户、中小微企业、规上企业、上市企业、中国500强企业的扶持政策，加快山西各类市场主体培育。

不同类别企业	国家及兄弟省份的扶持政策
个体工商户	鼓励支持大众创业；加快培育小微企业；做大做强骨干企业；壮大战略性新兴产业。（《青海省人民政府关于进一步加快培育和发展市场主体的意见》）
	根据个体工商户融资短、小、频、急、临时性、季节性强的特点，创新"流水贷""经营贷"等金融产品；针对个体工商户普遍缺少抵押担保问题，鼓励银行业金融机构积极探索"信用"换"信贷"金融服务模式。（河北《关于进一步加强金融支持个体工商户发展若干措施的通知》）
中小微企业规上企业	小规模纳税人城市维护建设税最高减征50%。对小型微利企业年应纳税所得额不超过100万元的部分，减按25%计入应纳税所得额，按20%的税率缴纳企业所得税。（《财政部 税务总局关于实施小微企业普惠性税收减免政策的通知》财税〔2019〕13号）
	27项针对小微企业和个体工商户的税费优惠政策。（税务总局《小微企业、个体工商户税费优惠政策指引》）
	每年至少推动扶持300户以上规模以下工业企业提升为规模以上工业企业、200户以上规模以下服务业企业提升为规模以上服务业企业。（《贵州省市场主体培育"四转"工程实施方案》）
上市企业	加强上市资金补贴支持，市级财政给予每家拟上市企业总额不超过300万元的资金补贴，区级财政资金补贴不低于市级标准。（《北京市人民政府办公厅关于进一步支持企业上市发展的意见》京政办发〔2018〕21号）
	设立股份有限公司并完成工商注册登记的上市培育企业，在完成上市辅导备案后兑现政策补助100万元。（《浙江省人民政府关于印发浙江省推进企业上市和并购重组"凤凰行动"计划的通知》浙政发〔2018〕40号）
	每年省级财政安排不超过1亿元资金对符合条件的挂牌上市企业给予一次性奖励，对首次实现直接融资的挂牌企业按融资额一定比例给予奖励，支持我省企业到境内外多层次资本市场挂牌上市融资。（《河北省企业挂牌上市融资奖励资金管理办法》）

不同类别企业	国家及兄弟省份的扶持政策
中国500强企业	对首次入选"世界500强""中国500强""山东省100强"的制造业企业，分别给予1000万元、300万元、100万元奖励。（《中共青岛市委 青岛市人民政府关于大力培育市场主体加快发展民营经济的意见实施细则》）
	培育一批"自主创新能力强、加工增值水平高、行业位次排名前、辐射带动作用好"的农业龙头企业，到2025年，力争农业产业化国家级重点龙头企业达15家以上，中国农业企业500强达10家以上，培育一批具有全国竞争力和行业话语权的企业。（福州市《关于培育农业龙头企业工作方案及政策措施》）

六、加快培育市场主体的建议

通过分析山西梯度培育现状，借鉴国家及兄弟省份的经验，循序渐进、梯度培育市场主体，提出以下建议：

（1）分类培育市场主体，农业领域要加大对家庭农场、农民合作社、农业产业化龙头企业等新型主体培育力度；工业领域既要加快培育"专精特新"的中小微企业，也要培育拥有自主知识产权的龙头企业；服务业领域鼓励大众创业，根据现代物流、金融等不同行业特点培育具有区域竞争力的企业。

（2）重点扶持一批技术先进、管理过硬、成长可期的小微企业。支持小微企业积极申报中央预算内资金、山西技术改造基金等，支持养老健康、文化旅游、批发零售等领域的小微企业运用大数据、云计算等现代技术发展平台经济和共享经济。

（3）实施高科技领军企业培育工程，培育一批独角兽企业、"小巨人"企业等。实施大中小企业融通发展专项行动，探索不同领域融通发展典型示范和新模式。进一步推进国有企业市场化改革，健全激励约束机制、人员聘任机制等。支持民营企业依法治企，提升企业的法治化水平。

附录一

（4）实施上市公司培育工程和制造业单项冠军企业培育工程，"十四五"末，力争进入中国500强企业数、上市公司数、制造业单项冠军企业数达到全国平均水平。

（5）贯彻落实减税降费政策，进一步清理各类不合理收费。实行普惠性减税和结构性减税相结合，重点减轻制造业和小微企业税收负担，支持实体经济发展。

（6）鼓励同行企业加强互动交流。以龙头企业为牵引，其他相关企业为配套，构建协作共赢的产业集群，营造良性互动的产业生态。

加快山西新型城镇化建设

新型城镇化是以人为核心的城镇化，不是简单的城市人口数量的增加，而是通过观念更新、技术创新等，推进产业经济、城市交通、生态环境等领域的转型，实现城乡统筹发展。

山西通过优化空间布局、整合各类生产要素、提升城市品质、建设高质量大县城等措施，提高城市宜居宜业水平，缩小城乡差距，深化城乡融合程度，取得新型城镇化战略阶段性成果。2020年，山西城镇化率达62.5%，污水处理率达99.6%，大同、长治、临汾3个省域副中心城市的地区生产总值分别达1369.9亿元、1711.6亿元、1505.2亿元，比2015年增长了39.1%、53.2%、40.6%。

为了加快新型城镇化，山西可采取以下措施：

一、打造具有区域竞争力的特大城市和大城市

山西需加快新型城镇化的步伐，培育具有区域影响力的城市。山西积极打造中部城市群，以特大城市、大城市建设为核心，推进城市间合理分工、协作共赢，率先实现山西中部地区高质量发展。对照城市群的一般标准，即1个以上特大城市和3个以上大城市，山西中部城市群没有达到这样的标准。根据2014年国务院发布的《关于调整城市规模划分标准的通知》，特大城市的标准是"城区常住人口500万以上1000万以下的城市"。而太原城区人口仅有452.9万人（第七次全国人口普查数据），距离特大城市的门槛500万人仍有47.1万人的差距。晋中（榆次区）90.5万人、忻州（忻府区）57.7万人、阳泉（城区）22.5万人、吕

梁（离石区）45.6万人，这些城市城区人口数均未达到大城市的门槛100万人。通过发展产业、改善生态、科学治理等措施，将太原打造成为中部城市群的特大城市，将晋中、忻州、阳泉、吕梁等市打造为大城市。

加快农业转移人口市民化步伐。随着农业机械化水平的不断提高，农业所需劳动力将进一步减少。截至2020年底，山西农业人口1307万人，占总人口的37.5%。深化户籍制度改革，试行以经常居住地登记户口制度，放宽I型大城市（城区人口在300万—500万之间的城市）的落户条件。健全农业转移人口市民化的各种机制，建立由政府、企业、个人共同参与的农业转移人口市民化成本分担机制，健全基础设施投资补助机制（尤其是对于吸纳农业人口较多的城市），健全农业转移人口的职业培训机制，完善落户城市农民的"三权"（农村土地承包权、宅基地使用权、集体收益分配权）退出机制及配套政策。

二、高标准规划建设城市、县城、乡镇

构建具有区域影响力的中部城市群，要精准确定城市、县城、乡镇的定位及功能。城市要向内涵化、品质化发展，统筹城市新区建设和老旧街区优化，建设地下综合管廊，推进交通、能源等基础设施与新型基础设施的融合改造，健全以5G等现代科学技术为基础的信息管理平台，建设海绵城市、绿色城市、智慧城市。县城要差异化、特色化发展，加快培育新兴产业，实施公共服务设施提标扩面工程，完善教育、医疗、环保等领域的公共服务体系，建设具有地域特色和时代气息的县城。乡镇要向就地化、特色化发展，不是所有的乡镇都要转化为社区，纳入城市，这便需要根据资源承载能力、发展沿革等实际情况就地进行城镇化，要着力做强做精主导产业，比如在雁门关农牧交错带打造生态牧场，促进饲草饲料、畜牧业发展。根据区域特点打造一批文化旅游类、科技创新类、体育运动类等不同类别的特色小镇。

发挥城市对乡镇的带动作用。从路径上看，太原到晋中、忻州、阳泉、吕梁的距离（这里指市人民政府之间的公路距离）分别为31.2公里、79.8公里、114.4公里、183.2公里，均在200公里的合理半径之内。从功能上看，太原与晋中、忻州的经济联系比与其他两市的要紧密些，主要是因为山西转型综改示范区、太忻经济区的建设，加速了省会与晋中、忻州的联系。太原对创新生产要素的吸引力不够，科技创新能力欠缺，对周边城市在技术层面的扩散效应不明显。从布局上看，山西产业大多配置在太原与晋中、晋中与吕梁的交界处，根据山西"十四五"规划、中部城市群规划等，通过兼并重组、引进培育等方式，提高传统产业的优势产能，壮大新兴产业，持续优化产业布局。

构建科学客观的城镇化指标体系。新型城镇化不仅表现在常住人口的城镇化率，而且应当体现在经济发展、基础设施、医疗卫生等领域的综合发展水平。为客观衡量城镇化水平，从经济发展、创新驱动、生态环境、人的全面发展等4个方面来分别设置关键核心指标，构建指标体系。经济发展领域选取地区生产总值同比增长（％）、工业增加值占地区生产总值比重（％）、全员劳动生产率增长（％）等指标，创新驱动领域选取研发经费投入增长（％）、高技术制造业增加值增速（％）、国家级（省级）技术创新中心（个）、国家级（省级）实验室（个）等指标，生态环境领域选取森林覆盖率（％）、地级及以上城市空气质量优良天数比率（％）、地表水达到或好于Ⅲ类水体比例（％）、单位地区生产总值能源消耗降低（％）等指标，人的全面发展领域选取城镇调查失业率（％）、劳动年龄人口平均受教育年限（年）、每千人口拥有执业（助理）医师数（人）、基本养老保险参保率（％）、人均预期寿命（岁）等指标。

三、构建合理分工、协同共赢的产业格局

具有核心竞争力的产业是城市群存在发展的基础。加强发展的顶

层设计。根据产业发展规律和本地区的发展现状，确立共同的经济目标，谋划山西中部要在未来从事的主导产业（或是新能源，或是新材料，或是信息技术创新等），明确太原和其他四市的发展定位。构建具有自主知识产权的产业链。紧抓产业链的关键领域和核心环节，通过锐意创新来接近或占据某一细分领域的制高点，将产业链的话语权掌握在自己手中。营造无须求人、鼓励创新的营商环境。无须求人意味着市场化、法治化达到一定程度，企业只需按法规办事即可。与此同时，企业要高度重视创新，投入高素质人才、充裕资金等要素持续提升产品品质或服务水平，从而在市场上赢得一席之地。

加快中部城市群产城深度融合。城市是载体，产业是核心。没有以制造业为核心的产业，城市无法持续发展；而没有高标准的城市规划，产业也无以为继。合理规划生产空间和生活空间，实现土地集约化。从中部城市群的整体发展来聚焦十四个战略性新兴产业集群，整合优化现有的工业园区，构建龙头企业、配套企业、咨询公司、金融公司等各类市场主体共生的产业生态。统筹中部城市群内的基础设施、环境治理与产业发展，整合优化生产、生活、生态空间，以产业持续发展促进城镇化建设，以新型城镇化振兴产业，协同推进产业发展与城镇建设。以黄河流域生态保护和高质量发展国家战略实施为契机，大力实施国土绿化行动，持续推进小流域治理，提升中部城市群的资源环境承载力，为产业发展提供拓展空间。

全面提升区域（中部城市群）的全要素生产率。推进中部城市群经济发展的效率变革，就要提升全要素生产率。2021年4月发布的《中共中央 国务院关于构建更加完善的要素市场化配置体制机制的意见》提出要加快培育土地、劳动力、资本、技术、数据等要素市场化，健全要素市场运行机制，加快要素价格市场化改革等。从传统统计指标上讲，城镇化是常住人口的城镇化，到2020年，山西城镇化率已经达到

62.5%。人员向城市的不断集聚，带动了资金、知识等要素的集聚，有效推动生产力提升，增强了城市竞争力。集聚水平的高低不应仅仅看人口，而且要看各类生产要素配置结构、技术创新的扩散程度、基础教育的投入力度、人员素质等因素。集聚是否有效，主要看是否取得"1+1>2"的效应。

推进中部城市群之间的数据开放共享。数据日益成为经济社会发展不可或缺的因素。数据牵引生产。许多众筹产品，便是以计划的方式得出实际需求量，再通过精准化制造、便捷化递送，实现生产与消费的完全对接。数据预测生产，海量、真实的生产数据和消费数据作为预测未来需求的基础。数据极大地改善生活，人们的衣食住行等众多需求都可以通过大数据平台来解决，吃饭有口碑、大众点评等平台，出行有滴滴、曹操等打车平台。在保证数据安全的基础上，推进政府数据和社会数据的开放共享，提升数据的市场化价值。

提升中部城市群之间的技术研究水平。技术是推动经济社会发展的直接动力。掌握关键核心技术日渐成为企业或区域赢得市场竞争的重要因素。要潜心做好基础研究，推出颠覆性技术。比如VCD（激光压缩视盘）、DVD（数字激光视盘）之于磁带，几乎一夜间，磁带便进入了历史。这需要几十年如一日的、巨额资金的投入，以及数理化等基础学科协同创新。过程艰难，风险巨大，收益也非常丰厚。要关注市场做好应用研究，推出迭代技术。比如汽车公司每隔两三年便会升级开发外形更时尚、功能更齐全的车型，这主要是由人们不断升级的消费需求所驱动的。

提升中部城市群之间的协同管理水平。管理是推进经济社会发展的"黏合剂"和"催化剂"。管理不仅要激发人的活力，而且包括如何合理配置各类资源、优化产业链价值链等。要激发大众活力，构建完善能够提供资金、方法等要素的大众创业平台，制定奖得心动的奖励制度和罚得心痛的惩罚机制。要合理配置资源，首先要尊重经济发展的客观规律，在实践中不断摸索人、财、物的最佳搭配，其次要以市场需求为导向，最终实现产品向商品转换的"惊险一跳"，最后要勇于尝试，加快迭代更新步伐，在不断提供大众所需产品或服务的过程中提升大众的满足感、幸福感。

四、加强创新驱动实现绿色低碳发展

营造协同共进的创新生态。以太原市为核心，凝聚晋中市、忻州市、吕梁市、阳泉市等的人才、数据等创新资源，推进特色的创新工程，构建高效的创新平台，培育自主的创新主体，厚植包容的创新文化，形成大众创业万众创新的创新生态。持续推进"136""111""1331"创新工程，提升医学、产业、教育的基础研究和应用研究的能力。采用定向委托、揭榜挂帅等方式，充分利用社会各类资源，攻克转型发展中新旧动能转换的相关科技难题。以国家级（省级）实验室、技术创新中心等为平台，跟踪并攻克新材料、新能源等领域的前沿技术，推进产业高水平发展。以智创城、山西省-北京大学科技创新基地等为平台，重点围绕科研成果转化，建设一批贴近市场需求的中试基地，争取实现山西"十四五"规划中十四个战略性新兴产业集群全覆盖。强化企业作为创新主体的核心，健全大中小企业融通发展平台，健全与科研院所、高校的协同创新机制，提升企业的核心竞争力。营造包容、公平的创新氛围，健全创新容错机制，完善科研诚信承诺和报告制度，健全科技伦理审查制度。

稳步推进碳达峰碳中和工作。以钢铁、焦化、建材等为重点领域，通过技术改造、流程优化等措施，实现中部城市群的可持续发展。坚定不移推进钢铁、焦化等传统产业的供给侧结构性改革，构建与市场需求动态平衡的供给体系。以太原钢铁（集团）有限公司、首钢长治钢铁有限公司等为主，推进钢铁行业数字化改造，实现精益化生产。以山

西焦化集团有限公司为核心，加大焦炉改造力度，创新焦化的关键技术，制造多元的高附加值焦化产品，实现清洁化生产。建材行业要积极制定碳达峰碳中和的方案，攻克防污减排、碳捕获再利用等关键领域的核心技术，研发制造相变石膏板、高性能碳纤维等新型建材产品，加快建材行业低碳绿色转型。

五、构建统筹协调优质高效的公共服务

推进城乡之间，尤其是中部城市群之间的文化、体育、社会保障等领域的共建共享。充分运用互联网、人工智能等技术，加快建设数字共享馆藏文物、书籍等资料平台，提升图书馆、博物馆、文化馆等资源的共享水平。实施文艺作品质量提升工程，创作一批站位高、接地气的精品。持续实施"五个一批"群众文化惠民工程，打造具有区域特色的文化品牌。实施健康山西行动，建设全民健身场地基础设施。大力发展体育产业，鼓励民众参与各类健身赛事活动。落实养老、失业、工伤等国家保险政策，提升省级统筹保险基金能力。统一中部城市群内部低保标准动态调整、未成年人救助保护、残疾人康复服务、退役军人保障等相关制度。健全以居家养老为主，社区、机构辅助的养老服务体系，加快推进市场化养老步伐，提升养老服务品质。

六、加强中部城市群与中原城市群等的合作交流

中部城市群是山西重点打造的增长极，是实现转型发展目标的主要载体。在处理好城市群内部各城市之间的基础设施、功能定位、社会治理等的同时，要积极走出去，与中原城市群、京津冀城市群、关中平原城市群、呼包鄂榆城市群等加强经济交往，主动融入国内大循环中。加强基础设施的互联互通和功能完善，加快雄忻高铁建设，促进传统基础设施与新型基础设施融合，为城市群之间联系提供物质保障。科学界定山西中部城市群发展所处的阶段，制定与其他城市群合作的重点任务，提升中部城市群的整体竞争力。以科技协同创新、承接产业等为重

附录二

点，加强与京津冀城市群的合作。以区域产业合作、生态环境联防联治等为重点，加强与中原城市群的合作。

七、高水平推进区域治理体系和治理能力现代化

持续完善党委领导、各方配合、公众参与的社会治理体系。以党的领导为核心，完善治理体系，将党的领导体系扎根基层。截至目前，街道层面已经构建起街道党工委、社区党委、网格党支部、楼栋党小组四级党建网络和服务体系。完善网格化管理和数字化治理平台，鼓励企业、社会组织等各类主体履行社会责任，形成社会治理的合力。以综治中心、公共法律服务中心等为平台，及时有效地化解人民群众矛盾。动员群众参与社会治理事务，激发群众共建共享的积极性、主动性，强化流动人口、特殊人群的服务管理，真正实现和谐祥和的社会。

以市域社会治理为抓手，推进中部城市群的协同治理。太原市建立591个"社区居民议事厅"，解决居民最关心、最迫切的问题。长治推行党组织全覆盖，已覆盖156个社区、3813个综治中心、1548个登记在册的社会组织等。探索法治、德治、自治等多种方式，推进市域社会治理。加大法制宣传，营造人人知法、用法、守法的社会氛围，以法治思维解决人民之间的矛盾。树立社会主义核心价值观，弘扬践行社会主义道德，以潜移默化的形式提升社会治理水平。鼓励民主评议、决策、管理，在乡村实施"四议两公开"制度等，提升人们自治能力。推进"三零"单位创建，通过深入排查、源头治理、分类施策等措施，提升中部城市群社会治理水平。

增强中部城市群社会治理能力。中部城市群各市政府要具有大局思维，以中部城市群的区域发展为重，推进局面日日更新。增强太原市与晋中市、忻州市等城市的沟通联系，在两市交界地带，实施统一有序的社会治理机制，加强制度、规则的一体化。作为中部城市群的两个引擎——山西转型综改示范区和太忻经济区，协调好产业发展与社会治

理、生态保护之间的关系。以科学技术创新探索城市的扁平化管理，推行大部门制改革。鼓励教育、环保、慈善等领域的社会组织持续增强经济实力、管理能力，在所属领域发挥及时、有效的社会治理作用。加强中部城市群中跨市应急管理体系和能力建设，健全跨市协调联动机制，加快指挥体系、安全风险评估体系等领域的数字化改造。

后 记

当我写完本书的最后一章，丝丝悲凉之感油然而生——山西沿黄县发展确实滞后了！通过收集沿黄19县在自然资源、产业发展、生态保护等领域的基本数据，并将相关数据与黄河对岸的县相比，与全国百强县相比，发现差距"天差地别"。在资源型经济转型发展的关键期，尤其还要面对碳达峰碳中和的目标，我们要以时不待我的紧迫感、舍我其谁的责任感积极发展制造业，加快工业转型发展，不断增强发展新动能，追赶并超越全国平均水平，与全国一道实现中华民族伟大复兴的中国梦。

没有调查就没有发言权。由于2019年我单位承担山西省黄河流域生态保护和高质量发展规划的编制任务，我们深入偏关、河曲、保德、兴县、柳林、吉县、河津等沿黄县，开展生态保护和高质量发展调研。对沿黄县的发展有了第一印象：登上万家寨水利枢纽工程的大坝，了解其供水、发电相关事项；查看柳林黄河岸边的植树绿化工程，减少泥沙入河；深入中铝山西新材料有限公司了解电解铝的相关工艺，数字化程度显著提升。与此同时，本人还作为晋城黄河流域生态保护和高质量发展规划编制的主持人，带领团队深入调研晋城6个县（区）经济发展和生态保护的状况，认真撰写、形成初稿、听取意见、反复修改、最终定稿，顺利完成规划编制任务。正是基于这些研究，当侯轶民编辑说为了落实国家黄河规划，需要开展沿黄县破局之道的研究时，我才有些许底气，接下此项任务。

通过收集资料、理论探索、对比分析、模型研究、重点剖析等方式，提出沿黄县高质量发展的若干建议。在写作的过程中，深感之前的调研不够深入，没有及时保留下宝贵的关于经济发展、生态保护的相关数据，未能与相关专家进行深层次交流。关于文章的结构，也是几易其稿，可能对事物的认识也是一个渐进的、螺旋式上升的过程吧。关于沿黄各县的特征，通过深入了解其农业、工业、生态等方面，有了更加形象立体的认识。关于所提建议，一定是要放在实践中去检验的，那就让时间去证明吧。

在写作过程中，我对以下三个观点的认识更加深刻：

大变局孕育大机会。若是在稳定状态中，要取得领先优势，便要付出巨大的努力。若是在不确定不稳定的态势下，即百年未有之大变局下，沿黄县只要"踏准"时代发展的节拍，就有可能实现弯道超车。要精准识局，分清有利因素和不利因素，明确发展定位。要认真破局，对于曾是贫困县的15个沿黄县而言，如何夯实工业基础是重点考虑的事项。要掌控全局，始终保持发展的战略定力，以开放的心态，融入中部城市群、中原城市群发展中，加强与"一带一路"、RCEP等成员国的交流合作，推进经济高质量发展。

尊重规律实事求是。尊重经济发展规律，按规律来认识、处理发展中的痛点难点。只有深刻了解价值规律、供求规律、竞争规律，科学合理配置数据、劳动力、资本等要素，才能促进经济健康持续发展。发展成功有偶然性，也有必然性。偶然性是指本地区的发展"恰巧"符合时代潮流，或者在激烈竞争的过程中取得技术突破，从而在某一领域获得领先优势。必然性是指本地区准确认识把握发展趋势，投入人才、资金培育支持某一新兴产业，营造鼓励创新、容忍失败的社会氛围，以这一产业的突破打开良好的发展局面。

后记

认识事物永无止境。看全面、想清楚、说明白、写到位是认识事物的四重境界。看到未必看见，只有用心去看，才能形成见识。县域经济发展涉及政治、社会、文化多种因素，要想清楚五年来或十年来如何发展并非易事。我们制定了五年规划和2035年远景目标，一些目标必然要根据发展的需要做出调整。宏伟蓝图已绘就，接下来要广泛宣传，形成共识，凝聚大众智慧和力量，为共同目标而奋斗。写到位是在想清楚说明白的基础上，争取用唯一的动词、形容词、名词完整、准确、全面地将事情表达出来。写作的过程，便是再次梳理思路的过程，是从特殊到一般，再从一般到特殊，循环往复、不断深化的过程。要达到这四重境界，就要深入实践、善于观察、勤于动脑、笔耕不辍，不断增强脚力、眼力、脑力、笔力，不断提升认识水平。

沿黄县的发展任重而道远，唯有不畏艰难、行而不辍，才能行则将至、未来可期。